디자인 포워드

Design Forward edited by Prof. Dr. Hartmut Esslinger
Copyright ⓒ 2012 by Hartmut Esslinger, Los Gatos, California
Korean Translation Copyright ⓒ 2015 by BomGil Publishing Co., Seoul

All rights reserved by the proprietor throughout the world in the case of brief quotation embodied in critical articles or reviews.
This Korean edition was published by arrangement with Hartmut Esslinger, Los Gatos, California through Bestun Korea Literary Agency Co, Seoul.

이 책의 한국어판 저작권은 베스툰 코리아 출판 에이전시를 통한 저작권자와의 독점 계약으로 도서출판 봄길에 있습니다. 저작권법에 의해 대한민국 내에서 보호를 받는 저작물이므로 무단전재와 복제를 금합니다.

디자인 포워드
하르트무트 에슬링거의 지속가능한 변화를 위한 창조적 전략

처음 찍은 날	2015년 9월 18일
처음 펴낸 날	2015년 9월 25일
지은이	하르트무트 에슬링거
옮긴이	조영
기획	전병준
펴낸이	신영미
펴낸곳	도서출판 봄길	등록 제25100-2014-000017호
주소	(120-833) 서울시 서대문구 연세로2나길 72 (창천동) 402호
전자우편	bomgilro@gmail.com
전화	070-7523-8195
팩스	050-5115-8195
ISBN	979-11-956035-0-3 03320

잘못된 책은 바꿔 드립니다.

이 도서의 국립중앙도서관 출판예정도서목록(CIP)은 서지정보유통지원시스템 홈페이지(http://seoji.nl.go.kr)와 국가자료공동목록시스템(http://www.nl.go.kr/kolisnet)에서 이용하실 수 있습니다. (CIP제어번호: CIP2015023002)

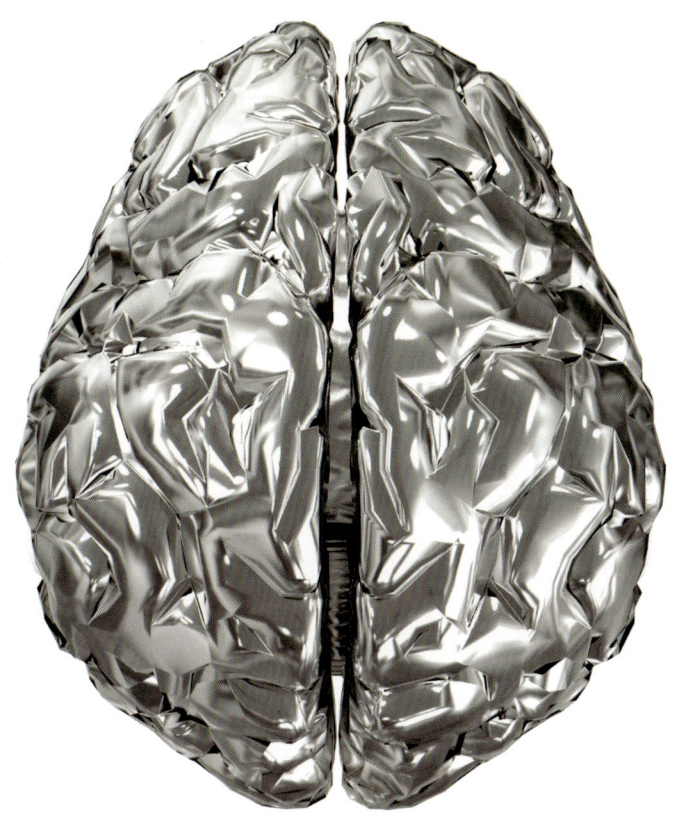

하르트무트 에슬링거의 **지속가능한 변화를 위한 창조적 전략**

디자인 포워드
DESIGNFORWARD

하르트무트 에슬링거 지음
조영 옮김

봄길

에슬링거와 《디자인 포워드》에 대하여

하르트무트 에슬링거를 대중에게 잘 알려진 것들로 정의한다면, 그 신선했던 소니의 워크맨을, 모두가 반듯하고 각진 컴퓨터의 개념에 매여 있을 때 애플 컴퓨터의 우아한 곡선미와 의미론을 만들어준 산업 디자이너다. 그가 중시했던 것은, 단순 포장 개념의 디자인이 아니라, 사업은 물론 사회와 문화를 아우르는 전체 시스템의 통합적 디자인 언어였다. 에슬링거는 우리 사회의 지속가능한 발전을 지향하는 사업 전략의 중심에 디자인이 자리해야 한다고 주장한다. 그러므로 그는 디자이너 이상이다. 전략적 디자인의 전문가이며, 사회적 책임을 가지는 디자이너와 사업가, 지도자를 육성하기 위해 열정을 다하는 교육자다.

《디자인 포워드》에는 사회적 책임을 생각하는 디자인 철학과 창조적 교육에 관한 구체적이고 타당성 있는 에슬링거의 관점이 전개된다. 그의 디자인에 대한 철학은 《디자인 포워드》의 다양한 부분에서 다음과 같이 표현되고 있다.

"디자인한다는 것은 과정이지 사건이 아니다." 4장: 손과 머리로 하는 창조

"디자인은 민주적으로 정해지는 문제가 아니며 최고의 결과물을 얻으려면 최고의 사람과 함께 일해야 한다." 1장: 창조적 권력이동

"디자인이란 머리와 가슴 모두를 감동시키는 혁신적 제품과 해결책을 제공하여 새로운 시장을 개척하고 막대한 수익을 창출하는 일이다." 1장: 창조적 권력이동

"디자인이 마주한 총괄적 과제는 가능한 한 적은 수의 원자와 전산 비트를 사용해 유용한 예술의 형태로 정신적 가치를 고취할 물리적 혹은 가상적 객체를 만들어야 하는 일이다." 6장: 미래 디자인 리더 육성

"디자인은 기술적 기능이 현대에 와서 역사적이고 형이상학적인 상징으로 변모

하여 계승된 것이다. 디자인은 궁극적으로 모든 상업적-기능적 기준을 초월해 영원에 가까운 문화 관련성과 정신을 추구해야 한다." 6장: 미래 디자인 리더 육성

역자로서 나는 에슬링거의 디자인에 대한 관점이 위와 같이 확장되며 변천해왔다고 분석한다. 비록 공학 전공에서 디자인 전공으로 바꿔 먼 길을 돌아 디자이너라는 천직을 갖게 되었지만, 그는 일찍이 대학 재학 중 프로그 디자인을 창업하며 빠르게 디자인의 핵심을 이해했다. 에슬링거는 대학 졸업을 앞둔 해인 1969년부터 베가를 시작으로 잇달아 소니, 루이비통, 애플, 루프트한자 등의 고객들을 위해 디자인 책임자로서 혁신적인 프로젝트를 수행해 이들이 세계적 기업이 되는데 일조했을 뿐만 아니라 수백만의 사람들을 행복하게 하며 자신도 성공했다.

이제 에슬링거는 현실 디자인 활동과는 또 다른 열정으로 전략적 디자인과 창조적 교육이 미래 세대를 위해 얼마나 다급한 일인지 전하고자 한다. 이런 맥락에서 에슬링거의 《디자인 포워드》는 가속하는 현실 세계의 위기를 미래 세대를 위한 지속가능한 사회 발전으로 변혁할 수 있는 대안을 제시하고 있다. 에슬링거는 디자인이 문화를 창조한다고 주장한다. 디자인의 영역은 이미 제품 디자인을 넘어 가상적 사용자경험까지 그리고 사업전략과 전체 시스템으로 확장된 지 오래다. 그러므로 평범한 제품의 대량생산이 초래한 전 지구적 위기 속에 생태적이고 인간적인 문화를 창조해야 하는 디자인의 사회적 역할과 책임이 있다. 에슬링거는 디자인이 전략적으로 활용될 때의 사업적 강점, 그리고 디자이너가 가져야 할 개인적·사회적 책임을 다음과 같은 메시지를 통해 전하고 있다.

"지속가능한 변화를 위한 창조적 전략에 동참하라."

2015년 8월
옮긴이 조영

공동저자들과 빈의 에슬링거 팀 소개

마르티나 피네더 Martina Fineder는 디자이너이며 연구자이자 큐레이터로 2012년 현재 빈의 오스트리아 응용미술/현대미술박물관MAK에서 근무하며 빈 미술 아카데미Academy of Fine Arts Vienna에서 박사 학위 논문 작업을 하고 있다. 그녀는 빈 응용미술대학교University of Applied Arts Vienna의 토마스 가이슬러Thomas Geisler와 빅터 파파넥Victor Papanek의 생애와 작업에 대한 공동연구를 해왔으며 《Victor Papanek: Design for the Real World, Springer Vienna/New York, (2009)》독일판 재편집본의 공동 편집자다. 이 공동연구의 영향으로 2011년에는 빅터 J. 파파넥 재단이 설립되었다. 그녀는 사회적, 생태적으로 호응하는 디자인의 역사와 물질문화에 관한 학문적, 전문적, 혹은 대중적인 서적을 광범위하게 출판해 왔다. 디자인을 위한 D+ 스튜디오의 공동 창업자이기도 하다. 빈 응용미술대학교에서 하르트무트 에슬링거의 강의조교로 근무했다.

토마스 가이슬러THOMAS GEISLER는 빈 MAK의 디자인 큐레이터다. 빈 디자인 위크라는 행사를 공동으로 만들었으며 2010년까지 행사의 프로그램을 주관했다. 숙련되고 행동하는 디자이너로서, 빈 응용미술대학교, 빈 공과대학교Vienna Technical University, 그라츠 응용과학대학교University of Applied Science in Graz를 포함한 다양한 디자인학교에서 강의와 연구를 병행하면서, 디자인사와 물질문화 연구에 관심을 쏟고 있다. 주요 저작물로는 《Career Ladders: (No) Instructions for Design Work!, Vienna, (2007)》과 주석이 붙은 독일판 재편집본인《Victor Papanek: Design for the Real World, Springer Vienna/New York, (2009)》등이 있다. 또한 MAK에서 하르트무트 에슬링거와 함께 MADE4YOU — Design for Change 2012년 행사를 주관했다.

니콜라스 힙NIKOLAS HEEP은 가나, 수단, 영국, 인도 및 오스트리아에서 성장했다. 베를린 공과대학교Technical University, Berlin와 런던 건축협회Architectural Association, London에서 1996년부터 2001년까지 건축을 공부했다. 2000년에는 보스턴 건축 센터Boston Architectural Center의 서머 아카데미에서 건축과 디자인을 함께 배웠다. 2002년부터 2005년까지 아이힝거 오더 크네흐틀 건축회사Eichinger oder Knechtl Architects에서 근무했다. 아내이자 동업자인 미아 킴Mia Kim과 2005년에 디자인 및 건축 사무소인 킴+힙KIM+HEEP을 창업했고 지금은 공동 최고경영자다. 그의 작품은 빈 응용미술박물관에 같이 전시된 다른 작품들 사이에서 이채를 띠고 있다. 2005년 이래로 빈 응용미술대학교에서 강의를 하고 있다. 또한 이곳에서 로스 러브그로브Ross Lovegrove와 하르트무트 에슬링거와 함께 작업해왔다.

피터 크노블로흐PETER KNOBLOCH는 1982년부터 1987년까지 빈 TGM에서 전기학과 통신학을 공부했고 1991년부터 1998년까지 빈 응용미술대학교에서 산업디자인을 공부했다. 1987년부터 1991까지 빈 국제공항에서 항공관제장비의 유지보수 기사로 근무하기도 했다. 1991년 이래로, 프리랜서 개발자로 린츠 아츠 일렉트로니카 센터Arts Electronica Center, 빈 모차르트하우스Mozarthaus Vienna, 잘츠부르크 박물관Salzburg Museum, 빈 의회 방문센터Vienna Parliament Visitor Centre 등과 같은 고객들을 위해 쌍방향 미디어 설치를 포함한 다양한 프로젝트를 해왔다. 1996년 빈 응용미술대학교의 컴퓨터 스튜디오에서 학생을 가르치기 시작했으며 2007년 이후부터는 사용자 인터페이스 디자인을 중점적으로 다루는 강의조교를 겸임하고 있다.

마르쿠스 크레슈머MARKUS KRETSCHMER는 1991년부터 1996년까지 베를린 예술대학교Berlin University of the Arts와 헬싱키 예술 및 디자인대학교University of Art and Design in Helsinki에서 산업디자인을 공부했다. 1996부터 2002년까지 다임러 AG의 연구개발부에서 근무했다. 2002년부터 2006년까지 볼차노 자유 대학교Free University of Bolzano에서 상품디자인을 가르쳤고 2008년 이래로 북오스트리아 응용과학대학교University of Applied Sciences Upper Austria에서 상품디자인 및 디자인경영의 교수로 재직 중이다. 이후로는 전략적 디자인에 관한 자문을 겸하고 있다. 2006년부터 2011년까지 하르트무트 에스링거의 지도하에 빈 응용미술대학교에서 전략적 디자인에 관한 박사학위를 취득했다.

마티아스 페퍼MATTHIAS PFEFFER는 1980년부터 1984년까지 레오벤과 빈에서 광물공학 및 기계공학을 공부한 다음 빈 응용미술대학교에서 상품디자인을 공부했다. 1985년에는 디자인 공학을 위한 자신의 스튜디오를 개설했다. 1990년부터 강의를 시작했고 2000년 이후부터는 빈 응용미술대학교의 산업디자인 교수로 재직 중인데, 하르트무트 에스링거와 기술설계, 모형 제작, 시제품 제작을 함께 했다. 마티아스는 클래식 경주 자동차를 복원하며 여가시간을 보낸다.

요한나 쇤베르거JOHANNA SCHOENBERGER는 스위스 멘드리시오 건축 아카데미Accademia di architettura in Mendrisio에서 1년 동안 건축을 공부했고, 이후엔 빈 응용미술대학교에 진학하여 산업디자인으로 전공을 바꿨다. 빈 응용미술대학교에서는 하르트무트 에스링거의 지도하에 전략적 디자인 분야 박사학위를 취득했다. 이후 뉴욕의 프로그 디자인과 독일의 본에 있는 도이치 텔레콤을 위한 작업을 하였고 빈 응용미술대학교에서 오스트리아 학문기금FWF이 후원하는 전략적 디자인 프로젝트의 연구원으로 재직했다. 2012년 현재는 독일 뮌헨의 BMW의 디자인 전략 및 고등 디자인 분과에서 근무한다. 2011년에, 창조성과 혁신을 사업에 정착시키는 전략적 디자인에 관한 내용의 박사 학위 논문인 《Strategisches Design, Verankerung von Kreativität und Innovation in Unternehmen, Gabler Verlag of Springer Fachmedien Wiesbaden GmbH》을 출간했다.

스테판 치넬STEFAN ZINELL은 빈 응용미술대학교에서 산업디자인을 공부했다. 그는 1987년 이후로 산업디자인, 실내 디자인, 전시 디자인, 그리고 디자인 상담 분야 등에서 전문적으로 일하고 있으며, 1995년 이후부터는 빈 응용미술대학교에서 교육 및 과학 분야의 일을 하고 있다. 또한 매우 다양한 곳에서 가르치거나 강연을 해왔는데, 그중에는 상하이 통지 대학교Tongji University in Shanghai, 리스본 IADE, 런던 왕립 미술대학Royal College of Arts in London, 베네치아 건축대학교Istituto Universitario di Architettura di Venezia, 사라예보 응용미술대학교University of Applied Arts in Sarajevo 등이 있다.

애플 빅 맥, 1985. 사진: 빅터 고이코

• **일러두기**
용어에 대한 이해를 돕고자 설명이 필요한 곳에 표기를 하고 찾아보기에 옮긴이 주를 수록하였다.

차례

10		서문

1부 새로운 디자인 문화 창조

- 20 — 1장 창조적 권력이동
- 46 — 2장 창조학 설립
  마르쿠스 크레슈머
- 72 — 3장 녹색사회에 대한 구상: 빅터 파파넥
  마르티나 피네더와 토마스 가이슬러

2부 디자인혁명 실현

- 94 — 4장 손과 머리로 하는 창조
- 112 — 5장 전략적 디자인에 관한 프로그 고전
  베가 / 컴퓨터 테크닉 뮐러 / 카보 /
  한스그로헤와 V&B / 루이비통 / 애플 / 넥스트 /
  헬렌 햄린 재단 / 야마하 / 올림푸스 / 루프트한자 / SAP / 듀얼 /
  디즈니 / 샤프 / 프로그 광고 캠페인 / 프로그 주니어
- 242 — 6장 미래 디자인 리더 육성
- 260 — 7장 작업 포트폴리오: 빈의 제자들
  건강 / 생활과 일 / 엔터테인먼트 / 이동수단 / 디지털 융합 / 생존

3부 디자인에 의한 선도

- 292 — 8장 뜨거운 물속 개구리
- 316 — 9장 창조적 비즈니스 리더십
  요한나 쇤베르거
- 340 — 10장 결론: 혁신 이상의 디자인

부록 찾아보기

- 357 — 옮긴이 주
- 363 — 색인
  사진 / 인명 / 명칭

서문

나는 1969년 디자인 회사인 프로그Frog를 창업했고, 오랫동안 세계적인 기업가와 경영자, 기업들을 위해 창조경영에 관한 자문역을 해왔다. 이런 경험을 바탕으로 디자인 전략에 의한 미래 사업을 다룬 나의 첫 번째 책인 《프로그A Fine Line》[1]를 출간하게 되었다. 그 책에서 나는 기업 경영 측면의 사업-디자인 제휴에 주목하여, 전략적 디자인이 회사의 혁신과 사업전략의 필수 요소로 통합되는 경우에 가장 성공적으로 효과를 발휘할 수 있음을 설명했다. 다만, 주로 사업적인 측면에 집중되었고 제한된 지면이었기에 독자의 기대에 부응하지 못하는 면이 있었다. 실제로 첫 책 출간 후 디자인 분야 또는 사업-디자인 제휴관계에 존재하는 조직과 과정에 관한 많은 질문에 응답해야 했다. 《프로그》가 독일어, 중국어, 일본어 및 한국어로 출간되면서, 자연스레 이러한 질문들은 국제적 차원에서도 계속 제기되고 있다. 나의 첫 책에 쏟아진 많은 질문과 코멘트 및 비평은 이 책 《디자인 포워드》를 쓰는 동기가 되었을 뿐만 아니라, 이 책을 통해서 전달하고자 하는 내용의 구성에 활용되기도 했다.

대체로 질문들은 세 가지 범주로 분류되며, 이를 중심으로 책의 내용을 다음과 같이 3부로 나누어 구성하였다.

나의 개구리 컬렉션. 사진: 한스 한센

- **제1부: 새로운 디자인 문화 창조** 디자인 직업의 발전 역사와 현재의 과제 및 미래의 기회를 개괄한다. 제1부의 각 장은 창조성의 의미와 사업에 있어서 창조성의 역할을 탐색하고, 창조에 관한 나의 초창기 경험이 어떻게 내 자신의 디자인 실천 방식을 형성하여 '우뇌-좌뇌' 협동 과정에 이르게 하였는지를 다룬다. 더불어 회사의 전략적 기획과 경영에 디자인을 최대한 활용할 수 있는 방법에 관한 구체적인 구상들을 제시한다.

- **제2부: 디자인혁명 실현** 교차-학문적 팀워크 및 공동작업에 대처하는 능력은 디자인 분야와 사업 분야 양쪽 모두의 학생들에게 유용하다. 이런 전문적 능력을 배양할 수 있는 교육적 기회와 과제에 대해 알아본다. 또한 나의 제자들의 포트폴리오를 함께 수록하여 그런 교육적 접근을 통해서 얻을 수 있는 것이 무엇인지 보여주고자 한다.

- **제3부: 디자인에 의한 선도** 오늘날 디자인의 사업적 역할을 알아보고, 보다 생산적이고 지속가능한 미래를 만들려면 디자인의 역할이 어떻게 진화하여야 하는지 살펴본다. 사업-디자인 제휴가 세계의 물질문화와 사회문화의 발전에 미치는 영향력을 신중히 재검토하고, 앞으로는 사업적 측면에서 보다 통합적이고 전략적인 디자인의 역할이 절실히 필요하게 될 것이라는 나의 전망을 제시한다. 올바른 디자이너를—또는 적합한 디자인 고객을—찾아내고 선택하기 위한 방안을 제안하고, 기업 경영자가 창조성과 창조 과정에 대해 보다 깊이 이해하고 평가할 때 얻게 되는 잠재적 강점들에 대해 살펴본다.

역사는 불가분하게 미래와 연결된다. 이 책을 통해 디자인과 사업의 관계가 어떻게 과거에서 지금까지 이르렀는지 개인적 관점을 통해 돌아보고, 나아가 전략적 디자인을 동력으로 경쟁력 있고 세계적 네트워크를 가진 산업을 건설하며 새로운 미래로 나아갈 수 있는 최상의 방법들을 제안하고자 한다. 대부분 개인적 의견일 뿐이어서 많은 이가 나의 관점에 동의하지 않을 수도 있다. 그러나 다행히 나는 대단히 성공했고, 그 과정에서의 실패를 통해 많은 것을 배웠다. 그러므로 나의 관점과 발상 및 제안은 적어도 고려해 볼 가치가 있을 것이다. 살아가는 동안 유일하게 변하지 않는 것은 모든 것이 변한다는 사실 그 자체라는 것을 염두에 두고, 나는 이 책의 중점을 사업적 관계와 모델을 혁신하려 할 때 현재 직면하게 되는 기업구조의 시대착오적 행태, 과잉생산 제품, 경제적·생태적 낭비, 불공평한 사회 불균형 등과 같은 목전의 도전을 해결하는 데 두고 있다. 물론 이를 위한 다양한 해결책이 있겠지만, 생각과 작업의 새로운 방식으로의 변화는 — 전략적 디자인이 통합적 촉매로서 이미 어느 정도 자리매김하고 있는 — 서로 다른 직업군 사이에서 뿐만 아니라 각기 다른 나라와 문화 및 정신이 교차하는 곳에서도 필수적이다. 이런 변모가 구체적으로 어떤 형태를 갖든 분명한 건 '자본의 문화'에서 '인간의 문화'로 이동해야 한다는 점이다. 이미 판세의 흐름은 바뀌기 시작했지만 우리는 변화를 가속해야 할 필요가 있다.

이 목표를 이루고자 하는 절박함으로, 새로운 디자이너 세대 교육이라는 생애 두 번째 직업적 열정을 가지게 되었다. 최근 수년 사이 교육이 내 삶에서 차지하는 비중이 커졌지만 교직의 경험은 이미 전에도 있었다. 나의 첫 번째 교직은 1989년 독일의 카를스루에 조형대학HfG Karlsruhe에서 시작되었다. 나는 이 대학의 설립을 위해 초빙된 열 명의 교수 중 하나였다. 이곳에서 나는 디지털 바우하우스라고 이름 붙인 융합디자인 과정을 개설했는데, 독일 최초로 물리적 제품과 가상적 제품을 모두 결합한 작품을 다루었고, 세계 최초 디지털 박물관인 카를스루에 조형대학의 예술미디어센터Zentrum für Kunst und Medientechnologie, ZKM는 이 수업에 상당한 도움이 되었다. 학생들에게 디자인을 교육하는 것은 프로그에서 디자이너들을 지도하는 것과 같지 않다는 것을 이때 알게 되었다. 공교육은 다른 목표를 가지고 있기 때문이다. 학생들의 재능은 제각각이며 모든 재능은 각각 격려되어야 한다는 것을 깨우치게 된 것은 나로선 중요한 도약이었다. "우리는 아무것도 가르칠 수 없다. 단지 자기 안에 있는 것을 발견하게 도와줄 수 있을 뿐이다"라는 갈릴레오 갈릴레이의 말을 절실히 느끼게 되었다.

두 번째로 나는 2005년부터 2011년까지 오스트리아 빈 응용미술대학교University of Applied Arts Vienna에서 석사과정 ID2를 맡아 가르치게 되었다. 결과는 대단히 성공적이었다. 내 수업에 참여한 학생들은 전국적 또는 세계적 규모의 경연에서 다수의 디자인상을 수상했다. 아울러 이 과정은 〈블룸버그 비즈니스 위크〉지 순위에 상위로 기록되었으며 졸업생들은 세계 각국의 좋은 직장에 발탁되었다. 또한 스테판 치넬Stefan Zinell, 니콜라스 힙Nikolas Heep, 마티아스 페퍼Matthias Pfeffer, 마르티나 피네더Martina Fineder, 피터 크노블로흐Peter Knobloch 등의 도움을 얻어, 나는 학생들과 함께 융합성과 사회성 및 지속가능성에 정확히 집중하는 새로운 방법과 과정을 고안할 수 있었다.

제자들의 우수한 작업들 중 일부를 이 책에 실었다. 학생들의 디자인 포트폴리오와 더불어, 박사과정 학생들이 수행한 디자인과 그 전통의 경제적 효과에 관한 두 개의 연구 프로젝트인 요한나 쇤베르거Johanna Schoenberger의 창조적 비즈니스 리더십 연구와 마르쿠스 크레슈머Markus Kretschmer의 창조학에 대한 고찰을 별도의 장으로 나눠 실었다. 또한 위대한 오스트리아계 미국 디자이너인 빅터 파파넥Victor Papanek의 유산에서 얻은 중요한 재발견에 관해 읽게 될 것인데, 이는 마르티나 피네더와 토마스 가이슬러Thomas Geisler가 파파넥의 저서에 대해 설명하고 분석한 것이다.

지난 6년간의 교육과 연구 활동은 나에게 디자이너를 위한 전문교육과 더불어 일반인을 위한 창조적 교육에 관한 새로운 전망을 보여주었다고 말할 수 있다. 직면한 세계적 도전에 대응하여 창조적 교육을 위한 급진적 변화와 개선이 필요하다고 확신하게 되었다. 젊은이는 자신의 인생에 관한 전망을 가지고 있다. 하지만 학교 제도가 창조적 재능을 가진 아이들을 기본적으로 억압하고 그들의 잠재력을 제한한다. 이들이 창조성을 즐거이 발휘하고 탐구하고 확장하기까지 고등학교 졸업을 기다리게 해서는 안 된다.

마지막으로, 새로운 기회들을 전망하는 데 지면을 할애하여 긍정적 변화를 위한 현실성 있는 구상들을 몇 가지 제시한다. 이런 구상의 연장선에서 나는 베이징 데타오 대학원DeTao Masters Academy의 요청을 받아들이게 되었다. 그들은 내게 푸단 대학교Fudan University 산하 상하이 시각예술학원SIVA에 전략적 디자인에 관한 석사과정을 신설해주길 원했다. 왜 중국인가? 나중에 더 설명하겠지만, 중국은 가장 많은 소비가전 제품의 생산지이자 곧 최대의 자동차 생산지가 될 예정이기 때문에, 나는 중국의 전략적 디자인 프로그램 구성을 위해 협조하기로 했다. 중국에서 생산되는 대부분의 제품이 미국 또는 유럽에서 디자인되고 '지속가능하게'보다는 '싸게' 만들자는 동기에서 출발하기에 각각의 공정은 흩어져 있다. 새로운 창조적 엘리트들이 중국에서 육성되어야만 한다고 믿는 이유는, 이들을 통해 세계적 규모의 공조가 가능하고, 아울러 노자의 금언 "적은 것이 많은 것이다"를 따르는 위대한 제품을 생산해내는 것이 가능하기 때문이다. 환경적으로 책임감 있고 지속가능한 제조 형태를 이뤄내려면 각각으로 분리되어 종종 소모적인 생산공정을 끝내고 통합적 생산공정을 도입해야 하는데, 그런 작업을 시작할 수 있는 적소가 바로 중국이다.

현재 중국과 미국의 관계에 관해 매우 감정적이고 때론 비이성적인 논의가 오가지만, 실제로 나타나는 모양은 일종의 상호의존적인 관계다. 중국에서 만들어지는 많은 싸구려 제품과 무역적자 및 통화정책 문제에 관한 말들이 무성하다. 이런 문제에 관한 중국 측 입장은 대량생산을 위해 막대한 천연자원과 사람을 착취한다는 평판에 의해 흔히 가려진다. 그런데 대부분의 제품은 서구에서 질 나쁘게 고안된 것이다. 당연히, 이런 주제는 단지 재선만 노리는 정객의 순진무구한 연설에서뿐만 아니라, 돈을 좇는 투자은행가나 부동산 거물인 도널드 트럼프Donald Trump 같은 이가 되고자 하는 자들의 많은 책에서 다루어진다. 이런 것들은 그 어느 것도 세계적 생산에 관해 우리가 직면한 진정한 문제를 해결하는 데 도움이 되지 않는다. 필요한 것은 미국과 중국이라는 한계를 벗어나 그 도전을 헤쳐 나갈 새롭고 창조적인 방법이며, 올바른 제품을 디자인하는 것이 그 출발점이다. 그런 다음에 우리는 우리 앞에 있는 도전을 커다란 기회로 바꿀 수 있다. 모두가 이런 운동의 뒤에 있는 '방법'에 관해선 동의하지 않을 수 있지만 그 운동을 이끄는 '이유'에 관해선 동의할 수 있어야만 한다. 이 책을 통해서 제시하고 있는 결론은 간단하다: 새로운 사고와 대담한 행동을 통해 극적인 변화를 모색해야 하며 이런 변화에 대한 핵심어는 바로 융합성과 사회성 및 지속가능성이다.

디자인은 물리적, 시각적 결과물을 만든다. 우린 그 두 가지 형태를 《디자인 포워드》에 담으려 노력했다. 이 책의 디자인은 읽는 대상과 보는 대상 양쪽 모두의 역할을 다하도록 했다. 프로그의 오랜 크리에이티브 디렉터인 그레고리 홈 Gregory Hom은 책의 서술기능이 시각적 경험으로 강화되도록 시각적 코드를 만들었다. 나는 독자들이 그런 경험을 즐길 수 있기를 바라며 이 책을 전체적으로 묶고 있는 근본적인 디자인 원칙의 실타래를 기억해주길 바란다: 형태는 감정을 따른다.

1_ Hartmut Esslinger, *a fine line: how design strategies are shaping the future of business*, San Franciso: Jossey-Bass, an imprint of John Wiley & Sons, Inc., 2009(《프로그》, 강지희(옮김), 부즈펌, 2010).

↑ 베가 텔레비전 3020+, 1970~1978, 노이에잠룽 디자인박물관, 뮌헨. 사진: 디트마르 헤네카

1부

새로운
디자인 문화 창조

⇠ 야마하 안전헬멧, 1986

1장 창조적 권력이동

"아직 발견하지 못했다면 계속해서 찾으라. 안주하지 말라." 스티브 잡스

창조적 인간은 세상을 변혁하지만 세상을 지배하는 일은 드물다. 18세기 미국 개척자는 영광을 얻었지만 부를 차지한 사람들은 정착자였다. 디자이너는 기업의 성공에 영감을 주지만 금전적 이익을 거둬들이는 것은 경영진이다. 혜안이 있는 기업가는 훌륭한 기업과 브랜드를 만들지만 보수적인 상속자는 이를 희석시키거나 심지어는 파괴한다. 나의 소명은 이런 파괴적인 양식을 변화시키는 일이다. 이 장을 통해 알게 되겠지만, 그런 변화를 위해 노력하고 있는 이는 나 혼자만이 아니다. 문화적 디자인혁명의 첫 번째 충격파는 전 세계 사업과 경제 속에서 이미 감지되고 있다. 그러나 승리를 선언하기에는 아직 갈 길이 멀다.

첨단 전자산업은 디자인과 그것을 만든 디자이너 사이에 수익의 간극이 있음을 보여주는 좋은 예다. 1997년 〈뉴욕 타임스〉의 중견기자였던 존 마르코프John Markoff가 전하는 말에 의하면, 마이클 델Michael Dell은—혼자 힘으로 델Dell을 휴렛팩커드HP와 레노보Lenovo를 잇는 세계 세 번째의 개인용 컴퓨터 기업으로 일으켰는데—한 기술회의에서, 당시 심각한 재정 문제를 겪고 있던 애플을 바로잡으려면 이제 막 돌아온 잡스Steve Jobs가 어떻게 해야 할지에 관한 질문을 받았다. "나라면 말입니까?" 델은 수천 명의 정보통신 경영자로 이뤄진 청중에게 말했다. "기업을 닫고

주주에게 돈을 되돌려주겠습니다."¹ 세계 어느 곳보다 개인용 컴퓨터를 많이 출하하는 HP는 확실히 디자인을 하나의 방법으로서 지지하지만 회사를 운영하는 전략적 요소로서 포용하고 있는 것 같지는 않다. HP는 대신에 자사의 제품이 기술적으로 뛰어나다는 것과 유해물질 사용을 줄였다는 것을 홍보하는데, 이 두 가지는 그들 스스로가 이룩한 위대한 업적이다. 이런 노력은 조악한 디자인이라는 증상을 치료하기보다는 억제할 목적인 듯 보인다. 그렇기 때문에 누구든 HP의 개인용 컴퓨터를 찾을 때 디자인을 우선적으로 기대하지는 않는다.

다음은 스티브 잡스라는 비전 있는 경영자 덕분에 거의 일관되게 디자인에 전략적 초점을 두고 있는 애플의 경우다. 틈새시장을 공략하는 기업 이미지로 오랫동안 경시되었던 애플은, 오늘날 우리에게 훌륭한 디자인과 눈부신 수익 사이에는 타당한 연결고리가 있음을 재고하게 한다. 2012년 3월에 나온 HP와 애플 그리고 델의 최근 분기보고서²가 요약된 다음의 표를 살펴보자.

	수입	실수익	현금 수지	시장가치
델	160억 달러	7억 6500달러	채무 ~60억 달러	310억 달러
1년 증감	2% 증가	18% 감소		
고용인 100,300명				
HP	300억 달러	15억 달러	채무 ~240억 달러	500억 달러
1년 증감	7% 감소	44% 감소		
고용인 320,000명				
애플	463억 달러	130억 달러	현금 ~976억 달러	~5000억 달러
1년 증감	73% 증가	110% 증가		
고용인 46,000명				

이런 결과가 '금전 지상주의자'로 하여금 디자인을 믿게 할까? 아마도 당신은 그렇다고 생각할 것이다. 그러나 기업 시스템의 속성은 여전히 머리가 딱딱하게 굳은 구식학교 출신의 최고경영자들의 전망을 흐리게 한다. 이들은 잘 디

자인된 제품과 소비자만족을 조직전략의 중심에 놓음으로 해서 얻게 되는 혜택이 무엇인지 보려 하지 않는다. 전통적 사업모델이 너무도 견고히 자리 잡고 있기 때문일 수 있다. 예를 들면, 대부분 대형 기업은 여전히 로마제국과 비슷한 기업적 구조 안에서 운영되고 있다. 카이사르를 최고경영자로, 집정관을 부사장으로, 평민의 호민관을 노동조합 지도자로 그 역할의 이름을 바꿔 부르고 있지만 운영 제도는 로마제국의 시스템과 거의 다를 바가 없다.

이런 시스템을 뒤엎는 것은 상당한 도전이다. 전제 제국주의적 모델이 대부분의 민주적 경제모델보다 훨씬 더 강력하기 때문이다. 예를 들어, 농업이나 미소금융업 분야의 소규모 사업주들로 결합된 협동조합을 운영하고 유지하는 것이 얼마나 어려운지를 보면 알 수 있다. 법적, 재정적, 제도적 복잡성이라는 모든 면을 고려할 때, 통제와 장악으로 덕을 보는 쪽은 언제나 합리성을 중시하는 좌뇌형 인간이라는 것은 새삼스러운 일이 아니다. 반면에 대체로 창조적 우뇌형 인간에겐 탁자 아래로 떨어지는 부스러기만 돌아간다. 그렇게 사업계는 거의 변하지 않고 있다. 창조적 인간이 만들고 관리자가 지배한다.

이런 불행한 상황이 벌어지는 것은 누구의 탓인가? 이 장을 통해 설명하겠지만, 이는 두 그룹 모두에게 책임이 있다고 생각한다. 창조적 인간이 사업계 지도층의 자리를 원한다면 게임을 지배할 수 있도록 리더십의 기술과 능력을 습득해야 한다. 동시에 사업가인 관리자는 최상의 창조적 재원들과 보다 긴밀히 공조하여 창의성과 디자인을 사업계획과 사업전략의 중심 요소로 받아들이는 법을 배워야 한다.

'무언가를 만드는' 기업이나 회사와 일하는 것은 디자이너로서 내게 가장 흥미롭고 경험도 많은 일이다. 파트너로 함께 일한 회사들은 인재 양성, 비전 있는 사고방식, 윤리적 경영을 바탕으로 탁월한 신제품이나 사용자경험을 만들어낸다. 이런 조직들의 마법의 공식은 최선을 다해 소비자가 꿈꿀 만한 제품과 사용자경험 및 콘텐츠를 제공하는 것이다. 그런 목표를 이루기 위해 회사는 전략 수립에서부터 디자인, 설계, 제조, 영업, 판매, 지원 등 전체 과정을 통틀어 최고의 창조적 인재들을 독려하여 교차-학문적 협업을 이끌어야 한다. 그러나 자질과 용기를 갖춘 경영진과 올바른 투자가 없다면, 어떤 조직도 위대하고 창조적인 결과물을 만들어낼 수 없다. 오늘날 디자인 주도의 경제 속에서 위대한 성공을 이루기 위해, 또는 최소한 생존을 위해서라도, 우뇌형 인간과 좌뇌형 인간은 동등한 자격으로 함께 일해야 한다.

이상과 같은 변화들이 세계에 전개될 문화적 디자인혁명을 구성하는 모든 부분이라고 생각한다. 이제, 그 혁명의 몇 가지 가장 중요한 양상들과, 사회, 경제, 교육 및 사업의 제도 변화가 어떻게 우리를 더욱 창조적인 디자인중심 전략으로 이끌어 주는지를 살펴볼 것이다. 우리 모두가 이 혁명에 동참할 수 있으며, 이를 통해 경제적·문화적·사회적 발전의 혜택을 얻을 수 있다는 것을 알게 될 것이다.

좌뇌 대 우뇌 대결의 종말

우리의 뇌는 해부학적으로 대칭적이지만 기능적으로 대칭적이진 않다. 진화의 결과로 그리고 도구를 사용하는 능력이 발달하면서 양쪽 뇌는 다른 역할을 가지게 되었다. 인식론적 정의에 의하면 좌측 뇌는 숫자와 단어 및 추상적 지식의 이성적 정보를 처리하고 우측 뇌는 이미지와 아이콘 및 감각적 내용의 보다 복잡한 정보를 처리한다. 이것은 과학적 사실이다.

또 다른 사실 하나는, 사람들은 — 예술적이고 감각적으로 움직이는 우뇌형 인간과 실용적이고 덜 창의적인 좌뇌형 인간 — 두 개의 그룹으로 분리해 보는 경향이 있다는 것이다. 그러나 이런 구분을 우리의 개성과 운명으로 받아들이는 것은 위험한 발상이라 할 수 있다. 특히 우리의 작업방식에 적용할 때 더욱 그렇다. 오늘날 한 측면의 사고만으로는 세계 경제의 지속가능한 성공을 만들어낼 수 없다. 이를테면 디자이너는 빠르게 발전하는 디지털 도구 시대의 전문가가 되기 위해, 양쪽 모두의 뇌를 발달시켜야 한다(이것에 대한 필요성을 '4장: 손과 머리로 하는 창조'에서 자세히 언급할 것이다). 사업가 또한 한 측면의 사고에만 의존할 수 없다.

지금 진행 중인 세계적 금융위기는 한 측면 사고의 위험성을 보여주는 매우 적절한 예다. 좌뇌전략은 현재 수익을 내는 사업이 영원히 그럴 것이라는 전제에 기초한다. 사실 대다수의 좌뇌전략은 한정된 자원 속에서 무한한 공급이 필요한 '눈싸움 전술'과 유사하기 때문에 지속이 불가능하다. 결국 수많은 희생자를 양산한다. 사람들의 모든 돈이 사취되어 고갈된다면 부도덕한 저당회사나 헤지펀드 또한 더 이상의 이득을 뽑아낼 곳이 없다. 하지만 월스트리트는 여전히 그와 같은 일을 계속하고 있다. 사실 이 글을 쓰고 있는 지금도 주택저당증권 시장은 계속해서 번성하고 있다. 그와 똑같은 행태가 세계적 경제 붕괴를 촉발한 지 불과 4년밖에 지나지 않았음에도 말이다.

합리성만을 추구하는 바로 그 측면적 사고방식에 의해 지나치게 효율중심적인 사업전략이 만들어졌다. 제품에 대한 지속적인 개발 또는 상표가치를 위해 어떤 새로운 투자도 하지 않으면서 기존의 관행 또는 상품으로부터 비용 삭감을 통해 수익을 쥐어짜는 게 기본인 전략이었다. 어느 지점이 되면 잘라낼 구석이 없고 더 줄여서 얻을 게 없게 된다. 그 제품에 남아 있는 상표가치가 없기 때문에 소비자들은 더 낮은 가격을 제시하는 다음 물건으로 몰려갔다. 그러면 위기가 엄습하고 최소의 투자로 최대의 이윤을 얻으려다 문제를 자초한 합리성 중시의 수뇌부는 창조적인 해결책을 내놓으라고 닦달하지만, 여전히 이들은 이런 문제를 해결하기 위해선 창조적이지만 가끔은 애매한 제안을 수용하여야 한다는 것을 깨닫지 못했다. 불행히도 이런 종류의 위기를 해결할 수 있는 재능을 가진 다수의 사람들은 시달림에 지쳐 다른 조직들로 옮겨가고 남아 있는 사람들은 더 이상 노력하길 멈추게 되었다.

그렇다면 이제는, 합리적 사업가 모두가 동등한 동반자로서 창조적 인간이 필요하다는 사실을 받아들이고 있는가? 창조적 인간은 자신의 안락한 곳에서 벗어나 희생자 역할을 그만두고 영향력을 행사할 만한 직업적 능력들을 길러 동등한 권력을 얻기 위해 싸울 필요가 있음을 깨닫고 있는가? 아니다! 합리성 중시의 측면 사고방식을 가진 권력자들은—몇몇 이른바 창조성 상담역들과 함께—"모든 사람이 창조적일 수 있다"라고 설파하며 다시 한번 왜곡하려 한다. 특히 비-창조적인 사람에게 호소력이 있을 수는 있겠지만 근거 없는 믿음이라고 생각한다. 우리의 창조성 발달에 명백히 중요한 역할을 하는 것은 태어나고 자란 환경이다. 가족, 교사, 친구, 공동체, 국가가 우리의 창조적 과정을 대하는 평가와 접근방식을 형성시킨다. 인간 유전자 배열을 해독한 크레이그 벤터Craig Venter는 말했다. "생물학적 결정론을 지지하는 생각에 대해 한마디 하자면, 우리는 그렇게 많은 유전자를 가지고 있지 않습니다. 인간이라는 종이 가진 멋진 다양성은 유전자 코드에 각인된 것이 아닙니다. 우리의 환경이 결정적입니다!"

하지만 창조적 재능을 가진 이들이 학습을 통해 더욱 창조적일 수 있게 되고, 합리적인 이들도 학습을 통해 창조적 인간을 존중하고 잘 이해할 수 있게 된다는 것은 사실이다. 양쪽 모두 협업하는 법과 권력을 나누어 집행하는 법을 배워 '우뇌 대 좌뇌'의 싸움을 끝내는 데 집중해야 한다. 이런 변화가 기관과 기업 및 공동체 안에서 일어나야 한다. 애플의 디자인 주도 전략을 통한 찬란한 성공은 디자인과 창조성이 가진 힘에 대한 반박할 수 없는 증거다. 그러나 그 힘을 모으기 위해 "이 분야에서 우리도 애플이 되고 싶다"라고 선언하는 것만으론 충분하지 않다. 창조성은 능력과 리더십, 도덕성이 관건이다. 현재 이런 덕목을 갖춘 재원의 공급부족 상황을 우리가 바꿀 수 있도록, 창조적 인간들이 모두 일찍이 어릴 때부터 그 능력을 개발할 수 있는 도구와 기회를 갖도록 보장해주어야 한다.

불행히도 창조성을 양성할 환경이 부족한 듯하다. 단지 합리성에 — 결과적으로 계측성에만 — 집중하는 전통적 경제교육과 관행은 창조적 재능의 개발에 커다란 장해가 돼왔다. 바로 그와 똑같은 집중방식으로 인해 많은 단체들의 전문적 유능함과 인간적 능력을 배양하려는 대부분의 시도는 좌절된다. 특히 미국에서 창조성은 또한 정치적 당파성에 의해 억압된다. 좌파의 과도한 방임주의나 우파의 위선적이고 종교적인 집착에 이끌린 정책들이 많은 아이들을 정치적 의제의 희생자로 만들었다.

특별히 재능 있는 아이들의 발달을 막는 최악의 부류는 정치적으로 양 극단에 있는 사람들이다. 극-자유주의자는 평등을 주장하면서 재능과 창조적 사고방식을 죽인다. 극-보수주의자는 기금 삭감을 요구하여 예술 프로그램을 없애는 한편, 창조설 같은 중세적 주제를 우리의 교육 시스템에 강요하며 재능과 창조적 사고방식을 죽인다. 학교에 입학하는 것을 시작으로 너무도 많은 우리의 재능 있는 아이가 좌절되거나 주입식 교육에 순응한다. 그들이 나이가 차서 이제야 비로소 자신의 창조적 재능을 발전시킬 수 있을 학사과정 또는 디자인과정에 들어가는 때가 되면, 이미 대부분 이들의 창조성은 안타깝게도 낮은 수준으로 조정되어 있다.

'좌뇌 대 우뇌'의 대결을 끝내려면, 창조성에 대한 우리의 태도와 접근방식을 변화시킬 필요가 있을 뿐만 아니라, 극히 창조적 인간과 극히 합리적 인간 사이에 존재하는 사고방식의 진정한 차이도 이해하여야 한다. 오스트리아 그라츠 대학교University of Graz의 차이 심리학과의 학과장이자 교수인 알료샤 C. 노이바우어 박사Dr. Aljoscha C. Neubauer와 동료인 안드레아스 핀크Andreas Fink는 벽돌 하나로 무엇을 할 수 있을지를 묻는 주제와 같은 간단한 문제들로 이뤄진 창조성 테스트를 하는 동안의 인간뇌파활동을 연구했다. 결과는, 다음 그래프가 설명하듯, 매우 창조적인 사람이 극히 비창조적인 사람에 비해 뇌의 우반구에 더욱 크게 의존하여 창조적 도전을 해결한다는 것을 보여준다.[3]

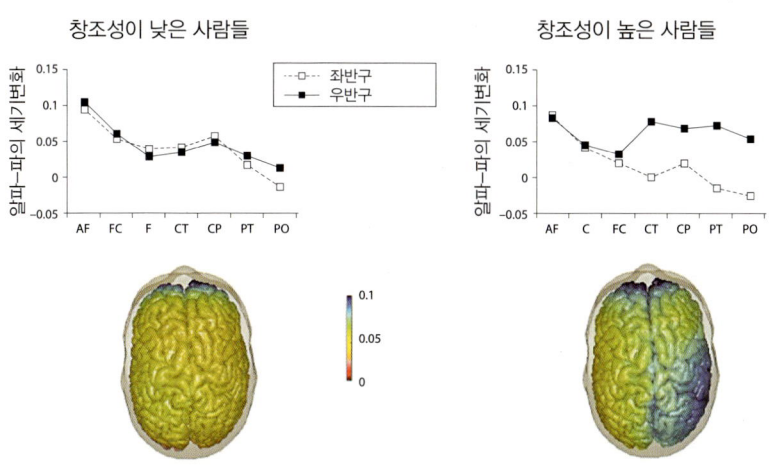

매우 창조적인 사람들은 창조성이 낮은 사람들에 비해 창조적 도전에 직면했을 때 뇌의 우반구에 더욱 의존한다.[4] (가로축은 뇌의 영역들.)

'창조적 작업'을 하는 동안 일어나는 또 다른 신체적 변화는 뇌로부터 도파민이 생성된다는 것이다. 도파민은 인식능력, 개념적 연관관계를 구성하는 능력, 언어 표현력 및 긍정적 감정을 강화해준다. 노이바우어의 실험결과는 우반구가 집중력을 의미하는 뇌파인 알파-파를 만들고 있음을 보여준다. 이 뇌파는 긍정적 태도, 높은 동기부여, 흥미, 지식, 경험, 높은 지능 등의 기초가 된다. 연구는 창조성이 긍정적이고 안전한 환경에서 왕성해진다는 생각을 뒷받침한다. 창조적 작업이 임의적 행동이 아니라 훈련된 행동이라는 것 또한 기억해두는 것이 중요하다고 생각한다. 즉 창조성은 음악을 연주하는 것처럼 교육될 수 있으며 모든 교육이 그렇듯 연습을 통해 완성되는 것이다.

어떤 비-창조적 인간은 어째서 매우 창조적인 인간을 경시하거나 심지어는 공격적으로 싫어하는지를 이런 두뇌 사용의 차이점으로 설명할 수 있다. (자금이나 권력에 의한) 자신의 지배력을 과시하고자 한다거나 혹은 단순히 기발한 발상에 대한 시기심 때문이다. 좋은 동료관계와 생산적인 협력관계를 만들기 위해서는 가기 다른 수준의 창조성을 가진 사람들이 우뇌-좌뇌 작동원리를 인지하고 이해하여야 한다. 아울러 강한 협력관계를 위해서는 구성원 모두에게 새로운 발상이나 공정을 이해시키고 더불어 이를 통해 얻을 수 있는 창조적 이익과 합리적 타당성 및 잠재적 효과를 이해시킬 수 있는 의사소통 능력이 필요하다.

이런 육체적/신경학적 차이를 이해하는 것이 사람과 조직 안에서의 창조성을 살찌우는 과정의 시작이다. 많은 기업과 교육과정들 또한 창조적 사고와 행동을 촉진시키는 긍정적 환경을 만들고 있는 중이다. 그러나 여전히 사업계와 경제계에 너무도 만연해 있는 창조성을 향한 무시와 부정적인 태도를 바로잡는 것을 시작으로, 창조력을 양성하기 위해 우리가 할 수 있는 일은 훨씬 더 많다. 새로운 경험과 발상에 대해 열린 사고를 하고 어려워 보이는 도전에서 긍정적인 면을 볼 수 있을 때, 창조적 사고는 강화된다. 또한 위험요소에서 긍정적인 것을 볼 수 있어야 하고 실패를 나쁜 것으로 여기는 개념을 버려야 한다. 실제로 성공보다는 실패로부터 훨씬 더 많은 것을 배울 수 있다는 사실을 깨달아야 한다. 미지의 영역을 탐험하는 모험을 즐길 수 있고 발상과 이해의 완전히 새로운 영역을 개척한 것에 대한 개인적 보상과 인정을 받을 수 있는 환경에서, 창조성은 활짝 피어난다.

신체적·환경적 요소 모두가 창조성 수준에 영향을 주기 때문에, 창조적 능력이 불변이 아니라는 것 또한 이해해야 한다. 앞에서도 설명했지만 음악을 연주하는 것과 마찬가지로 창조성도 훈련을 통해서 개발될 수 있다. 이것이 의미하는 바에 따라, 만일 한 기업이 창조력을 튼튼히 구축하려면 무엇을 해야 하는가?

팀워크와 비-순응주의

창조적 사고를 위해서는 애매함과 비관습성을 익숙히 받아들여야 한다. 왜냐하면 창조성과 순응은 좀처럼 양립할 수 없기 때문이다. 사실 창조적 인간을 비-순응주의자 혹은 심지어는 약간은 괴짜라고 생각해야 한다. 또한, 창조적 사고를 유일하게 효과적으로 강화시키는 것은 공동작업의 팀워크라는 것을 이해하여야 한다. 이렇게 비-순응주의와 팀워크를 결합하는 것이 모순처럼 들릴 수도 있지만, 프로그에서의 동료들과 그리고 제자들과의 작업 경험을 통해 나는 그런 결합의 참모습을 보아왔다. 알료샤 노이바우어는 별개의 시험 집단들과 행한 일련의 실험을 통해 이런 '비논리적' 현상의 진실을 밝혀냈다.

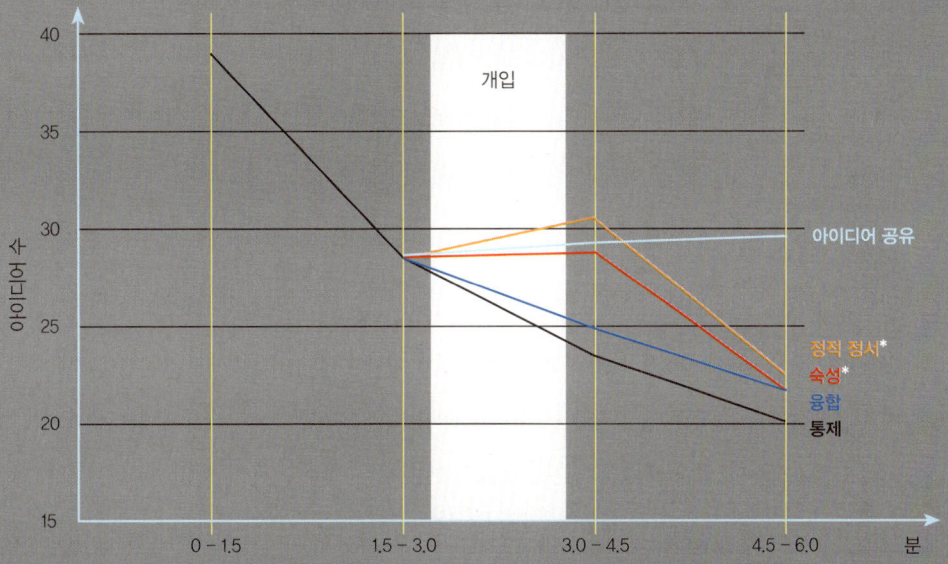

시간이 지날수록 어떤 개인이나 그룹이 새롭게 만들어내는 아이디어의 양은 매우 빠르게 줄어든다. 이런 쇠퇴를 막는 숙성 단계를 포함한 대부분의 개입방법들은 그 효과에 한계가 있다. 아이디어 공유라는 방법이 테스트 주제에 연관된 아이디어의 질을 유지시키고 양을 늘리는 유일한 형태의 개입이라는 것을 노이바우어는 연구를 통해 보여준다.[5]

경영진의 가장 중요한 과제는, 기업 환경 속에서 대부분 소수자 그룹에 있기 마련인 창조적 재원을 찾아낸 후 이들에게 리더십 능력을 길러주고 책임자의 권한을 부여하는 일이다. 조직의 창조성이 가장 크게 증가되는 경우는 창조적 인간들을 모아 창조적인 책임자와 협력자들로 구성할 때다. 그러면 이들은 조직에 막대한 가치를 가져다 줄 수 있다. 동시에 창조적 인간들은 — 전략가, 기업가, 디자이너, 교육자 등은 — 시스템을 만드는 데 영향을 줄 수 있는 필수적 권력을 얻어내야 한다.

'좌뇌 대 우뇌' 패러다임을 끝내고자 하는 목적은 매우 간단하다: 근시안적인 금전중심 자본주의를 지속가능한 창조적 자본주의로 바꾸어, 우리 사회를 '구매를 원하는' 사회에서 '사용하길 원하고 사용체험을 즐기는' 사회로 발전시켜야 한다. 우리의 큰 도전과제는 문화 전체에 걸친 충분한 사회 변화를 이끄는 일이다. 그래서 창조성을 장려하고 창조적 인재들을 직장의 중역이 되기 위해 도전하게 하며 그런 노력의 과정에 필요한 강철 같은 의지를 지지해 주는 환경으로 바꾸어야 한다. 이런 책임자들을 가진 사회는 최고위 수준의 의사결정을 창조적 방식으로 하게 될 것이다. 이 도전이 창조적 혁명의 뿌리와 열매를 구성한다.

사업계, 더 나아가 세계 경제계에 보다 창조적인 패러다임이 자리 잡게 하려면 어떻게 해야 할까? 다양한 사업에 파트너로 참여하며 매우 성공적이고 보람 있는 경험을 하게 된 지금에도, 기업 환경의 창조성 발전에 관한 주제라면 나는 여전히 현실주의자다. 현재의 권력자들에게 근본적인 변화를 기대하긴 어려워 보인다. 이들은 서서히 뜨거워지고 있는 물속의 개구리처럼, 기능이 마비된 자신의 환경을 따라 그들 혹은 그들의 조직이 사라질 때까지 계속해서 표류할 것이기 때문이다. 이런 상황은 리더십의 역할 속으로 뛰어들 수 없거나 혹은 기꺼이 뛰어들려 하지 않는 대다수의 성공한 창조적 인간에 대해서도 마찬가지다. 그러므로 나는 교육을 시작으로 (이것은 마르쿠스 크레슈머가 '2장: 창조학 설립'에서 설명할 것이다) 산업과 경제계의 모든 측면을 포함해 이어지는 창조적 혁명에 합류하기를 제안한다. 디자인과 사업 및 정치 분야에서, 새로운 세대의 창조적 인재와 책임자를 모집하여 교육, 지도, 양성해야 한다. 이들을 적합하고 유능하게 만들어, 이들이 사업과 사업의 인간화를 위해 그리고 인간이 직면한 수많은 과제에 능숙히 대처하기 위해 필요한 능력에 집중할 수 있도록

↑ 썬 마이크로시스템즈 스파크SPARC 라인, 1987. 사진: 디트마르 헤네카

해야 한다. 이제, 이런 창조적 혁명의 싹이 이미 얼마만큼 자랐는지, 그리고 어떻게 하면 그 성장을 촉진시켜 창작자, 정책 입안자 등 사회 각 분야의 영향력 있는 사람들을 움직일 것인지 탐색해볼 것이다.

직업혁명

인간은 물질문명의 창조자, 제작자, 사용자이며 또한 아주 흔하게는 소모자다. 창작은 산업공정의 시작이지만, 전략적 디자이너는 그 공정의 나머지 요소에 대해서도 역시 어느 정도 이해하고 있어야 한다. 창조는 생각과 전략 및 상상력을 가지고 시작한다. 무엇을 계획하여 실행하든지 간에 디자이너는 우선 제품이 수명을 다할 때까지의 결과와 영향이 무엇일지 기획하고 모의실험까지도 해야 한다. 전략적 디자이너는 어떤 제품 또는 공정을 만든다하더라도 우선시해야 할 것은 사용자경험이다. 가장 만족스럽고 효과적인 사용자경험을 확보하는 데 필요한 결정을 하려면, 폭넓은 직업적 유능함과 결합된 환상적인 상상력이 있어야 한다.

다니엘 핑크Daniel Pink는 《새로운 미래가 온다A Whole New Mind》라는 저서에서 말했다. "미래는 다른 종류의 사람들, 즉 창조적이고 공감적인 우뇌를 활용해 사고하는 능력을 가진 이들의 것이다. 이런 능력이 성공을 가르는 기준이 될 것이다."[6] 핑크는 계속해서 여섯 개의 창조적 성공 요소를 나열하고 있는데, 다소 "미국인은 하면 된다" 식의 열정이 지나친 감은 있지만, 제시된 요소들이 마음에 든다. 이들은 디자인, 이야기, 조화, 공감, 놀이, 의미다. 그중 나는 공감이 가장 중요한 요소라고 생각한다. 주목해야 할 것은 이것이 전혀 돈이 드는 일이 아니라는 것이다. 그러나 그의 충고만 따라준다면 모든 사람이 창조적 인간이 될 수 있다는 주장은 다소 아쉽게 느껴진다. 이런 개념에 대한 나의 저항감은 앞서 설명했다. 예를 들어 모든 사람이 요리할 수 있다고 말할 수는 있지만 맛있는 요리를 할 수 있다는 것을 의미하지는 않는다. 마찬가지로 모든 사람이 디자인을 잘할 수는 없다. 훨씬 더 제한적으로 말한다면, 누구도 혼자 디자인할 수 없다. 디자이너는 많은 직업적 영향력에 둘러싸인 매우 복잡한 생태계에 참여하고 있다. 이런 환경이 한계가 되기도 하지만 엄청난 기회를 제공하기도 한다. 팀워크의 힘을 사용하여 창조적 리더십을 강력히 발휘한다면 전략적 디자이너는 혁명을 주도할 수 있다.

첫 번째 책 《프로그》에서 나는 디자이너의 종류에 대해 설명했다. 아름다운 동시에 고성능 제품 디자인으로 유명한 디터 람스Dieter Rams, 겐지 에쿠안Kenji Ekuan, 마리오 벨리니Mario Bellini, 에토레 소트사스Ettore Sottsass 등의 고전적 디자이너, 시각적으로 호소력 있는 디자인으로 알려진 필립 스탁Philippe Starck, 카림 라시드Karim Rashid, 로스 러브그로브Ross Lovegrove 등의 예술적 디자이너, 그리고 보잘것없는 제품 디자인으로 세계 곳곳의 기업과 기관의 생산량을 부채질하는 방대한 익명 군단의 기업 디자이너가 있다. 이제 여기에 네 번째 그룹으로 전략적 디자이너 그룹을 더하고자 한다. 이들의 작품은 전 세계에 걸쳐 진정한 영향력을 미친다. 어떤 이들은 애플의 조너선 아이브Jonathan Ive, 폭스바겐의 월터 드실바Walter de'Silva, 이전엔 필립스 지금은 일렉트로룩스의 스테파노 마르차노Stefano Marzano 등과 같이 기업의 중역을 맡고 있다. 다른 이들은 포르쉐 디자인, GK 디자인, 프로그 등과 같은 발군의 디자인 기관에서 세계적 기업 경영자들의 자문역으로 전략을 수립하며 영향력 있고 전위적인 선도자 역할을 하고 있다.

각각의 디자이너 그룹은 우리의 시각적·물질적 문화에 기여해왔다. 고전적 디자이너는 디자인의 역할을 미화 이상으로 확장시켰으며, 그들의 작품은 가전제품과 가전기구 및 여타의 공산품을 다시 정의했다. 예술적 디자이너는 가구, 조명, 명품 등 기술적 수준이 낮은 생활용품을 스타일과 아름다움을 더해 완전히 다른 수준으로 격상시켰다. 하지만 이들 디자인의 특징은 패러다임을 바꾸는 힘에 있는 것이 아니라 디자이너의 스타일과 개별적 상표에 있다. 그러므로 영향력의 범위는 전형적으로 틈새전략을 가진 기업이나 라이프스타일 서적에 한정된다. 거의 대부분 이들은 사용자경험을 극적으로 바꾸기 위해, 예를 들면 제품을 혁신하거나 천연자원을 보존하거나 세상의 사고방식을 변화시키는 등, 자신의 작업을 전략적으로 사용할 수단도 욕망도 없다.

문화적 디자인혁명을 이끌 사람들은 고전적인 동시에 전략적인 디자이너라고 생각한다. 디자이너들을 이런 그룹에 합류하게 하고, 사업 경영자들을 교육해 가장 효과적인 방법으로 이들을 채용하고 보상하도록 하는 것이 내가 중점적으로 노력하고 있는 일이다. 지나치게 유행을 좇아 새로운 스타일의 티셔츠나 관광 상품용 머그컵을 마구 찍어내는 것을 직업으로 하는 디자이너는 이미 너무도 많이 있다. 나의 목표는 고도로 훈련되고 직업적으로도 유능한—작품으로 세상에 많은 공헌을 하기 위해 필요한 영향력을 획득하고 발휘할 수 있는—디자이너 층을 구축하는 것이다.

권력이동

디자이너에게 타협이란 나쁜 말이고 굴복한다는 것은 거의 치명적인 실패를 의미한다. 1969년 내가 디자인 사업을 처음 시작했을 때, 대부분의 사업가는 디자이너를 일종의 바보나 돈으로 부리는 노예로 취급했다. 당시엔 그런 학대를 받아들이는 디자이너와 함께 일하곤 했기 때문이다. 이들은 내게 형편없는 급료, 심지어는 무급 조건으로 전략적으로 불건전하거나 본질적으로 전망이 불투명한 프로젝트를 의뢰했다. 나는 타협하거나 굴복할 마음이 없었다. 디자인이란—머리와 가슴 모두를 감동시키는 혁신적 제품과 해결책을 제공하여 새로운 시장을 열어—회사에 막대한 경제적 이득을 주는 것이라고 나는 확신하고 있었기에, 새로운 영역에 대한 욕심과 비전이 있는 극소수의 고객을 계속해서 찾고 있었다. 나의 긍정적인 정신과 끈질긴 회복력과 또한 '현실 직시 거부 성향'(나의 아내이자 동업자인 패트리샤는 그렇게 부른다)에 이끌린 행운의 여신이 마침내 내게 미소를 짓기 시작했다.

    나의 인생을 바꾼 첫 번째 고객은 당시 3백만 달러의 자본금을 가진 독일의 가족 소유 가전기업인 베가Wega의 디터 모테Dieter Motte였다. 디터의 추진력을 바탕으로 나는 그의 사업을 새로운 차원으로 끌어올렸다. 비록 우리 사이엔 잦은 의견충돌이 있었지만 디터가 위대한 멘토였다는 생각에는 변함이 없다. 디자인에 관한 그의 열정은 한계가 없었다. 나의 수많은 초보적 실수나 그의 설계팀 및 영업팀과의 무수한 충돌 속에서도 그는 나의 편이었다. 우리의 협력관계는 다양한 부분에서 성공적이었다. 베가는 국제적 명성을 얻었고, 수익은 소니에 매각된 1974년을 정점으로 4년 동안 열 배로 증가했다.

    이때의 성공적인 협력관계는 나의 향후 경력과 고객들의 명단에 일종의 경향을 만들어냈다: 카보Kaltenbach & Voigt, KaVo는 치과기기 시스템의 세계적 주자가 되었다(현재는 미국의 다나허 기업Danaher Corporation의 소유다); 샤워헤드 제작 전문인 한스그로헤Hansgrohe는 블랙포레스트Black Forest에 있는 내 아버지의 고향인 실타흐Schiltach라는 작은 마을에 뿌리를 두고 출발해서 욕실 디자인의 세계적 주자로 성장했다(현재는 미국의 델타 수도 회사Delta Faucet Company의 소유다); 루이비통Louis Vuitton은 파리와 니스에 두 개의 가게를 가진 연간 수익 1,400만 달러의 작은 가죽전문 제조업자에서 국제적 명품제국으로 진화했다. 이런 기업들과 이뤄낸 성공 외에도, 소니의 뛰어난 기술적 감각이 국제적 성공으로 이어지는 데 일조하는 특권을 누렸다. 나의 디자이너로서의 직업적 위상은 1982년에 정점을 맞이하는데, 스티브 잡스에게 고용되어 애플에 합류했을 때였다.

모든 성공적인 관계의 중요한 특징은 내가 최고위 경영진과 직접적으로 일했다는 것이다. 같이 일한 기업의 소유주와 최고경영자의 관심과 지지 속에 기업의 설계, 제조, 영업 부문 등의 협조와 지원을 받을 수 있었다. 공동작업의 양측 모두를 움직이는 열정은 한 가지 단순한 확신으로부터 솟아났다: 사업이나 상표의 성공은 제품과 사용자경험에 달려 있으므로 경쟁사가 감히 꿈조차 꾸지 못할 만큼 모든 면에서 탁월한 것을 만들어야 한다.

초창기의 고객들이 공통적으로 이해했던 것은, 창조성과 디자인이 그들이 사용할 수 있는 최상의 전략적 도구며 지독히 인색하다든지 사람을 숫자로 취급해서는 문화적 혁신을 성취할 수 없다는 것이다. 디자인은 민주적으로 정해지는 문제가 아니라는 것 그리고 최고의 결과물을 얻으려면 최고의 사람과 함께 일해야 한다는 것을 또한 그들은 이해했다. 이런 비전을 가진 경영자는 경제적 성공이 개인적으로나 기업적으로나 권력을 얻는 유일한 기초라는 잘못된 믿음의 수렁으로 빠지지 않았다. 그들은 자신의 지위를 이용해 창조적 인간이 하는 일을 쥐락펴락하거나 혹은 모욕적인 대우나 급료를 통해 노동력을 착취하는 짓 따위는 하지 않았다. 그렇게 들뜨고 보람 있는 협력관계 속에서 일하는 행운이 있었기에, 그런 관계가 디자이너와 조직에게 주는 이점과 이들의 협력의 결과물로 만들어지는 시장과 산업에 주는 혜택을 직접 체험으로 알게 되었다. 그러므로 나는 동료 디자이너들에게 그런 관계가

↑ 팩커드 벨 상표와 컴퓨터, 1992. 사진: 디트마르 헤네카

표준이 되는 문화적 디자인혁명을 위해 심혈을 기울이고 있다.

디자인중심 전략을 통한 승리

이제 권력이동은 현실이다. 합리성을 중시하는 관리자가 아직 권력을 쥐고 있지만, 그 통치의 끝이 보이고 있다. 자금력과 가격, 과잉생산을 이용한 경쟁은 이윤축소 혹은 사실상의 적자를 초래한다는 것을 모든 분야의 사업이 깨닫게 되었다. 여전히 비용 효율화가 가장 눈에 띄는 사업전략이지만, 이는 결국 경제적·생태적 붕괴를 이끈다. 경영 전문가인 게리 하멜Gary Hamel은 말했다: "효율중심 전략은 바위에서 물을 짜내려고 하는 시도와 같다." 2010년 애플의 아이폰은 전화기 숫자로 세계에서 8%, 판매량과 수익으로 세계에서 각각 약 32%와 46%를 차지했다. 아직도 디자인을 부가적 비용으로만 인식하고 있는 사람은 그 중요성을 이해하지 못하고 있는 것이다. 이런 무지의 씨앗이 경영대학원에 계속해서 등장하여, 벤처투자회사에 뿌리를 내리고, 너무도 많은 중역실과 회의실에서 활짝 피어나고 있다.

현재, 가장 성공적인 신생 기업은 물리적인 신제품이 아니라 새로운 발상과 사람들의 상호 참여 위에 만들어진다. 예를 들어, 애초에 맞춤형 광고를 수익모델로 시작한 검색엔진인 구글, 개인적 경험과 내용을 공유하도록 사람을 끌어들이는 소셜미디어 플랫폼인 페이스북, 마이크로 블로깅 플랫폼인 텀블러를 생각해 보라. 마이크로소프트, 오라클, SAP 등 기존의 가상공간을 대상으로 하는 기업들조차 전략적 수요를 변경해야 하는 과제에 직면했다. 세일스포스닷컴salesforce.com 같은 신생 기업이 인터넷을 통해 스마트 응용프로그램들을 배포하여 폐쇄적이고 독점적이었던 기업 소프트웨어 모델 방식을 해체했을 때, 오라클과 SAP는 클라우드 능력을 가진 기업을 수십억 달러를 써가면서 인수할 수밖에 없었다. 그들 내부에는 그런 신흥 시장에서 경쟁할 만한 창조적 인재가 없었기 때문이었다.

스티브 잡스는 창조적 인간을 핵심 역할로 수용하는 리더십 모델로 애플을 최고 가치의 미국 기업으로 만들었으며, 각 분야의 사업 경영자들이 그의 사례를 본받기 시작했다. BMW 또는 아우디Audi 같은 자동차 기업은 고객의 다수가 뛰어난 디자인과 브랜드 이미지 때문에 차를 산다는 것을 깨닫고 수십억 달러를 디자인에 투자했다. 이들뿐만 아니라 많은 산업계의 경영자들이, 디자인의 투자 대비 회수율은 1대 100이며, 이 회수율은 제품 성공을 위한—품질, 기술, 성능 같은—다른 어떤 합리적 영향 인자들로도 달성할 수 없다는 것을 이해하고 있다.[7] 이런 기업들은 디자인을 사업전략의 중심으로 수용하여 시장에서 크게 성공하고 있다. 그리고 이들은 또한 디자인을 올바른 방법으로 적용한다면, 역설적이게도 공정비용 절감, 개발과정 능률화, 제품수명관리 개선 및 브랜드 가치 구축이 가능해져 소비자를 추종자로 변모시키고 이윤을 최대화할 수 있다는 것을 깨닫고 있다.

숫자가 말해준다. 오늘날 나와 상담하는 거의 모든 사업 경영자들이 자신의 조직을 애플처럼 만들고 싶다고 말한다. 창조성과 디자인의 경제적 경쟁력을 파악한 좌뇌형 경영자나 벤처투자자가 많아지면서, 더 많은 회사들이 애플의 성공을 이끈 일종의 디자인중심 전략을 채용하고 있다. (이런 새로운 사업전략의 구상과 선도하는 방식에 대해 요한나 쉰베르거가 '9장: 창조적 비즈니스 리더십'에서 설명한다.) 필요한 직업적 능력과 용기 및 절제력을 발전시켜 조직의 지휘부 역할을 맡는 디자이너가 많아질수록, 디자인에 기초한 전략의 힘을 새로운 시장을 형성하고 키우기 위해 활용하는 조직이 많아진다. 앞서 말했듯이, 창조적 교육에서 직업적 관행까지, 집단 내 좌뇌-우뇌의 부조화를 교차-학문간 협력적 동반자 의식으로 바꾸려면 대립하는 양측 모두에게 필요한 능력들을 보다 현실적이고 바르게 이해해야 한다. 내가 말하는 혁명은 거짓약속과 권력 장악에 관한 것이 아니다. 오늘날—그리고 앞으로 올 세대를 위해—비전과 직업 및 삶을 만드는 현실에 관한 이야기다.

밑바닥부터의 시스템 변화

우리의 물질세계는 가상현실과 융합되고 있고 사회적·생태적 문제는 그 어느 때보다 더욱 인간의 삶에 중요한 것이 되고 있지만, 창조적 교육은 곤경에 처해 있다. 곳곳에 뛰어나고 의욕 충만한 교사들과 재능 있는 학생들이 있음에도 불구하고, 삶의 현실이 제도적으로 무시되고 있는 현재, 창조적 교육의—디자인에서부터 생명과학, 사업, 기술, 사회-문화 직종의 모든 분야에 걸친—혁명이 필요하다. 이런 혁명을 금전 중심의 전문가에게 맡기기에는 우리의 세상이 너무도 복잡하다. 우리에게는 머리와 가슴을 모두 가진 창조적 인간이 필요하다. 그리고 창조성을 활용할 방법과 도구가 필요하다. 다음은 그런 종류의 창조성을 만들어내고 지원할 시스템의 구성을 보여주는 도표다.

상하이 푸단 대학교/시각예술학원 데타오 전략적 디자인 석사과정
전략적 학문은 기업 세계에만 국한되지 않고 사회적, 정치적 삶의 모든 영역들에 걸쳐 창조적 사고 및 과정에 영향을 주고 발달시킨다.

이 새로운 창조적 교육을 위한 모델은 도표에서 볼 수 있는 것처럼 우리 시스템의 중심에 자리 잡고 있다. 많은 창조적인 아이들이 학교에서 방치되거나 심지어는 위협을 받는다거나, 대부분의 디자이너가 미술학과에서 사회적·생태적·경제적 현실과 유리된 채 교육받는다는 것은 근본적으로 잘못된 것이다. '디자인적 사고'* 같은 피상적인 새로운 경영모델이 좌뇌형 인간을 보다 창조적으로 만들어주리라고 믿는 것 또한 천진난만한 발상이다. 음악 연주와 마찬가지로 디자인하는 과정은 말로 하는 것이 아니라 실천으로 정해진다. 경제모델 속 디자인의 역할을 변모시키겠다는 대망의 목표를 이뤄내는 유일한 길은 고등학교에서 대학으로 이어지는 새로운 교차-학문적 기관을 만드는 것이다. 그리하여 이런 기관이 창조적이고 혁신적인 디자인 공동체의 결정화 공간으로 활용되어 지속가능한 발전의 새 지평을 열어줄 창조적 개척자들의 산실이 되도록 해야 한다.

새로운 디자인 교육 허브는 학생들의 협업 능력과 리더십 능력을 향상시킬 뿐만 아니라 각자의 창조적 잠재력을 펼칠 수 있게 하여 창조성을 살찌울 것이다. 전통적으로 합리성만 강조되는 학교 제도에서는 실무 경영교육에 비해 시각 예술, 음악, 시 등 창조적 교육은 경시되고 심지어는 단지 주의력을 산만하게 하는 것으로 취급된다. 표준화된 시험에서의 최고 점수를 주요 목표로 하는 학교는, 비선형적이고 본능적인, 심지어 무질서하기도 한 사고방식을 가진 창조적 학생을 종종 훼방꾼으로 평가한다. 이런 학생은 곧, 늘 자신을 이방인으로 느끼고 점점 자신만의 세계에 몰두해 냉소적이고 창조적인 생존방식으로 처신하는 법을 배운다. 앞으로 이 책에서 설명할 일종의 개정 교육제도는, 이런 비생산적 패턴에 종지부를 찍고 사회의 다양한 분야에서 우리 모두를 발전시킬 문화적 변화를 이끌 창조적 학생들을 육성하기 위한 것이다.

직업의 보람: 보수
사회적 태도와 사업적 환경 및 교육제도를 재구성하는 것은 문화적 디자인혁명을 시작하는 중요한 첫걸음이다. 그러나 혁명을 촉발한 구상으로부터 장기적 현실로 이행하려면, 무엇이 전략적 디자이너의 공헌에 마땅한 보수인지 우리들의 개념 또한 재고해보아야 한다. 만일 디자이너가 리더십의 책임을 맡아 조직전략의 핵심을 구성해주길 바란다면, 그 기여에 대한 보상이 이뤄져야 한다. 적당한 보상이 없다면 우리에게 가장 필요한, 바로 그 재능 있는 사람은 다른 직업을 선택하게 될 것이다. 현재 디자이너가 처한 경제적 현실을 보여주는 냉혹한 몇 가지 수치를 살펴보자.

여기에 제시되는 것은 2009년 오스트리아와 독일, 영국의 세금과 사회보장 공제를 하기 전의 평균 연간 총수입이다. 참고로 미국, 네덜란드, 독일, 이탈리아, 남아프리카, 우크라이나, 인도 및 중국에 있는 전체 14개 프로그 스튜디오의 평균 연봉은 6만 8,000유로였다.

- 오스트리아 = ~ 1만 6,000유로[8]
- 독일 = ~ 2만 8,000유로[9]
- 영국 = ~ 3만 2,000유로[10]

공개된 각 나라별 내부의 소득격차는 얼핏 보이는 것보다 훨씬 더 크다. 독일의 모든 디자이너 중 약 80%가 1만 8,000에서 3만 6,000유로 사이의 연봉을 받는다. 가장 말단의 디자이너가 버는 것은 독일 빈곤층 수준에 가깝다. 공식 독일디자인협회는 이런 비극적 상황에 대해 손놓고 있는 듯하다. "디자이너는 부자가 될 수 없다"거나 "디자인이든 돈이든 둘 중 하나를 선택해야 한다"고 흔히들 말한다는 것은 디자이너가 다른 직종의 전문가와 동등하게 인정되기에는 아직 갈 길이 멀다는 것을 입증한다.

오스트리아의 상황은 훨씬 더 심각하다. 2010년 당시 나의 박사학위 학생인 요한나 쇤베르거와 나는 전 직장인 빈 응용미술대학교의 졸업생들에 특별히 초점을 맞추어 오스트리아 디자이너의 경제적 상황에 관해 상당히 광범위하게 조사했다. 우리의 조사그룹 안에 있는 37명의 디자이너는 2008년 1만 68유로의 연봉을 받았는데, 오스트리아 단일가구당 최저생계비인 1만 1,400유로 이하의 수입에 해당한다. 다른 25%는 고작 2만 유로를 받았다. 응용미술대학교의 졸업생들은 주당 평균 52시간을 일했고 그들 중 80%가 부업을 해야 했다. 실제로 65%가 자신의 경제적 상황에 대해 "최악이며 많은 스트레스를 받는다"고 말했다.[11] 또한 그중 많은 사람이 전혀 만족스럽지 않고 가족을 꾸릴 생각조차 할 수 없다고 했다.

나는 다음을 명확히 하고 싶다. 돈이 창조적 직업을 갖는 주요 목적은 아니지만, 이것은 고용주를 포함한 사회 전체가 창조적 인간을 어떻게 바라보는지를 보여주는 지표다. 훨씬 더 불안한 것은, 대부분의 디자이너가 4년에서 5년 동안 공부하고도 전문성과 능력이 심각하게 부족하다는 것을 보여주는 명백한 지표일지도 모른다는 사실이다.

독일과 오스트리아의 시민과 정부는 미술공예 중심의 디자이너를 교육하기 위해 학생당 5년 동안 약 20만 유로를 투자한다. 앞서 보았듯이, 이들 대부분은 지속가능한 미래 산업을 디자인하는 데 필요한 능력은 고사하고, 희망적 직업도 삶의 전망도 없는 현실이다. 통계에 의하면, 디자인 전공자 중 단지 약 10%가 그럴듯한 직장에서 성공하며, 그중 극소수만이 어떤 식으로라도 기업의 전략 또는 경제적 성공에 의미 있는 영향을 끼칠 만한 자리까지 오른다. 이런 상황은 최선이 아니다.

다음은, 요한나 쇤베르거와 함께 오스트리아 학문기금FWF의 지원으로 수행한 연구의 간략한 결론이다.

논제

- 지난 몇 년 동안, 디자인에 관한 국제적 판세는 어떻게 변했고 국제적 순위를 고려할 때 오스트리아의 디자인 직업과 디자인 교육은 얼마나 앞서거나 뒤처졌는가?
- 오스트리아 디자이너를 위해 — 나아가 직접적으로 수혜를 받는 오스트리아의 기업과 경제를 위해 — 공정한 경쟁의 장을 확보해주기 위해 무엇이 변해야 하는가?

이런 질문들에 답하기 위해, 《기초이론Grounded Theory by Glaser & Strauss(1998)》이라는 정성적인 방법에 따라 연구를 구성하였다.

결론

1. 경제적·환경적·사회적 지속가능성 측면에서 디자인 작업의 품질 및 타당성은 국제적으로 매우 차이가 난다. 예를 들면, 미국의 디자인 산업은 새로운 공정과 작업 방법을 고안해, 디자이너에게 전략적 계획 및 실행을 위한 많은 주도권을 주어 더 좋은 결과를 얻을 수 있었다. 전략적 디자인이라 불리는 이 새로운 방식은, 창조적인 방법과 공정을 기술혁신이나 사업적 과제(가령, 물리적-가상적 제품, 서비스, 사용자경험, 사업모델 및 모든 종류의 인간 상호작용)에 적용하는 것으로 정의된다. 목표는 기업과 조직의 창조적이고 전략적인 잠재력을 해방시켜, 이들이 세계적 선도 주자가 되도록 돕는 것이며, 결과적으로 책임감 있고 지속가능한 성공을 만들어내는 일이다. 대조적으로, '오스트리아식 디자인'은 대부분 여전히 미적 측면과 예술적 자기성찰에 국한되는 것으로 정의되며, 이미 국제적으로 타당성이 검증된 개념에 따르기를 거부하고 있다.

2. 이런 현상의 주요한 원인은 극소수의 예외가 있긴 하지만 오스트리아 디자인의 교육 관행에 있다. 오스트리아는 여전히 '작가주의 디자인'에 강한 초점을 두고 있는데, 그것은 어느 정도 예술적 재능이 필요하긴 하지만, 목재, 직물, 세라믹, 유리 등으로 작업하는 것과 같이 전통적이고 낮은 기술의 미술공예를 기본으로 하며, 주로 가구, 시각 미술품, 패션 및 가정용 물건에 적용된다. 미국은 전략적 디자인모델의 선구적 기능을 정의하고 적용하여 기술적 혁신과 인류학적 발전 및 경제적·사회적·생태적 지속가능성이 새롭게 조합되는 결과를 얻었다. 지금까지 오스트리아 디자인 교육에서 이런 종류의 발전은 극히 미약하다. 그러므로 오스트리아 디자인 산업과 이에 종사하는 현역 디자이너는 개념적으로나 경제적으로나 국제적 맥락에서 뒤처져 있다. 우리의 결론은 다음과 같다.

    a. 오스트리아 디자이너는 위험 부담과 리더십이라는 새로운 책임을 받아들여, '이해받지 못하는 예술가'인 체하는 값싼 변명을 그만두고 경제와 사회, 환경의 필수적 과제들을 해결하기 위해 필요한 능력들을 갖춰야 한다.

    b. 새로운 세계적 도전과 기회를 눈앞에 둔 시점에서, 미술공예에 치우친 기술 공포증의 디자인 교육은 더 이상 허용될 수 없다. 디자인학교는 시대에 뒤떨어진 방법을 보다 통합적인 것으로 변화시키고 국제적으로 적합한 전문 자격과 직업 윤리에 기초해 교육자를 선별해야 한다.

영원한 패배자라는 오명이 우리 디자이너에게 붙어 있다. 이 점은 나 자신이 경험하기도 했다. 독일 블랙포레스트에 있는 고향을 방문할 때면 언제나, 나골드Nagold에 있는 최고의 북부 시칠리아식 이탈리아 음식점인 지노Gino, www.dagino-nagold.de에서 저녁을 먹는다. 이곳은 예약을 받지 않는데, 한번은, 슈투트가르트의 독일 대기업에서 몇 명의 중역과 만나고 돌아오는 길에, 여섯 명이 앉을 수 있는 테이블의 마지막 남은 자리에 합석할 수 있었다. 나는 테이블 맞은편에 앉은 신사와 재미있게 이야기를 나누게 되었고, 결국 화제는 자연스럽게 "무엇을 하며 먹고삽니까?"로 바뀌었다. 그는 성공적인 경영자였고 은퇴 후에는 기업 자문역을 하고 있다고 말했다. 내가 "디자이너입니다"라고 말했을 때 그는 한숨을 쉬며 물었다. "그런데 어떻게 먹고삽니까?"

아무도 스스로 실패자가 되거나 자신의 가족이 보람 없는 직업에 매달리는 걸 원치 않는다. 만일 우리가 최고의 재능들을 매료시켜 디자이너가 되도록 도전하게 하고 싶다면, 이 직업의 경제적 현실에 대한 긍정적인 변화를 추진해야 할 의무가 있다. 변화의 기운은 이미 나타나고 있다. 빈 응용미술대학교에서 나의 ID2 과정을 수료한 학생들은 세계 여러 좋은 기업이나 기관에 채용되었으며, (내가 아는 한) 그들의 첫 연봉은 약 3만 8,000유로였다. 하지만 내가 빈을 떠난 후엔 당연한 듯 '제국의 역습'이 시작되었다. 우리가 이룩한 성과는 그 대학을 움직이지 못했다. 결국 우리가 닦은 길을 따르지 않고, 학교 관리자는 나의 후임으로 예술적 디자이너를 선택했다. "다시 예술의 시대가 왔다"라는 게 그 이유였다.

이런 모든 이유로, 나는 창조적 교육과 전문성 및 교육기관의 개선을 위해 노력하며 디자이너의 직업적 패러다임을 바꾸려 애를 쓰고 있다. 세계 각지의 학생들을 강의를 통해 격려하고 지도하고자 노력하고 있다. 독일 카를스루에 조형대학의 설립교수로 수년을 보냈고, 오스트리아에서는 2005년부터 2011년까지 빈 응용미술대학교에서 강의했다. 2011년 10월 이후부터는 중국 베이징에 있는 데타오 대학원의 지원을 받는 상하이 푸단 대학교의 시각예술원에서 전략적 디자인을 위한 석사과정을 개설하고 있다. 반가운 소식은, 중국 같은 '신흥' 국가들이 새로운 계획과 프로그램을 수용하고 있다는 것이다. 이를 통해 새롭게 출현하는 전략적 디자이너의 지위와 보상 수준은 긍정적으로 변할 것이다. 그러나 이들만의 변화로는 충분치 않다. 변화는 사람들을 — 현명한 사람과 창조적인 사람을 — 통해서 오는 것이다. 평범하지 않은, 더욱 우수한 인재가 필요하다. 이들이 합당한 보수로 보람 있는 직업에 전념하게 하는 것이 변화를 위한 필수 동력이다.

이제 때가 왔다

창조성의 시대가 왔다. 도시학 이론가인 리처드 플로리다Richard Florida는, 심지어 지구 위에서 창조성의 표시를 볼 수 있다고 생각한다. 그는 세계 대도시 중심가의 밤 이미지를 연구하여 인공 불빛이 많은 곳은 '부흥하고 있는 창조적 계급'의 중심 혹은 통로라는 이론을 펼쳤다. 또한, 기술 전문가, 예술가, 음악가, 레즈비언 및 게이의 — 인구통계학적으로 새롭게 정의된 '상류 보헤미안'그룹의 — 인구밀도가 높을수록 그 지역이 경제적으로 호황임을 나타낸다고 주장한다. 플로리다의 이론이 아주 틀린 것은 아니지만 전적으로 맞는 것도 아니다. 첨단의 경제적 발전을 정의하는 것은 단지 도시인의 생활양식만 아니라 실리콘밸리 같은 기업 친화적 공간, 스마트하고 현대적인 공장, 정부의 지정학적 계획 등이며, 물론 역사도 빼놓을 수 없다. 이탈리아에서 독일과 네덜란드를 통해 영국으로 가는 통로, 그 안에 모든 위대한 대학이 있다. 르네상스와 산업혁명을 육성한 이 통로는 여전히 유럽에 막대한 영향을 주고 있는 로마제국의 발자취다.

리처드 플로리다의 연구에 주로 등장하는 미국 동부와 서부의 해안, 도쿄 만, 중국 동부해안 등은 여전히 착취와 남용의 중심 지역이며 권력을 쥔 좌뇌형 인간이 창조적 인간을 지배하고 있는 곳이다. 하지만 혁명은 시작되었다. 창조적 인간은 승리의 과정에 있으며, 뛰어난 직업적 성공, 더욱 생기 있는 창조적 문화, 그리고 궁극적으로 더욱 행복한 세상을 이룩할 위치에 있다는 것을 이 책 전반에 걸쳐 소개될 연구와 설명, 사례로부터 알게 될 것이다. 창조적 권력이동은 시작되었으며 우리는 그것을 운동으로 이어가야 한다.

1. John Markoff, "Michael Dell should eat his words, Apple chief suggests," *The New York Times*, 01/16/2006.
   온라인으로 이용가능: www.nytimes.com/2006/01/16/technology/16apple.html
2. 출처: www.brightsideofnews.com; Silicon Alley Insider 2/2011.
3. A. Fink et al., "The Creative Brain: Investigation of Brain Activity during Creative Problem Solving by Means of EEG and FMRI," *Human Brain Mapping*, 3월; 30 (3), 2009, pp.734~748.
4. A. Neubauer and A. Fink, *Human Brain Mapping*, University Graz, 2009.
5. 위의 책.
6. Daniel Pink, *A Whole New Mind: Moving from the Information Age to the Conceptual Age*, New York: Riverhead Hardcover, 2005(《새로운 미래가 온다》, 김명철(옮김), 한국경제신문사, 2007).
7. 전 BMW 실무자는 익명을 전제로 내게 전체 신상품 투자액에 관해 말해주었다. BMW가 0.8%를 디자인에 투자하는 반면, 약 78%의 소비자들이 BMW 자동차를 그 디자인에 기초해 구매한다.
8. Austrian Report on Creative Industries, 2009.
9. German BDG; VDID Report, 2010.
10. Design Council UK, 2009.
11. 출처: University of Applied Arts; *Der Standard*, newspaper, Vienna, 08/2009.

2장 창조학 설립

마르쿠스 크레슈머

"새로운 디자인 문화를 건설하려면 토대부터 시작해야 한다. 서두에도 언급했듯, 나는 경력의 많은 부분을 디자인 교육에 집중해왔다. 빈 응용미술대학교에 재직하며 디자인 분야의 촉망받는 젊은 재원들과 함께 일할 수 있었던 것은 대단한 행운이었다. 이번 장에서는, 당시 박사과정 학생들 중 하나인 마르쿠스 크레슈머의 글을 함께 나누고자 한다. 그의 학위 논문에서 발췌하여 여기에 소개하는 정보와 발상은 우리 교육제도에 창조성을 도입하는 방안에 관한 폭넓고 깊은 전망을 제시하며, 아울러 현재의 교육모델에 이르게 된 경위에 대한 간략한 설명과 함께, 지속가능한 문화를 설계하기 위해 우리가 택할 수 있는 보다 창조적인 접근방식에 대한 깊은 통찰을 보여준다."
하르트무트 에슬링거

"우리가 만든 세계는 구식 사고방식의 산물이다. 문제를 야기한 사고방식으로는 그 문제를 해결할 수 없다." 알베르트 아인슈타인

현재의 세상과 환경, 생활방식이 한결같을 것이라고 사람들은 당연한 듯 여기지만, 지금 이 순간에도 세계는 더욱 복잡한 문제들에 직면하여 끊임없이 무력해지고 있다. 비록 '반드시 변할 것'이라고 현실이 말해주어도, 우리는 '늘 그래 왔듯이'라고만 생각한다. 물질문화에 대한 사고방식과 생산방식, 상호작용 방식의 혁명만이 유일하게 우리를 현실에 눈뜨게 할 수 있으며, 이런 종류의 혁명을 위해선 문화 창조의 책임을 맡은 디자이너에 대한 새로운 교육적 접근방식이 필요하다. 새로운 창조적 교육모델이 절실한데, 특히 디자인 교육을 위한 모델을 나는 창조학the Creative Sciences이라고

태블릿 메디에이터MEDIATOR 연구, 1986, 사진: 디트마르 헤네카

부르고 있다. 현재의 교육 구성은 종합적 과제들과 창조성에 대한 준비가 부족하기 때문에 도전에 대처하여 인간주도의 해결책을 찾기 위해 필요한 창조적 능력을 배양하는 데 한계가 있다.

기후변화는 우리가 직면한 가장 절박하면서도 가장 복잡한 문제일 것이다. 대부분의 저명한 과학자는, 여덟 세대도 지나지 않아 지구가 상당히 뜨거워질 것이며 이미 여섯 세대가 지났다는 말에 동의한다. 기후변화는 광범위하게 오랫동안 지속돼온 제품문화의 위기와 밀접한 관계가 있다. 기술적, 미적, 경제적으로 매우 완벽한 제품이 있어도 실제로 현명하게 사용할 의향도 시간도 없다. 단지 버튼 고장 때문에 기기를 — 결과적으로 매우 귀중한 자원을 — 던져버린다. 하물며 그 버튼에 의해 동작하는 기능이 왜 필요한지조차 모른다.

소모적 제품문화의 거대한 위기에, 디자이너에게 다급히 요구되는 것은 '늘 그래 왔듯이'를 대체할 필수적 대안을 생각하는 일이다. 지난 세기 동안의 제품개발방식을 계속 고수한다면 인류는 심각한 부정적 결과를 맞이할 수밖에 없다. 우리가 직면한 문제들에 대해 각계의 전문 분야에서 각자의 역할에 관한 심도 깊은 논의에 착수해야 하는 것처럼, 디자인계의 전문가와 학자 또한 이런 문제들의 해결책에 기여할 방법을 강구하기 시작해야 한다.

이것이 어쩌면 '예견된 세상의 종말'일지라도 디자이너가 새롭고 더 나은 미래를 갈망하는 것은 당연한 일이다. 현재만큼 디자이너에게 창조의 기회가 많았던 시기는 거의 없다. 실제로 1세기도 더 전에 산업 근대화의 면모를 정의하기 위해 필요했던 기회의 수만큼 많다. 디자인은 과거에 훌륭히 해냈다. 그러므로 이제 막 시작된 지속가능성의 시대를 훨씬 더 설득력 있고 매력적인 모습으로 만들 수 없을 거라고 전제할 이유는 없다. 사실 지난 수십 년 동안 디자인업계에는 무기력과 무계획이 횡행했지만, 오늘날의 디자이너는 제품문화에 실질적인 영향을 주고 이를 근본적으로 개선할 수 있는 막대한 기회들을 맞이하고 있다. 디자인에 의한 긍정적 기류 변화는 생존을 위해 필수적이며, 우린 그 변화를 운에 맡길 것이 아니라 능동적으로 만들어나가야 한다. 마침내, 디자인은 영향력을 주장해야 한다.

지속가능한 문화 디자인

디자인은 산업 근대화와 불가분하게 연결된 학문이다. 산업적 생산과정, 사업적 거래, 개인의 소비 등은 그 위에서 디자인이 성공적으로 발달할 수 있었던 비옥한 토양이었다. 디자인은 지속적으로 소비자의 기호에 영향을 주면서 산업 근대화를 이끌고 그 모습을 만들어왔다. 그런 결과로, 디자인은 21세기 서두에 우리가 직면한 심각한 전 지구적 문제들에 대한 책임이 있지만, 마찬가지로 지속가능하고 보다 인간적인 경제 시스템을 향한 중요한 원동력 또한 제공할 수 있어야 한다.

불행히도, 대부분 미적·예술적 속성을 기본으로 하는 현재의 디자인 제품은 복잡한 세계적 문제에 대해서는 끊임없이 무력하다. 이런 실패는 어느 정도 디자인 교육방식의 실패에 원인이 있고, 배출되는 디자이너 대부분이 부적격하며 긍정적 변화에 영향을 줄 일종의 문화적 혁명을 주도하는 데 필요한 동기가 부족하기 때문이다. 그러므로 디자인 교육은 우리 앞의 거대한 세계적 변화에 대처해 내용과 개념 양쪽 측면에서의 신속하고 극적인 진화를 거쳐야 한다. 창조학 교육방식은 그런 진화를 이끌어 디자이너를 원래 있어야 할 문화 최전선의 자리로 되돌려놓을 수 있다. 이에 대해 자세히 설명하기 전에, 창조학 교육방식이 맡아야 할 가장 중요한 몇몇 새로운 역할과 과제를 살펴본다.

디자인의 세 가지 딜레마

현재의 문화·경제 모델 안에서 디자인의 역할을 재고해보려 한다면, 디자이너의 직업 위상과 자기이해의 본질을 검토해야 한다. 그런 검토 속에서, 지속가능성의 시대를 빛고자 하는 디자인은 세 가지 근본적인 딜레마와 만나게 된다. 첫 번째 딜레마는 매우 기본적이다. 디자이너는 소비를 장려하면서 동시에 도덕적일 수 있는가?

현재 교육과정 대부분은 (늘 극소수인) 창조적이고 예술적인 학생들에게 우리 시대의 문제들을 해결하는 방법보다는 오히려 악화시키는 방법을 가르치는 데 더 능숙하다. 학생들과 그들의 아이들이 수십 년 안에 직면할 대규모의 경제적·환경적 문제를 생각해본다면, 창조적 재원을 그렇게 낭비하는 것은 부도덕한 일이다. 우리 산업제품문화의 위기를 잠재우고 소비 패러다임에 지대한 영향을 주어 문화적 규범으로 확산하려면, 반드시 윤리적·인간적·문화적으로 지속가능한 디자인을 이해할 수 있게 어린 창조적 인재들을 교육하고 격려해야 한다. 그리고 그런 격려는 초기 교육부터 시작되어야 한다. 오랫동안 디자인 분야는 과잉소비로부터 이득을 얻었다. 초기의 산업 근대화 시대에는 이런 관계가 충족되었을지라도 더 이상 지속가능하지 않다. 소비지상 패러다임의 변화, 즉 문화적 규범으로서의 소비 패러다임의 변화는 반드시 지속가능한 발전의 한 부분이 될 것이다.[1]

이것은 명백히 디자이너에게 풀기 어려운 딜레마다. 한쪽에선, 대부분의 서구 경제가 그렇듯 더욱더 많은 신제품을 만들어 소비 수준을 더 끌어올리라는 과제를 디자인에게 직접 할당한다. 또 다른 쪽, 대부분의 세상은—다수의 디자이너를 포함해—이제 이런 행위가 비도덕적일 뿐만 아니라 환경적으로나 경제적으로나 지속가능하지 않다고 생각한다.[2] 많은 디자이너가 이런 딜레마에 무력해 보인다.[3] 진정 효과적이고 광범위한 방식으로 (이 딜레마를) 조정하기 위해, 디자이너는 자신의 사업모델에 의심을 품고 훨씬 적은 수의 제품을 더욱 지속가능하게 생산하도록 기여해야 한다. 이런 목표를 성취하려면, 디자이너에게 디자인 사업에 관한 사고방식을 교육하고 훈련시키는 새로운 접근방식이 필요할 것이다.

사업적 측면의 디자인은 디자인의 두 번째 딜레마를 불러온다: 디자이너는 혁신의 전도사인가, 문화의 미용사인가? 이 두 번째 커다란 딜레마는 보기보다는 훨씬 복잡하다. 디자인은 세계화한 복잡한 생산구조에 완전히 통합되어—심지어는 종속되어—있으나, 디자인의 전통적 '미적 문제의 해결 수단'으로서의 역할로 인해 그런 구조에 거의 영향을 미치지 못하고 있다. 만일 디자인이 우리의 문화에 진정한 부가가치를 창출하려 한다면, 관심을 제품개발과 소비지향으로부터 확장하여 진정으로 지속가능한 제품과 공급망을 만들기 위해 필요한 능력을 개발해야 한다. 이런 방향 전환은 순전히 경제적 근거로만 본다 해도 필수적인데, 디자인의 미적 기능은 점점 무가치해질 것이기 때문이다. 사실 지금 세상은 미용사로 교육받은 디자이너로 포화상태다.

세계의 기업들은 문제해결 능력, 협업의 수용력, 미학 이상의 통합적 디자인 해결책을 찾는 능력 등을 지닌 디자이너를 점점 더 선호하고 있다. 이러한

↑ 브레이크어웨이 보컬라이저, 1987. 사진: 디트마르 헤네카

디자인 능력들은 우리 시대의 중요한 문제 영역들에 활용되어, 사회와 기업에 장기적 부가가치를 가져다주고, 디자인 자체에 대한 내일의 전망을 열어주며, 디자인을 긍정적 기류변화의 동인이 되게 한다. 즉 두 번째 딜레마를 풀어내기 위해선, (디자이너를 위한) 창조적 교육이 문제해결, 협업 및 리더십의 과정들을 포함하도록 해야 한다.

디자이너의 역할은 전략인가 아니면 임기응변인가? 오늘날 디자이너와 디자인 교육이 마주치는 이 세 번째 딜레마는 사업계의 또 다른 과제다.

21세기 초, 아직도 기업가와 디자이너는 지속가능한 미래를 위한 그들 사이의 강한 전략적 공조가 갖는 잠재력을 적절히 인식하지 못하고 있다. 또한 너무도 많은 경영자가 목적의식을 가지고 적용되는 창조성에 숨겨진 문화적 잠재력을 여전히 깨닫지 못하고 있다.

논리적으로 생각하면, 고도로 숙련된 디자이너는 지속가능한 물질문화 시대 구축이라는 기념비적 과제에 참여하는 기업가나 경영자에게 강력한 동반자로 보여야 할 것이다. 그러나 불행히도 많은 기업이 디자인의 문화적이고 창조적인 풍부한 잠재성을 제대로 인식하지 못한다. 결과적으로, 대부분의 지속가능한 미래를 만들겠다는 시도가 지속가능성의 실천적 개념을 만들지 못한 채 주로 기술적 효율 및 효과의 문제 주변만을 맴돈다.

세 번째 딜레마를 해결하려면, 기업가와 디자이너는 서로의 역할과 책임 및 잠재력에 대해 확고하게 그리고 보다 포괄적으로 상호 이해해야 한다. 디자인이 경제적 사업 관계 속에서 동반자의 몫을 제대로 하려면, 공동작업에 필요한 능력을 훨씬 더 많이 길러야 할 필요가 있다.[4] 동시에, 이 딜레마의 해결을 위해 디자이너뿐만 아니라 창조적 기업가와 경영자를 배출할 교육방법에도 주의를 돌려야 한다.

디자인이 진정한 지속가능 제품문화의 형성에 기여할 수 있으려면 우선 반드시 디자인 자체의 전략적 방향 전환을 통해 세 가지 딜레마로부터 빠져나갈 길을 찾아야 한다. 디자인은 미적·예술적 지향성을 넘어 기술, 경제, 환경 및 사회의 지속가능성을 위한 인간적 촉매로 자리 잡을 수 있다. 그리고 복잡한 세계적 문제들에 대한 설득력 있는 해결책을 찾기 위해 디자인을 활용하고자 한다면, 디자인 능력뿐만 아니라 사업과 사회에서도 발휘될 수 있는 보다 더 창조적인 재능이 필요하다. 세계 생활환경 개선에 상당한 영향을 미치는 디자이너를 길러낼 변화된 교육환경이— 전적으로 새롭게 강화된 교육과정이— 필요하다. 보편적인 디자인 이해교육이 열 살 초등학교에서 시작하여 대학까지 이어지도록 창조적 교육구조를 확산시켜야 한다. 이런 창조학 접근방식은, 현재 우리가 직면한 극적인 변화와 도전에 대해 디자인이 효과적이고도 신속하게 대응할 수 있게 할 것이다.

세 가지 수준의 디자인을 하나의 근본 원칙으로 통합

우리는 대부분 자전거에 대한 첫 번째 추억을 가지고 있다. 자전거가 준 해방감을 중심으로 많은 추억이 펼쳐지는 동안, 돌이켜보면 어린 시절 가장 기억에 남는 중요한 국면을 만든 것은 자전거 그 자체가 아니라 처음 자전거에 올라탄 흥분, 타고 갔던 곳, 만났던 사람들과 일어났던 일들 등으로 이루어진 느낌이라는 것을 알 수 있다. 마찬가지로, 통합적 사용자경험의 필수 요소는 제품이지만, 전체 경험은 개별적 부분들의 단순 조합 이상이다. 이런 현상을 또한 형태 심리학에선 초-누적성Supra-Summativity이라고 부르기도 하는데, 어째서 전체는 개별적 부분들이 정해진 순서의 관계와 구조일 때만 성립하는지 설명한다. 전체는 특정의 체계로 디자인 요소들이 상호작용하는 경우에만 만들어진다.

인간이 만든 어떤 제품도 홀로 기능하지 않는다. 대신에, 제품은 전체 시스템을 이루는 기능적 부분들 중 하나다. 그러므로 디자이너는 다양한 수준의 디자인에 관여하게 된다. 즉 제품 수준의 디자인은 디자인 요소를 다루고, 시스템 수준의 디자인은 전체 구조를 다룬다. 그러나 그 전체는 우리가 전체로서 지각할 때만 존재한다. 어떻게 우리가 전체를 인지하고, 그것을 분류하여 궁극적으로 평가하는지는, 전체 구조에 관해 우리가 소통하는 정보의 질에 의존한다. 그러므로 세 번째 수준의 디자인은 시스템 안에서의 인지 수준이다.

예를 들면 애플 디자인은 이 모든 세 가지 수준의 디자인을 기반으로 성공했다. 첫째로 제품이 있었다. 애플 제품을 디자인할 때 하르트무트 에슬링거와 조너선 아이브는, 디터 람스의 1950년대와 1960년대 브라운관 디자인의 '기능적' 추상과 마리오 벨리니와 에토레 소트사스가 올리베티Olivetti 사를 위한 전위적 작품에서 보여준 첨단기술에 대한 디자인적 해석을 조금씩 결합했다. 시스템 수준에선, 애플은 오랫동안 종단연결시스템이라는 발상을 고수해왔다. 애플의 아이팟 개념은 성공적이었는데, 개별 부품 모두가 하나의 제품으로 최적화되어 작동했을 뿐만 아니라 전체 시스템의 모든 요소가 음악 청취자를 위해 디자인되었기 때문이었다. 아이팟을 만들 때, 애플은 음악의 재생(아이팟)과 다른 제품들(맥과 퍼스컴 플랫폼)과의 연동 및 음악을 구매하고(아이튠즈 스토어) 이용(아이튠즈)하는 과정들을 위해 제품을 최적화했다. 아이팟의 성공이 보여주듯, 이런 상호작용은 단지 통합적 사용자경험을 만들 뿐만 아니라 사용자 측에도 고부가가치를 창조해낸다.

애플은 세 번째 디자인 수준인 인지 수준을 다루는 일에도 뛰어났다. 디지털 생활방식이라는 애플의 일관된 홍보 개념은 애플의 기업 유전자가 되었다. 애플 디자인의 성공은 기존 제품 디자인처럼 미학적·의미론적 측면에만 머무르지 않고 사용자경험을 의도적으로 디자인하여 세 가지 수준의 디자인을 최적화한 상호작용의 결과로 보아야 한다. 루치우스 부르크하르트Lucius Burckhardt가 언급한 바와 같이 "내일의 디자인은 눈에 보이지 않는 전체 시스템을 의식적으로 구상하는 것이 가능하다."[5]

애플의 성공이 말해주듯 디자인이 지속가능의 시대를 성공적으로 구축하는 데 기여하려면, 혁신에 대한 확장되고 체계적인 이해방식을 채용하여 진보가 주로 무언가 기술적이거나 대개 신제품과 관련된다는 낡은 개념을 버려야 한다. 여기에 절실히 필요한 것은, 혁신에 대한 더욱 통합적인 이해, 즉 제품 수준을 넘어 문화적 수준에 영향을 주는 일이라는 것을 깨닫는 일이다. 이것은 확실히 디자인이 인간의 욕구에 초점을 맞춰, 이것을 만족시키며 심지어는 변환시키는 방법에 대한 학습을 포함해야 한다는 것을 의미한다.

이런 관점의 변화는 — 사회적 제도, 조직, 사용 경향 등등 여러 가지의 — 혁신을 중심으로 전개된다. 물론 제품 혁신은 최고의 문제해결 방법일 수 있으며, 이런 생각은 확실히 어떤 디자인 작업에서도 중심이어야 한다. 사실 제품 혁신은 우리가 자원 소모를 줄일 수 있는 유일하게 현실적인 방법이다. 끊임없이 제멋대로 퍼져나가는 유해상품의 환경을 개선하는 방법과 관련하여 디터 람스는 말한다.

"적게, 그러나 더 좋게!"[6] 하지만 혁신은 단지 신제품을 끊임없이 쏟아내는 것 이상의 의미라는 것을 우리 모두는 깨달아야 한다.

확장된 혁신 개념은 필연적으로 새로운 창조적 디자인 과제들을 동반한다. 세계적으로 점점 더 많은 수의 사람이 인구밀집 지역과 대도시에서 살고 있다. 이런 배경에 대처하여, 예를 들면 도시기반시설을 더 깊이 검토하고 도시환경을 재평가하는 일 등은 디자인이 맡아야 할 중요한 분야들이다. 도시 원예 사업과 시내 교통 시설, 제품-서비스 시스템Product Service System* 운영은 도시 관련 분야에서 디자인이 중요한 역할을 하는 일부의 예일 뿐이다. 제품-서비스 시스템과 도시환경에서 흔히 사용되는 제품들을 디자인할 때 다양한 문제와 마주치게 되는데, 특히 중요한 것은 기존의 기반시설과 제품을 어떻게 최적으로 이용할 것인가의 문제다. 그러므로 탈공업화 시대의 디자인은 기존 제품들을 혁신적인 제품-서비스 시스템으로 재설계하고 재조합하는 역할을 맡아야 한다. 이런 식으로 미래지향적 디자인 패러다임은 보다 지속가능하고 보다 인간적인 산업모델을 구성할 기초 기반시설 및 시스템을 능동적으로 만들어내며 제자리를 잡는다.

자원에서 최종사용자에 이르는 문화적 혁신

디자인이 지속가능한 문화적 혁신을 이끄는 지위에 있으려면 과거보다 훨씬 더 제품의 기원에 영향을 줄 필요가 있다. 제품은 다른 취지의 객관적 기준에서뿐만 아니라 출처의 이력 측면에서도 지속가능하여야 지속가능한 문화를 이루는 데 진정 중요한 역할을 할 수 있다. 따라서 디자이너는 제품의 숨겨진 이력을 중요한 디자인 과제의 한 부분으로 다루어야 한다.

디자인은 지속가능성에 관한 지침 모델을 만들어 어떤 보이지 않는 속성들(기원과 문화적 가치)의 특성을 제품이 담도록 지향해야 한다. 이런 속성들이 제품에 문화적·도덕적 가치들을 부여하기 때문이다. 독일 드레스덴과 라이프치히의 폭스바겐과 포르쉐의 최고급 자동차용 유리를 생산하는 공장들은 바로 이런 문화적 기원의 좋은 사례다. 이들 공장의 중역과 직원들은 지역문화에 기초한 문화적 의미(예를 들면, 드레스덴은 문화 중심지임)와 문화적 가치(가령, 유서 깊은 드레스덴 도자기와 시계 제조업)

가 제품에 스며들게 하기 위해 생산공정을 고객체험의 중요한 부분으로 고객과 함께 기념한다. 이것은 문화적 가치와 결합된 제품 기원의 가시성이 얼마나 중요한지를 보여주는 단지 하나의 예일 뿐이며, 숨겨진 이력을 통합적으로 디자인하는 제품들이 주류가 되고 있다.

요즘엔 많은 상품이 기술적·기능적·미학적으로 상호교체 가능한 제품들과 공정들을 포함하고 있기 때문에, 숨겨진 이력은 경쟁우위를 이끄는 요소로서 갈수록 더 중요해진다. 퓰리처상을 수상한 작가인 토마스 프리드먼Thomas Friedman이 지적했듯, "오늘날의 사업은 운영하는 방식과 스타일, 즉 경영방법으로 경쟁을 극복해야 한다."[7]

따라서 경쟁의 장에서 제품 자체뿐만 아니라 그 시스템에 대한 구매자의 신뢰가 이전보다 더욱 중요하게 되었다. 일반적으로 사용자나 구매자는 어떻게 제품을 정의하고 생산하느냐에 관한 발언권이 없다. 그러나 지속가능한 제품문화에선 그런 개념이 바뀐다. 펜실베이니아 대학University of Pennsylvania 아넨버그 커뮤니케이션 학교Annenberg School for Communication의 클라우스 크리펜도르프Klaus Krippendorff 교수는 지적한다. "어떤 인공물도 사용자들(상품의 정의 과정으로 이끌 사람들)에게 의미가 없다면 문화 속에 살아남지 못한다."[8] 그러므로 만일 우리가 지속가능한 제품문화를 만들고자 한다면 제품의 기원 속에 훨씬 더 광범위한 사람들을 포함해야 한다. 사람들이 제품의 생산과 디자인에 많은 역할을 하면 할수록, 첫 핑곗거리에 바로 던져버리고 대체품을 사는 대신에 장기간 사용할 수 있도록 더 세심하게 다루고 보관하는 경향을 가지게 될 것이다. 바꾸어 말하면, 디자인은 산업적 대량생산에 대한 대안을 수립하는 데 기여해야 한다.

웹 2.0* 또는 대중참여기금을 통한 새로운 혁신적 협력 및 의사소통으로 디자이너-사용자 상호 참여가 가능하게 되었다. 이런 관계가 유지되도록 디자이너는 소비자들과 긴밀히 협력하는 한편, 지속가능한 제품문화를 구현할 복잡한 생산공정을 운영할 준비가 되어 있어야 한다. 이것은 공급자/생산자 협력관계를 최상의 지속가능 상태로 강화하고 이들의 역량에 대한 정보를 유지하여, 그 생산공정을 관리하는 것을 의미한다. 궁극적으로 디자인은 소비자와 공급자가 동등한 이해관계자로 통합된, 최적으로 지속가능한 '가상 디자인 공장'을 조율할 수 있어야 한다. 디자이너가 이런 공장과 관련된 디자인 접근방법에 대처할 수 있게 관련 경제적 주제들이 디자인 교육에 포함되어야 한다.

제품의 숨겨진 이력에서 주목해야 하는 또 다른 중요한 측면은 공급망이다. "(공급망은) 공급자, 중개인, 소비자 사이의 수평적 협력 형태를 띤 세계적 가치창조의 사슬이며, 이 속에서 연이은 단계들을 거쳐 상품의 유용가치와 금전가치가 증가한다."[9] 현재 기업들은 공급망 관리를 주로 효율개선의 수단으로 여긴다. 기업들은 공급망 최적화에 지대한 관심을 쏟아붓고 있으며, 공급망의 효율은—특히 유통의 최적화는—점점 더 중요시되고 있다. 그러나 바로 그 기업들이 소비자에게 점점 더 중요해지는 관심사인 제품의 기원에 대한 이력은 종종 무시한다. 한편 공급망이 주목되면서 나타나는 광범위한 현상으로, 기업들이 묶음 상품들로 모여들고 있는 것을 보게 된다. 이는 (문화적 의의와 중요성을 창조한다는) 상징성을 가진 제품의 경제적 가치가 명백히 증가함을 의미한다.[10] 간략히 말해, 제품 기원의 진실성과 신뢰성 및 투명성은 소비자들이 점점 더 중시하는 요소들이 되고 있다. 결과적으로 제품의 기원에 관련된 과정들이 차별성을 갖고 커다란 디자인 잠재력을 지닌 중요한 경쟁요소가 되고 있다. 다시 토마스 프리드먼의 말을 인용한다. "무언가를 만드는 것은 간단한 일이다. 정말로 어려운 일은 가치창조의 사슬을 개발하는 것이다."[11] 그러므로 이런 다양한 이유로 미래에 부응하는 디자인은 제품의 기원과 공급망에 대해 이전보다 훨씬 더 많은 영향력을 발휘해야 한다.

지속가능한 문화설계

디자인은 미래 문화의 이상적 모습을 구상하거나 더 나아가 주도하는 데 기여해야 한다. 그러나 대량생산 문화 수십 년의 역사 속 디자인의 모습에서 이런 역할을 기대하기는 어렵다. 그것이 바로 디자인 교육 자체가 변해야 하는 이유들 중 하나다. 즉 지속가능한 탈공업화 시대와 지속가능의 문화에 합당한 공헌을 할 수 있도록, 디자인이 광범위한 문화변혁을 이끄는 힘으로 진화해야 한다는 것을 다수의 지표는 시사한다. 디자인이 이런 문화혁신의 견인차로 탈바꿈할 수 있다면 출현할 새로운 디자이너의 표상, 이것을 우리는 지속가능 문화설계자라고 생각한다.

기본적으로 디자인이 문화를 변화시킬 기회와 책임을 동시에 갖는다고 가정할 때, 디자이너의 역할은 전통적인 산업디자인 모델에서의 역할과는 명백히 다르다. 지속가능한 문화설계는 혁신에 초점을 두고 문화가 지속가능한 생활환경으로 이루어지도록 변환을 추구한다. 그 과정은 제품과 공정, 조직은 물론 전대역의 혁신을 포함한다. 이런 접근방법은 지역적 상황과 문화를 인정하고 통합하자는 목표를 바탕으로 디자인과 문화의 전체 관계를 이해한다. 지속가능 문화설계자는 기술, 경제, 환경 및 사회의 지속가능성 분야에서 인간적 촉매로 자리 잡아 모든 이해관계 그룹들 사이에서 중요한 중재자의 역할을 능동적으로 수행한다. 이런 방법으로 산업적·경제적 과정 속에 적극적으로 영향력을 넓힌다. 지속가능한 문화설계라는 작업에 전적으로 동참하는 디자이너를 육성하려면, 창조적 교육을 위한 잘 정립되고 통합된 접근방법이 필요하다. 이런 교육은 초등학교에서 대학으로 이어지며, 광범위한 창조적 교육과정과 구조를 갖는다. 그런 종류의 통합적 구조를 통할 때 비로소 교육자들은 학생들에게 디자인의 보편적 특성과 문화-변혁적 특성을 이해하도록 전달할 수 있다.

창조학 설계: 새 시대를 위한 창조성

21세기의 서두에 우리는 전 지구적 문제들을 최우선으로 해결해야 하는 문화적·지성적 도전에 직면해 있다. 산업제품문화의 위기를 초래한 근본적 원인을 변화시키려면, 산업 근대주의적 사고체계를 극복해 창조성이 총체적으로 결핍된 우리 문화를 뒤집어야 한다. 우리는 자원의 대량소비를 기반으로 하는 기술과 소비 중심의 문화를 지속가능의 문화로 바꿀 수 있다. 하지만 이는 우리의 모든 지적 능력을 동원해야 하는 도전이다. 그러므로 우리는 지속가능한 미래를 만드는 책임을 맡게 될 젊은이들을 교육하기 위해 주의를 기울여야 한다.

이런 변화는 전에도 있었다. 독일 사회는 18세기 중반의 산업화와 함께 근본적으로 새로운 자질을 가진 새로운 유형의 전문가가 필요했다. 결과적으로 유럽 내에 기술대학들이 출현하기 시작했다. 오늘날 우리도 비슷한 상황에 처해 있다. 지속가능성의 시대에 대한 필요성이 대두되면서, 교육과 사업 분야의 지도자들은 임박한 세계적 문제들에 대처할 많은 인재들을 빠르고 효과적으로 육성해야 한다는 것을 깨닫기 시작했다.

우리의 교육과정 중 또한 가장 부족한 분야는 기술이나 과학이 아니라 문화이해와 창조적 능력 및 문제해결의 분야들이다. 일반적으로 우리는 단편적인 문제해결 방식으로 고-물자효율, 저-에너지소비, 좋은 차, 더 경제적인 항공기 등에 집중하고 있다. 그러나 지속가능한 발전은 부분적 해결방식으로는 진전되지 않는다. 즉 통합적으로 작동하는 전체 시스템을 구성해야 한다. 현재의 좁고 근시안적 전망은 지속가능한 발전을 이해하는 데 장애가 될 뿐만 아니라, 우리의 해결책들을 찾는 능력을 상대적으로 비효율적으로 만든다.

오랫동안 디자인 교육의 커다란 장점은 통합적 사고방식을 부여하고 창조적이고 예술적인 능력을 장려하는 역할에 있었다. 지속가능한 문화를 촉진하는 과정에 꼭 필요한, 오늘날의 디자인 교육이 가르쳐야 할 세 가지 결정적 능력은 다음과 같다.[12]

- **전략 능력:** 복잡한 문제를 해결하는 전략을 숙달하는 것은 지속가능한 문화로 이

↑ 나이키-바우에르 생체공학 스케이트. 사진: 디트마르 헤네카

행하는 과정에서 만나는 장애를 극복하기 위해 필수적이다.
- **부호화/복호화 능력:** 제품문화의 상징을 만들고 해석하는 능력은 지속가능성 시대에 맞는 완전히 새로운 인공물을 창조해내기 위함은 물론 제품의 인지도와 세계적 영향력을 구축하기 위해 반드시 필요하다.
- **시각화 능력:** 구상/실행을 시각적으로 구현하는 능력을 개발하는 것은 지속가능성이라는 추상적 개념을 알기 쉽게 이해시키고 긍정적으로 구체화하기 위해 필수적이다.

지금까지는 이런 종류의 지속가능성 혁명을 이끌 디자이너를 위한 교육과정과 접근방법이 개발되지 않았다. 디자인 교육에 근본적으로 새로운 방향 제시로서, 지속가능한 미래를 위한 창조적 동력이 되어줄 전문적 디자이너 세대를 교육하자는 구체적 목표를 지닌 창조학을 개발해야 한다고 제안한다.

창조학 교육의 구조와 역할

미하이 칙센트미하이Mihaly Csikszentmihalyi는 창조성을 '문화에 포함될 수 있을 만큼 가치 있는 새로운 것을 창조하는'[13] 능력이라고 말한다. 이 문맥에서 결정적으로 중요한 것은 문화를 변화시킨다는 측면이다. 창조성은 문화를 구성하는 개별 영역의 전문가에 의해 도입될 때 비로소 문화와 그 영역을 변화시킨다.[14] 디자이너가 현재 우리의 지속가능하지 않은 제품문화를 지속가능한 것으로 변화시키기 위해 창조성을 발휘하려면, 문화를 정의하는 영역들의 특성을 이해해야 하고 개별 영역의 전문가와 창조성에 관해 소통할 수 있어야 한다.

지속가능한 문화적 변화를 위해 디자인은 환경, 경제, 사회 문제에—일반적으로 디자인 교육이 간과하는 이들 지속가능성의 세 가지 차원 혹은 영역에—개입하여야 한다. 디자인이 문화적 변화를 주도하려면, 지속가능성 지침에 따라 제품, 공정, 사업모델 및 전체 시스템을 디자인할 수 있는 고도의 상상력과 창조력을 갖춘 디자이너가 필요하다. 그러므로 우리는 이런 세 가지 영역 안에 창조성을 의식적으로 적용할 수 있도록 우선 이 영역들의 특성과 관계를 먼저 이해하여 창조학 교육과정을 개발해야 한다. 이것은 디자인이 하는 모든 창조적 개입에 미술공예적인 디자인은 더 이상 중심 역할이 아니라는 것을 의미한다. 다음은 어떻게 창조학 모델을 구축하고 실행할 것인지에 대한 나의 제안이다.

창조학 교육은 어떤 창조성을 목적하든지 환경과 경제 및 사회의 관계에 대한 이해를 필수적인 것으로 다루는 차별적 교육경로를 밟게 될 것이다. 창조학은 디자인 제도판에 주목하기보다 인간이 그 중심에 있는 기본적 문화관계를 깊이 이해하는 데 중점을 두어야 한다. 전체 시스템을 이해했을 때, 디자인을 통해 지속가능하도록 변화시켜야 하는 하부 시스템을 발전시킬 수 있다. 창조학 접근방법이라는 교육모델이 필연적으로 담아야 할 것은 확실히 변한 디자인의 직업적 표상(앞서 별도의 칼럼에서 설명한 지속가능 문화설계자)과 새로운 작업 분야들이다. 예를 들면 6학기의 학사 교육과정의 초점은 모든 창조적 개입의 기초로서, 환경과 경제 및 사회의 관계에 대한 깊은 이해 증진에 있다.

이런 교육모델은 한 학기에 걸쳐 각 지도그룹에 의해 관리되는 범학문적 연구과제를 중심으로 구성된다. 지속가능 문화설계자라는 직업적 표상에 따라, 연구과제는 광범위한 주제를 다룰 수 있다. 또한 그래야만 한다. 그러므로 연구단체 또는 기업의 구체적 제품 관련 과제는 물론, 제품과 무관한 문제들, 예를 들면 도시, 기반시설, 특정 사용자 집단 등의 과제들을 다룰 수 있다. 모든 연구과제들은 지속가능한 개발과 높은 사회적 타당성을 핵심에 둔다. 범학문적 연구과제는 지속가능성의 세 가지 차원이 통합된 형태인 지속가능성 관련 필수과정을 포함한다. 지속가능성 필수과정은 연구과제와 내용적 측면에서 이상적으로 부합하는데, 예를 들면 다음과 같다.

- **경제학:** 정치경제 및 기업경제 이론, 기업윤리, 공급망 관리, 상법 등을 기본 요소로 한다.
- **생태학:** 기후, 해양, 기상, 지리, 환경 등을 기본 요소로 한다.
- **사회학:** 인류학, 의사소통, 미술, 사회, 정치 등을 기본 요소로 한다.

범학문적 연구과제 작업의 목적은 모든 지속가능성 필수과정에서 전문가를 육성하자는 것이 아니다. 과제해결의 과정 중에 이들 과목들의 교차-관련성과 의존성을 의식적으로 주제화하여 알기 쉽게 하고, 지속가능한 발전을 지향하는 디자인 작업의 복잡성을 기본적으로 이해하게 하기 위함이다. 지속가능성 필수과정은 상응하는 전문가들의 지원을 받아 교육된다. 이런 학기 과제에 덧붙여, 기본적인 디자인 기술은 총 6학기 동안 계속 진행되는 세 가지 디자인 관련 필수과정을 통해 취득한다. 예를 들면 다음과 같다.

- **디자인 변혁:** 디자인을 통한 혁신 개발의 기본적 방법론을 학습하고 문제해결 능력을 강화한다.
- **디자인 형상:** 도안, 플라스틱 성형, 소프트웨어 기반 표현법 등 기초적 아날로그/디지털 표현 기술들에 중점을 둔다.
- **디자인 이론:** 예측, 모의실험, 영향분석을 비롯해 미학, 디자인사, 새로운 연구 등과 같은 디자인 소통 능력을 다룬다.

디자인 필수과정은 보편적으로 필요한 디자인 기술을 교육하고 디자인 분야에서 절대적으로 필요한 예술적 능력을 전달한다. 또한 석사과정으로 이어지는 심화된 디자인 작업의 기초가 된다. 추가적으로 비교문화 역량Cross Cultural Competence 과정이 필수과정으로 지정되어야 한다. 이 과정은 윤리와 종교, 공연과 시각예술, 문화와 역사 등을 포함하며 학생들을 이문화 간 작업 환경이 점점 많아지는 현실에 대처할 수 있게 할 것이다.

지속가능성 필수과정과 함께 창조학 모델의 목표는 문화를—특히 타국 문화를—더욱 깊이 이해시키는 것이다. 학생들의 흥미에 맞춰 선택과정들이 추가될 수 있다. 연구과제의 주제에 따라서는 기술, 과학 분야는 물론 더 심화된 과정들이 추가적으로 필요할 수 있다. 마지막 학기의 연구과제는 학생 스스로 주도하여 설계하고 작업한다. 이 연구과제는 외국 문화 환경에서도 예외 없이 통하는 것이어야 하고 학생의 졸업논문이 된다. 졸업학기의 필수과정 강의는 전용 온라인 교육장을 통해 이뤄진다.

4학기로 구성된 심화된 창조학 석사과정에는 지속가능 문화설계라는 장기적 목표에 합당하도록 다음과 같은 세 가지 전공분야가 제공되어야 한다.

- **창조적 사범교육**: 교육학 전공으로, 학교 또는 전인 교육장에서 창조학을 교육할 자격을 갖춘 교원을 육성하는 데 주요 목적이 있다. 전공자는 교육기관에서 창조성, 지속가능성, 통합적 사고 등을 확산시키는 역할을 한다.
- **창조적 기업가**: 지속가능한 발전의 방향으로 문화를 변화시킬 수 있는 예술적이고 창조적인 기업가의 육성에 초점을 맞춘 전공과정이다.
- **창조적 디자이너**: 전공자가 점점 복잡해지는 디자인 환경의 현실에 대처해, 지속가능한 미래를 위한 디자인 추동력을 제공할 수 있도록 하는 한층 심화된 전공과정이다.

학사과정을 기반으로 하는 석사과정은 학부에서 이어지는 세 가지 필수과정(디자인 변혁, 형상, 이론)에 중점을 두고 이런 전공 과정들을 심화시킨다. 동시에 석사과정은 장인으로서의 작업 능력을 기르기 위해 더 많은 시간을 할애한다. 이에 따른 필수과정인 기술과학 과정은 재생가능 에너지, 기계공학, 전기공학, 기계-전자공학 등의 응용적 측면을 다룬다.

다시 한 번, 범학문적 연구과제 작업은—학생에 의해 주도되는 것이 최상이며—4학기 석사과정의 중심이 된다. 학부의 창조학 교육이 밀접한 공동작업으로 이루어지는 것과 마찬가지로 연구과제 내의 작업들은 다른 대학 센터 출신의 학생들과 팀을 구성해 수행될 것이다. 학부과정에서 그랬던 것처럼, 석사 교육과정은 연구과제와 더불어 다음의 예와 같은 필수과정을 포함한다.

- **창조적 기획**: 예를 들어 외부의 디자이너, 정치가, 공연 및 시각 예술가, 과학자 등과 함께하는 단기 기획 과정이다.
- **창조적 기획 경영**: 기업 안팎의 디자인 기획들에 대한 범학문적 운영 및 관리를 준비

하는 과정이다.
- **창조적 연구:** 학기 연구과제와는 별도 주제를 가진 공동 연구과제 과정이다.

창조 디자인학 전공 석사 학위 논문은 지속가능한 생활환경으로 문화적 변화를 주도하는 능력과 지속가능한 미래를 향한 디자인 추동력을 제공하는 능력이 드러나도록 구성된다. 가장 중요한 평가기준은 제시된 문화 변화 기능의 잠재력, 적용범위, 지속가능성이다. 과정을 끝낸 후의 창조 디자인학 전공자들은 공통의 가치기준을 개발하게 될 뿐만 아니라 광범위한 네트워크를 형성하고 다양한 기술을 획득해 제품문화의 변화를 주도할 수 있게 된다.

최상의 경우, 창조학 모델의 교육과정은 많은 수의 진정 창조적이고 재능 있는 디자이너를 길러낼 것이다. 나아가 혁신 네트워크 속에서 이런 재능들의 목적의식적 협력관계를 증진할 것이다. 전망 부족과 대학들 간 네트워크 문제는 전통적 디자인 교육의 고민거리였다. 이런 이유로 창조학을 가르치는 교육기관들은 현실과 가상 양쪽 모두의 네트워크에 서로 연결되어야 한다. 인터넷 기반의 대중참여기금 플랫폼은 지속가능한 생활환경, 제품-서비스 시스템, 제품 개념 등의 개발을 위한 열린 시장의 역할을 하며, 이미 이런 연계망 구조의 중요성을 보여주고 있다. 이런 플랫폼은 학교, 디자인대학 및 기타 디자인 기관을 서로 연결하는 일 외에도 디자인 제안에 관한 대중 소통의 장을 제공한다. 창조학은 이런 연계망을 통해 미래의 생활과 제품 환경에 관한 대중적 담론을 설정하고 사회에 해결방안을 제공할 수 있는 창구를 갖게 될 것이다.

학교 아이들을 위한 창조학

창조학은 학교의 전체 교육목표 속에 뿌리내려야 한다. 교육이 일관성 있게 지향할 일은 초등학교부터 계속 이 목표에 부합되는 능력들을 상호 연계시켜주는 일이다. 전통적 교육모델이 주로 전문화되고 고립된 개별 과목들에 집중하는 것과는 다르다. 현실은 지식과 전문성보다는 복잡성을 다루고, 협력하고, 네트워크화하는 능력을 강조하는 쪽으로 급속히 변하고 있다. 결국 우리는 이런 현실에 맞게 아이들을 교육해야 한다. 그러므로 창조적 교육모델은 인간의 지각능력부터 시작하고 인간을 해석의 중심에 놓는다. 창조적 교육모델은 학생의 창조성과 상상력뿐만 아니라 섬세한 지각능력을 길러준다. 이것은 마리아 몬테소리Maria Montessori의 교육학 같은 대안 교육모델에서도 보이는 접근법이다. 그러므로 학교 교육 안에서 창조학이 지향하는 목표는 단순히—이미 그로피우스Walter Gropius와 모호이너지László Moholy-Nagy가 바우하우스를 통해 추구했던—'구획에 묶인 사람들'을 해방시키는 것에만 있지 않다. 목표는 책임감을 자각하여 통합적으로 행동하는 창조적 인간을 육성하는 것이다.

창조학 교육모델은 중고등 9년의 교육기간이 저학년, 중등, 고등학교 기간으로 나뉘고, 학생들은 약 열 살부터 열여덟 살까지라고 전제한다. 저학년 과목은 시각, 청각, 후각, 미각, 촉각과 '육감'으로 보충되는 인간의 지각능력에 초점을 맞춘다. 각 학년의 학생들은 어떤 과목들은 필수로 다른 과목들은 흥미에 따라 선택하며, 어떤 지각능력도 소홀히 다루지 않고 골고루 공부한다. 청각을 예로 들면 작곡, 음향의 물리적 현상, 언어의 의미, 동물 소리의 세기, 바다의 소음, 인간의 귀, 바이올린 제작의 역사, 청력 상실, 또는 아이들의 합창 등을 공부한다. 미각의 경우엔, 혀의 구조, 조미료의 화학적 구조, 인도 요리법의 비밀, 또는 식감 등에 초점을 맞출 수도 있다. 이 접근법의 장점은 학생의 감각을 단련시킬 뿐 아니라 더 중요하게는 맥락적 지식을 발달시킨다는 것이다. 이런 각각의 가능한 주제는 통합적 교육을 받은 교사에 의해 그룹별로 지도된다.

정해진 주제의 내용은 해당 분야의 전문가에 맡겨져 능숙하고 전문적으로 전달되는 동시에, 학생들에게는 독자적인 연구가 장려된다. 이와 병행하여, 지각능력에 초점을 둔 저학년 단계의 창조학 교과과정에, 예를 들면 합창과 연극, 원예를 필수로 지정하여 의도적으로 창조적·예술적 능력이 권장되도록 한다. 그리고 물론 현재의 표준 교육과정의 일반 교과목들도 포함된다.

중등교육에선 학생의 개념화 능력을 키워주는 데 중점을 둔다. 실제 디자인 과정의 개념화 단계에서 하듯이, 수업은 다양성을 인식하여 형상화하고 개별 요소들을 틀림없는 완성작으로 결합하는 내용으로 이루어진다. 그러므로 여기서 의미하는 개념화란, 개별 부분들을 인식하는 단계와 이들이 결합되어 구성하는 다양

로지테크 키즈 마우스, 1993, 사진: 디트마르 헤네카

한 상호작용 중에서 가능한 이론적 해답을 찾는 단계, 양쪽 모두의 과정이다. 즉 중등교육 수준 창조학의 지도정신은 융합의 원리이며, 교육과정은 이에 적합한 학기-지도주제들로 구성된다.

이 모델의 중등교육은 그룹의 특징을 갖는다. 각 학기마다 학생들은 성향과 능력에 따라 학기-지도주제들 중에서 하나를 골라 그룹을 만든다. 한 학기에 걸쳐 지도주제를 수행하는 것은 연구과제를 하는 것과 비슷한데, 발견과 모델링은 공통된 학습 요소들이다. 발견 학습은 기술, 과학, 공학을 아우르는 주제를 갖고, 모델링 학습은 예술, 음악, 디자인, 세공, 원예, 연극 등에 관한 주제와 결합한다. 지도주제 학습과 함께, 비교문화 역량, 언어, 서커스(상호관계와 협동 및 모든 과목과 훈련들의 연계를 목표)는 필수과목들로 지정된다. 비교문화 역량 과목은 윤리/종교, 사회과학, 역사, 경제, 정치 등의 주제들을 포괄한다. 전통적인 체육교육은 서커스과목의 기본 틀에 일관되게 포함된다.

고등학교 단계의 창조학은 학기-지도주제들의 범위를 넓혀 상부구조에 적용하는 데 중점을 둔다. 학생들은 이미 모든 감각에 대한 지각능력을 발휘하여 고도로 개념화되고 상호-연계된 형태로 생각하고 행동하는 법을 배우게 되었다. 또한 일반 과목들을 통해 기초가 튼튼한 지식을 가지게 되었다. 고등학교에서는 이런 모든 지식과 학습한 능력을 구체적인 디자인 실습에 적용하게 될 것이다. 그러므로 고등학교 교육과정은 모델링 수업에 더 많은 시간을 할애한다.

창조학 교육모델에서 고등학교 학생은 저학년생의 멘토 역할을 한다. 비평균적인 구성원을 가진 팀일수록 창조력이 증진되기 때문이다. 창조학 교육모델이 전체 시스템을 디자인한다는 기본적 생각에서 출발하기 때문에, 최종시험의 목표는 현재 대부분의 교육모델이 그런 것처럼 고립된 개별 과목 시험을 성공적으로 통과하는 데 있지 않다. 그러므로 최종시험은 개별 지식들을 보조적으로 사용하여 창조적이고 예술적인 공동작업에서 성공적으로 능력을 발현해야 하는 팀 과제로 구성된다. 예를 들면 의도에 맞게 모든 구성 요소가 들어간 연극을 공연하는 것일 수 있다. 여기에는 무대 장치와 의상의 디자인(모델링), 극본과 홍보물(언어), 그리고 내용과 구성(비교문화 역량)은 물론 학습한 능력을 자각하는 것을 목적으로 하는 공동작업의 다양한 과제와 양상이 포함될 수 있다.

디자인의 교육적·문화적 경계 확장

이상에서 보았듯이, 창조학의 지향점은 디자이너 간 상호 협력을 장려하는 것에만 있지 않고, 사람들과 단체들의 연계망을 구축해 대중이 지속가능한 디자인 개념을 받아들이게 하여 단계별로 지속가능한 문화혁신에 기여하는 것에 있다. 나아가, 연구와 지식 전달에만 편향된 대학을 '기존 생각은 물론 새로운 생각을 토론하고 발견하는 자유공간'[15]이라는 본연의 모습으로 다시 확립하는 것이다.

하지만 전문적 디자이너 교육뿐만 아니라 교육체계의 근본적 변화가 있어야 한다. 이 장을 통해 설명하였듯, 모든 교육과정의 일반적인 학습들 속에서 제품과 소비의 세계적 관계를 학생들에게 이전보다 훨씬 잘 가르쳐야 한다. 교육체계는 우리를 둘러싼 제품 환경에 지금보다 훨씬 더 민감하게 반응하여 결정적으로 창조성과 통합적 실천을 장려해야 한다. 결국 모든 기관 중에서도 학교가 문화적 개념을 만들고 확산시키는 데 가장 큰 영향력을 갖기 때문이다. 1970년대 초기, 20세기 최고의 사상가 중 하나인 이반 일리치Ivan Illich는 젊은이에게 자신의 상상력과 심지어는 인류 자체까지 포함해 모든 것을 '헤아릴 수 있는 세상'을 보여주는 곳이 학교라는 것을 깨달았다.[16]

발전을 위한 결정적 시기에, 오늘날 학교는 젊은이들이 중요한 미래 문제들을 민감하게 받아들여 마땅한 능력을 기르도록 하지 못했고, 지속가능성을 단지 추상적·지적 개념이 아닌 긍정적 문화규범으로 전파하는 데 실패했다. 지속가능한 제품문화 디자인의 책임을 맡길 창조적 인재들을 육성할 기초를 세우려면, 반드시 디자인 및 창조성에 관한 일반 교육을—오늘날 학교의—교육과정 안에 정착시켜야 한다. 이것이 젊은이들로 하여금 거의 지속가능성 없는 우리 제품문화의 다양한 문제들에 예민하게 만들고 디자인의 세 가지 결정적 능력(전략, 부호화/복호화, 시각화)을 단련시킬 필수적인 첫 번째 단계다.

창조학 교육방식은 창조성, 통합적 사고와 행동, 공동 디자인에 대한 열정을 촉진하며, 현재의 교육제도가 흔히 간과하는 제품 관련 지식을 전달한다. 대규모의 지구적 문제들에 대처하여 문제해결을 위한 창조적 방법을 찾아낼 수 있는 젊은이들을 훈련시킬, 그런 교육방식이 절실하다. 그러면 우리 사회는 진정으로 '아이들의 적성에 맞추어, 이들의 수많은 창조적 발상들에 직접 영향을 줄 수 있는 교육과정을 성공적으로 이룩한 사회'[17]가 될 것이다.

창조성과 협동성, 연계성은 세계적 문제들의 도전에 맞서기 위해 필수적이다. 이런 능력을 단련하는 일은 전통적 산업보다 더욱 지속가능한 동시에 세계경제에 점점 더 많은 영향을 미치고 있는 창조적 산업 안에서 성공하기 위한 최고의 준비가 될 것이다. 창조학은— 학교 교육, 디자인 교육 양쪽 모두에서— 그런 훈련을 위한 확실한 해결책이다. 초기 교육 속에서 협동성과 창조성으로 문제해결에 접근하는 법을 배운 학생들은 이후의 삶에서도 이런 문제해결 습관을 유지하기 마련이고, 지속가능한 미래를 위한 공동 디자인작업에 자신의 능력을 더욱 효과적으로 발휘할 수 있다.

현존하는 문제들은 복잡하고 이런 과제들을 창조적으로 해결할 총체적 능력들은 부족하다는 관점에서, 젊은이들과 미래 디자이너 세대를 위해 무엇보다 절실한 것은 교육 패러다임의 이동이다. 그 이동은 문화를 변화시켜야 한다. 창조학 모델에서 설명한 책임감 있고 통합적인 방법들로 훈련된 디자이너가 절실히 필요하다. 그런 필요성은 극지의 만년빙이 녹아내리거나 유해 전자 폐기물들이 무단 방출되는 형태로 그 징후가 나타나고 있는, 계속 진행 중인 산업제품문화의 위기를 보면 명확하다. 디자인을 통해 긍정적 기류 변화를 이끌고 지속가능하고 인간적인 미래의 형태를 만들기 위해 너무 늦기 전에 이런 디자이너 세대가 곧 등장해야 한다. 이 새로운 디자이너 세대가 우리 미래의 경제, 환경, 문화를 형성하는 데 꼭 필요하게 될 것이다. 이들의 교육을 운에 맡길 여유는 없다. 이런 당위성에 대해 전설적인 울름 조형대학HfG Ulm의 공동 설립자인 오틀 아이허Otl Aicher는 다음과 같이 요약한다. "우리가 사는 세계는 우리가 만든 세계다."[18]

1   T. Jackson, *Well-Being without Growth: Life and Economics in an Endless World*, Munich: Oekom Verlag, 2011.
2   N. Peach, "The Legend of Sustainable Growth: a Plea for Renunciation," *Le Monde diplomatique*, 09/2010. pp.12 ff.
3   Markus Kretschmer, "Positive Climate Change by Design: How Design Helps to Shape the Global Future — Approaches for a Future-Compliant Professional Image of Design and a New Design Education," Dissertation, 2001, pp.175~207.
4   위의 논문.
5   Lucius Burckhardt, "Design is Invisible," H. Höger (ed.), *Design is Invisible*, Ostfildern: Hatje Cantz Verlag, 1995, p.24에서 발췌.
6   Dieter Rams, *Less but Better*, Hamburg: Jo Klatt Design+Design Verlag, 1994.
7   Thomas L. Friedman, *The World is Flat: a Short History of the Twenty-First Century*, Frankfurt/Main: Suhrkamp Paperback, 2008.
8   K. Krippendorff, "Principles of Design and a Trajectory of Artificiality," *The Journal of Product Innovation Management* Vol.28, No.3 05/2011, p.413. Wiley.
9   Friedman, 앞의 책, p.190.
10 S. Klein, *Difference and Coherence: Design and Perception of Electronic Media*, Heidelberg: Synchron Wissenschaftsverlag der Autoren, 2001, pp.23 ff.
11 Friedman, 앞의 책, p.191.
12 N. Cross, *Designerly Ways of Knowing*, Basel: Birkhäuser Verlag, 2007, pp.17.
13 Mihaly Csikszentmihalyi, *Creativity: How You Create the Impossible and Overcome Its Limits*, Stuttgart: Klett-Cotta, 2007, p.43.
14 위의 책, p.46.
15 Ivan Illich, *De-schooling of Society: a Polemic*, Munich: Verlag C. H. Beck, 2003, p.60.
16 위의 책, p.66.
17 Csikszentmihalyi, 앞의 책, p.470.
18 Otl Aicher, *the World as a Design*, Berlin: Ernst & Sohn, 1991, pp.87 ff.

3장 녹색사회에 대한 구상: 빅터 파파넥

마르티나 피네더와 토마스 가이슬러

"이번 장은, 빅터 파파넥의 문서들을 발굴해 그의 고향인 빈으로 가져오는 데 중요한 역할을 한 나의 전직 조교였던 마르티나 피네더와 나의 동료인 토마스 가이슬러의 작업이다. 이 불굴의 학자들은 파파넥의 독창적 저서인 《현실 세계를 위한 디자인》을 재출간했다. 이번 장에서 이들은 파파넥의 저서를 통한 주장들과 그 안에 담긴 디자이너에 대한 미래 지향성 요구가 타당하다는 것을 연구결과로 말해주고 있다. 이 글에 자극 받은 이들이 빅터 파파넥의 저서들을 읽고 — 또 읽어 — 당시엔 과격했지만 그 어느 때보다 오늘날 더욱 시기적절하다고 생각하는 그의 주장들을 재평가하게 되기 바란다." 하르트무트 에슬링거

"형식을 숙달한 시대라면, 내용으로 돌아가기엔 이미 늦었다." 빅터 파파넥, 1971

"지난 수세대 동안, 애써 통계학적 관점으로 세운 학문적 구분들이 모래성처럼 무너져가는 것을 보면서 더 이상 영역 구분이 아니라 통합이 필요하다는 것을 알게 된다. 전문가 아닌 합성주의자가 필요하다." 빅터 파파넥, 1984

이상 두 개의 인용문은 《디자인 사고》, 《포괄적 디자인》, 《디자인 상호작용》, 《열린 디자인》 등 오늘날의 새로운 디자인 전략에 관한 책에서 발췌한 것처럼 보일 수도 있다. 그러나 그렇지 않다. 빅터 파파넥의 《현실 세계를 위한 디자인: 인간 생태와 사회 변화 Design for the Real World: Human Ecology and Social Change》라는 책에서 발췌한 것들이다. 이 책은 1971년에 첫 출판되어 1984년에 개정되었고, 현재는 당시 매우 논쟁거

리였던 디자인 책들 중 하나로 평가된다. 만연한 산업문화 논리를 탈피해 환경운동이 눈을 뜨던 때, 파파넥은 통합적 디자인 실천 모델을 개발했다. 그 시대 디자인과 소비문화를 광범위하게 비판하며 사회적으로 생태적으로 응답하는 디자인을 위한 지침과 구체적인 사례들을 보여주었다. 출판 이래로 뜨거운 논쟁을 일으킨 이 책은 세계에서 가장 널리 읽힌 디자인 관련 책들 중 하나다. 이제 새로운 부흥을 만끽하고 있다. 심지어 다시 시작된 인기로, 작가 빅터 파파넥은 도발적 논객이라는 이미지를 탈피해 사회적·생태적 디자인의 세계적 선구자로 변모하고 있는지도 모른다. 작가와 그의 책 모두 숭배의 대상이 되었다.[1] 왜 그렇게 되었는가? 무엇이 파파넥의 사상을 현대 디자인의 상황에 놀랍도록 타당하게 하며, 왜 그와 그의 책은 역사적 참고 대상 이상의 가치를 갖는가?

이런 물음들에 대한 몇 가지 답은 명백하다. 현재의 정치와 경제에 관한 지속가능성 논란은 대중매체에 의해 확산되어, 파파넥과 그의 동시대 비평가들이 제기했던 것을 연상시키는 책임 있는 디자인이라는 개념의 부활을 알리고 있다. 예를 들면, '우주선 지구호'[2]를 위해 인류가 발생시키는 문제들을 피해 지속가능한 개발 추진, 환경오염과 천연자원의 고갈을 줄이려는 노력들, 대체 에너지와 분산된 생산방법에 대한 탐색, 보다 많은 자주결정과 공동결정에 대한 요구 등은 지속가능성을 추구하고 있는 사회의 단지 몇 가지 모습이다. 파파넥의 주장들은 당시엔 과격하다고 여겨졌지만, 현재 만연한 공존불가의 디자인 문화에 대한 대안으로 사회적으로 타당성 있는 디자인 영역을 모색할 때 더욱더 시사성을 갖는다.

수많은 디자인 기관의 강령이나 전시 카탈로그의 서문은 확실히 긍정적 변화를 향한 모색이 시작되었음을 증명하고 있다.[3] 위기로 흔들렸던 새 천년의 첫 10년 동안, 이런 시도들의 당위성이 새삼스레 절박해졌다. 2001년 9월 11일의 충격적 참사는 오늘날 디자인 담론 중 하나로 언급되는, 고착된 것 같은 경제 위기와 세계를 뒤흔드는 정치/경제 파동이었다. 파파넥은 1984년도 개정판에서 다음과 같이 디자인의 위기와 기회를 연관시켰다.

"아마도 가장 큰 교훈은 재앙에서 얻는 것인가 보다. 디트로이트는 세 번의 석유파동, 네 번의 비정상적으로 혹독했던 겨울, 물 부족을 초래한 두 번의 대가뭄, 대홍수, 세계적인 에너지 부족, 그리고 바짝 다가오는 대공황을 겪으며 높은 실업률로 허우적거리고 있다. 이 책은 지난 13년 동안 천천히 심지어 전국적으로 독자층을 넓혀갔다."4

이런 배경에서, 우리는 현재의 물음들에 답하려《현실 세계를 위한 디자인》에 관한 요약본을 쓴다. 그러나 미리 말해두지만, 우리는 디자인 연구자로서 특별히 환경 관련 디자인 역사와 물질문화에 관심을 가지고 이런 질문들을 하고 있다. 우리의 관심사는 디자인과 소비문화의 발전에 상당한 영향을 미칠 가치 변화와 문화적 변혁이다. 이 책의 다른 부분에서 우리가 강의와 연구를 병행했던 빈 응용미술대학교의 ID2 석사과정 작품들이 소개될 것이다. 그 교직의 맥락에서, 우리는 미래 세대와 디자인 직업을 위해 파파넥의 유산이 갖는 중요성에 집중하게 되었다.

현재 디자인에 관한 전문적 논쟁에 미친 파파넥의 역할을—약간은 혼란의 시기에 출판되었지만 최근까지 거의 주목받지 못했던—그가 남긴 유산을 통해 알아보는 것이 우리 연구의 주된 목표였다. 오늘날 비평가는 그의 이력과 유산을 함께 살펴보아야 할 것이다. 여기에 이력으로서, 파파넥의 중요한 인생의 순간들을 개괄할 것이다. 책과 작가를 함께 충분히 이해할수록 '인간 생태와 사회 변화'를 위한 그의 통합적 발전 모델의 관점에 가까워질 수 있을 것이다. 그러므로 우리는 연구를 확장하여 파파넥의《현실 세계를 위한 디자인》이 출판되기 전에 발생했던 사회적·정치적 변화가 끼친 영향들을 간략히 되돌아보았다. 파파넥의 책이 '산업디자인'을 중점적으로 다루기 때문에 그가 바라보는 기술에 대한 개념 또한 검토하였다. 그는 진보의 적인가 친구인가? 근본적으로 1960년대와 1970년대의 대항문화에 근거한 파파넥의 디자인 비판이 미래 지향적이라고 할 수 있는가? 이런 물음들에 대한 답은 파파넥의 글과 다른 '재발견된' 그 시대의 선구적 저서들인 슈마허E. F. Schumacher의《작은 것이 아름답다: 인간중심의 경제를 위하여Small is Beautiful: Economics as if People Matter》, 스튜어트 브랜드Stewart Brand의《전 지구 목록Whole Earth Catalog》등과 연관하여 해결하는 것이 최상일 것이다. 이 장에서 앞으로 전개되는 내용은 이런 이슈와 물음들에 관한 연구와 조사의 결과들이다.

파파넥의 저작물을 연구하는 동안에, 고인의 흔적을 따라간 미국에서 그의 개인 서류들과 유물, 기록물 등 이전에는 주목받지 못했던 그의 유산을 발견했다. 1년이라는 짧은 기간 후에 우리가 주도하고 하르트무트 에슬링거를 포함한 이들의 열정적 지원으로 오스트리아 연방연구과학성의 기금을 확보하여, 파파넥의 유산을 향후의 연구를 위해 우리 대학에 유치할 수 있었다. 특히 파파넥이 태어난 도시의 디자인학교라면 교육과 연구를 위해 그의 자료들을 보관하는 이상적인 장소가 될 것이라고 생각했다. 현재 그의 유산은 개인 서류들과 유물 외에도 작업 서재와 디자인 기록물을 포함해, 2010년 빈 응용미술대학교 안에 설립된 빅터 파파넥 재단에 의해 관리되고 있다. 다양한 유물들과 파파넥의 지적 작업은 이 대학의 생생한 학습 프로그램의 한 부분이 될 것이다.

파파넥의 관심사는 그가 공헌한 일들만큼이나 의미 있고 다양했다. 《현실 세계를 위한 디자인》의 초판본은 참고문헌만 해도 거의 500개의 주제를 포함하고 있다. 또 다른 200개 정도의 주제를 더해 재판한 확장본에서 파파넥은 말한다. "다학문적 접근방법으로 디자인에 관한 책을 쓰고 있기 때문에, 역시 다양한 분야의 참고문헌들을 모으려고 노력했다." 그 확장본의 부록에는 다음과 같은 글을 적고 있다.

"인간이 여전히 모든 지식을 분류할 수 있다고 생각하던 때이자 선형적 사고의 출발인 (새벽인 줄 알았지만 장엄한 황혼이었던) 르네상스 때부터, 우리는 도표, 분과, 분류, 목록들을 계승하고 있다. 이해하기에 너무도 방대하다는 이유로 지식의 영역들을 분류하려 하는 경우, 대체로 우리는 전문가를 길러내는 최악의 실수를 범하게 된다."[5]

빅터 파파넥의 작업과 삶은 — 단지 전문가뿐만 아니라 — 모든 이에게 영감을 준다고 생각한다. 우리의 연구를 통해, 파파넥이 글, 가르침, 디자인을 통해 전하려 한 그런 종류의 영감을 관심과 학문 분야를 막론하고 모두가 발견할 수 있게 되기를 바란다.

모든 이를 위한 디자인에 관한, 모두를 위한 책

파파넥의 베스트셀러인 이 책은 1971년에 뉴욕의 판테온 북스Pantheon Books에서 영어로 처음 출간되어[6] 디자인의 도덕적 책임을 다루고 있다. 파파넥은 이 책에서 새로운 유형의 디자이너를 소개하는데, 이들은 디자인 팀 안에서 과정을 중시하며 다학문적으로 '다방면의 지식'을 가진 '중재자'[7]의 역할을 한다. 그 당시 '제3세계'로 알려진 곳의 전형적인 제품과 서비스를 본보기로 들어 서구 산업국가의 소비문화에 대해 의문을 던지며, 자연과 조화롭게 성장하는 사회를 위한 해결책을 추구하는 일이 보다 중요한 미래 디자이너의 역할이라고 제안하고 있다.

당시 시작된 환경운동과 그밖의 사회, 문화, 정치 속에서 중요성이 부각되고 있는 운동들의 성장과 연결하여 파파넥이 중점적으로 검토한 것은 세계 자원의 재분배였다. 파파넥은 이런 운동들과 당시 디자인들 사이의 단절을, 한쪽 세상에는 앤 여왕시대 양식으로 제조되어 16.95달러에 팔리는 전열 발판이 있는가 하면 다른 쪽 세상에는 중고 자동차 번호판으로 만들어져 집안 유일의 취사도구로 쓰이는 8센트짜리 화로 같은 장치들이 있음을 지적하여 설명하고 있다.[8] 이런 방식으로 파파넥은 당시 유행하던 디자인 태도와 해당 산업들의 제조 및 판매 문화에 도전했다. 그는 이 책의 1973년 반탐 출판사 편집본에서 굵은 표지글로 "어째서 제품들은 비싸고 조잡한 디자인에, 불안전하며, 대부분 작동하지 않는가!"라며 탄식했다.

책의 서문에서 디자인과 관련 광고업 같은 분야의 직업적 동료들에 대한 공격으로 《현실 세계를 위한 디자인》의 공세는 빠르게 시작되는데, 첫 절인 '디자인의 본질Like It Is'에서 소비문화에 대한 무자비하지만 종종 유머러스한 비판들을 이어갔다. 책의 제2부인 '디자인의 가능성How It Could Be'에서는 사회적 책임과 생태를 의식하는 디자인에 관한 구상들이 구체적으로 제시되어 있다. 파파넥은 디자이너와 이들의 직업 분야가 책임져야 할 새로운 의무에 관해 '디자인의 책임: 다섯 가지 신화와 여섯 가지 방향Design Responsibility: Five Myths and Six Directions'이라는 장에서 정리한다. 이 장은 또한, 파파넥이 일찍이 1960년대 유네스코의 국제 기술전문가 프로그램을 거치며 다른 어떤 활동보다 익숙했던 디자이너의 개발도상국 활동분야를 포함하고 있다. 외진 지역에서도 전기나 연료 없이 작동하는 통신 및 운송 장치와 더불어, 간단히 만들고 쉽게 수리할 수 있는 가전제품을 중점적으로 다루고 있다.[9] 파파넥은 또한 미국의 디자인과 소비주의에 관련된 문제들, 예를 들면 정치, 경제, 과학, 디자인 분야의 지도자들에게 계속해서 골칫거리였던 자동차 산업이 스스로 초래한 위기를 지적했다. 파파넥에게 디트로이트는 최악의 시나리오들 중 하나였다. 단일 생산이어서 극히 유연하지 않은 구조를 가진 거대 산업은 도전과 변화에 신속히 대처할 수 없기 때문에 경제적 측면뿐만 아니라 사회적으로도 생태적으로도 문제가 있다. 파파넥이 지적하듯, 그런 산업은 포괄적 시스템이 아니라 생산품에 집중하기 때문이다.

《현실 세계를 위한 디자인》은 또한 저작권과 특허권의 제한적 적용을 꼼꼼히 따지고 있다. 파파넥은 궁극적으로 이 문제를 산업의 사회적 책임에 관한 문제와 연관시켜, 가령 누구도 타인의 궁핍으로부터 이득을 취하면 안 된다고 말하고 있다. 또한 이런 해석을 기초로 파파넥은 정보와 생산의 민주화를 주장하며, 이어지는 참여와 오픈소스의 디자인 실천모델로 발전시킨다(이에 대해서 나중에 더 자세히 다루게 될 것이다).

디자인 쇠파리의 일생

《현실 세계를 위한 디자인》은 인류와 환경에 대한 파파넥의 급진적 사고방식이 엮어내는 다양한 삶의 일화들을 통해 그의 삶과 일 사이의 역동적인 관계를 보여주고 있다. 이 미래지향적 이상주의자이자 비판적인 논객은 시대를 앞서갔다. 학문 분야들의 구분을 없애야 한다는 주장은, 경험과 한계 극복의 순간들마다 그의 인생 역정을 통해 점점 명확해져갔다. 우리는 파파넥의 개인사를 탐구하기 위해 2009년 독일어로 다시 출간된 《현실 세계를 위한 디자인. 인간 생태와 사회 변화를 위한 지침》[10]으로 주의를 돌린다.

빅터 파파넥은 1923년 11월 22일, 빈에서 헬레나와 리처드 파파넥 사이의 독자로 태어났다. 파파넥 가족은 시내에서 식품 사업을 운영했고 빈의 중세 도시를 감싸는 19세기 절충주의 풍격의 링Ring 거리에 있는 세련된 아파트에 살았다.

파파넥은 상인의 아들로서 가족의 지위가 반영된 교육을 받았지만 1929년의 세계적인 경제 붕괴는 파파넥 가족의 생활방식을 바꾸어놓았다. 1930년대 아버지의 이른 죽음과, 결국 나치 제3제국과 오스트리아의 합병을 불러온 정치·사회적으로 과격해진 오스트리아의 파시즘으로 인해 재정상황은 계속 악화되었다. 마지막 전환점은 나치에 의한 가업 몰수였다. 1939년에 친척의 도움을 얻어 빅터와 그의 유대계 어머니는 미국으로 망명했고 나치 정권의 더 이상의 핍박과 강제수용소로 추방되는 운명을 피할 수 있었다.

열다섯 살의 빅터는 어머니와 무일푼으로 뉴욕에 도착했다. 금전적 필요에 따라 허드렛일조차 마다하지 않았지만 망명 중인 가족이 초년에 일어서기란 쉬운 일이 아니었다. 《현실 세계를 위한 디자인》에서 파파넥은 이 기간 동안 얻은 일자리 몇 개를 암시하고 있는데, 뉴욕 현대미술관MoMA의 창고노동자, 그리니치빌리지의 스탠드업 코미디언과 같은 대체로 저임금 노동들이었다. 그의 초기 미국 생활에서 가장 확실한 것은 미군으로 복무했다는 것이다. 그것은 많은 젊은 이민 남자에게 그랬듯 시민권 발급을 실질적으로 촉진시키는 기회였다. 군복무를 마친 파파넥은 옛 전우의 초대로 미국 남서부의 인디언 보호구역인 샌 일데폰소를 찾았다. 그렇게 현대생활의 부담으로부터 벗어난 것은, 그의 마지막 아내 할랜Harlanne이 적고 있듯, 그에게 '감정적 치유'가 되었다. 또한 그가 가야 할 인생길의 방향을 가리켜주었다.

뉴욕에 돌아온 빅터 파파넥은 1946년부터 1947년까지 쿠퍼유니온 대학Cooper Union College의 야간 강좌를 들으며 공부했다. 지금도 우리는 무엇 때문에 그가 예술과 건축을 택했는지 정확히 알지는 못한다. 부와 사회적 지위가 보장되기 때문일 수도 있고, 산업이 호황을 누리던 전후 시절인 만큼, 레이먼드 로위Raymond Loewy나 헨리 드레이퍼스Henry Dreyfuss 같은 미국 디자인의 우상들 대열에 합류하는 디자이너가 되고자 했던 것일 수도 있다. 공부하는 동안에도 파파넥은 디자인 클리닉이라는 독특한 이름으로 실내장식과 제품 디자인을 하는 스튜디오를 운영하여 생계를 해결했다. 파파넥은, 그 당시에 대한 회상에서 프랭크 로이드 라이트Frank Lloyd Wright의 건축물을 처음 보았던 일과 애리조나 피닉스에 있는 로즈 포슨 저택Rose Pauson House을 방문한 후 라이트의 작품에 대한 동경이 커져갔음을 말하고 있다. 파파넥은 위스콘신 스프링 그린에 있는 라이트의 스튜디오 마당에서 허락 없이 사진을 찍던 중 직접 라이트와 마주치게 되었는데, 이 만남을 계기로 탈리에신Taliesin과 탈리에신 웨스트Taliesin West의 인턴 과정에 받아들여지게 되었다.

이후 라이트는 이 젊은 디자이너에게 가장 영향력 있는 인물들 중 하나가 되었다. 파파넥의 미적 감수성은 그의 정신적 스승의 취향을 따라 형성되었는데, 가령 육각형, 흑·백·적의 색조, 물질문화와 동양철학에 대한 관심 같은 것들이다. 최종적으로, 모더니즘과 그것의 자연 및 환경과의 관계에 대한 파파넥의 이해는 라이트와의 토론을 통해 발전되었다. 거의 기록은 남아 있지 않지만, 양식상 파파넥의 초기 디자인 작품은 미국의 전후 모더니즘을 지향했다. 유기적 형태, 신소재, 토착 문화적 요소 등이 섞여 이뤄내는 상호 조화를 보면, 찰스와 레이 임즈 부부Charles and Ray Eames, 이사무 노구치Isamu Noguchi, 조지 넬슨George Nelson과 같은 동시대 인물들을 떠올리게 한다. 이 시기의 파파넥은 보다 최신의 방법으로 전후 시대 사회와 기술의 변화를 융합할 수 있는, 형태 표현의 독자적 언어를 찾고 있었다.

1950년대 중반에 파파넥은 메사추세츠 공과대학의 리처드 버크민스터 풀러Richard Buckminster Fuller 밑에서 창조적 공학 및 제품디자인 과정을 밟았다. 이때가 첫 만남이었는지 확실치 않지만, 풀러는 라이트에 이어 파파넥의 디자인에 대한 통합적·시스템-포괄적·회의적 접근법을 성장시키는 또 하나의 중요한 안내자가 되었다. 파파넥은 당시 다른 주요 저서들의 도움도 받았다. 가령 파파넥이 《현실 세계를 위한 디자인》을 통해 찬사를 보냈던 헨리 드레이퍼스의 《인간을 위한 디자인Designing for People》은 '인간 공학자'라는 새로운 형태의 디자이너 개념을 형성하는 데 도움이 되었다. 쾌락적 소비와 피상적으로 욕구의 단기 만족에만 충실하게 디자인된 제품을 대하는 파파넥의 비판적 태도는 대중매체가 찬미하는 경박한 '미국식 생활방식'에 대한 반작용으로 더욱 강해졌다. 값싸게 대량생산되는 제품에 치우친 미국 문화는 파파넥의 비판적 교육에 중대한 영향을 주었다.

파파넥이 아버지가 되었을 당시, 가족 부양의 의무 때문에 캐나다 토론토의 온타리오 예술디자인대학Ontario College of Art and Design의 재정적으로 안정적인 자리를 받아들였는지도 모른다. 신참 교육자인 파파넥은 거기서 새로운 산업디

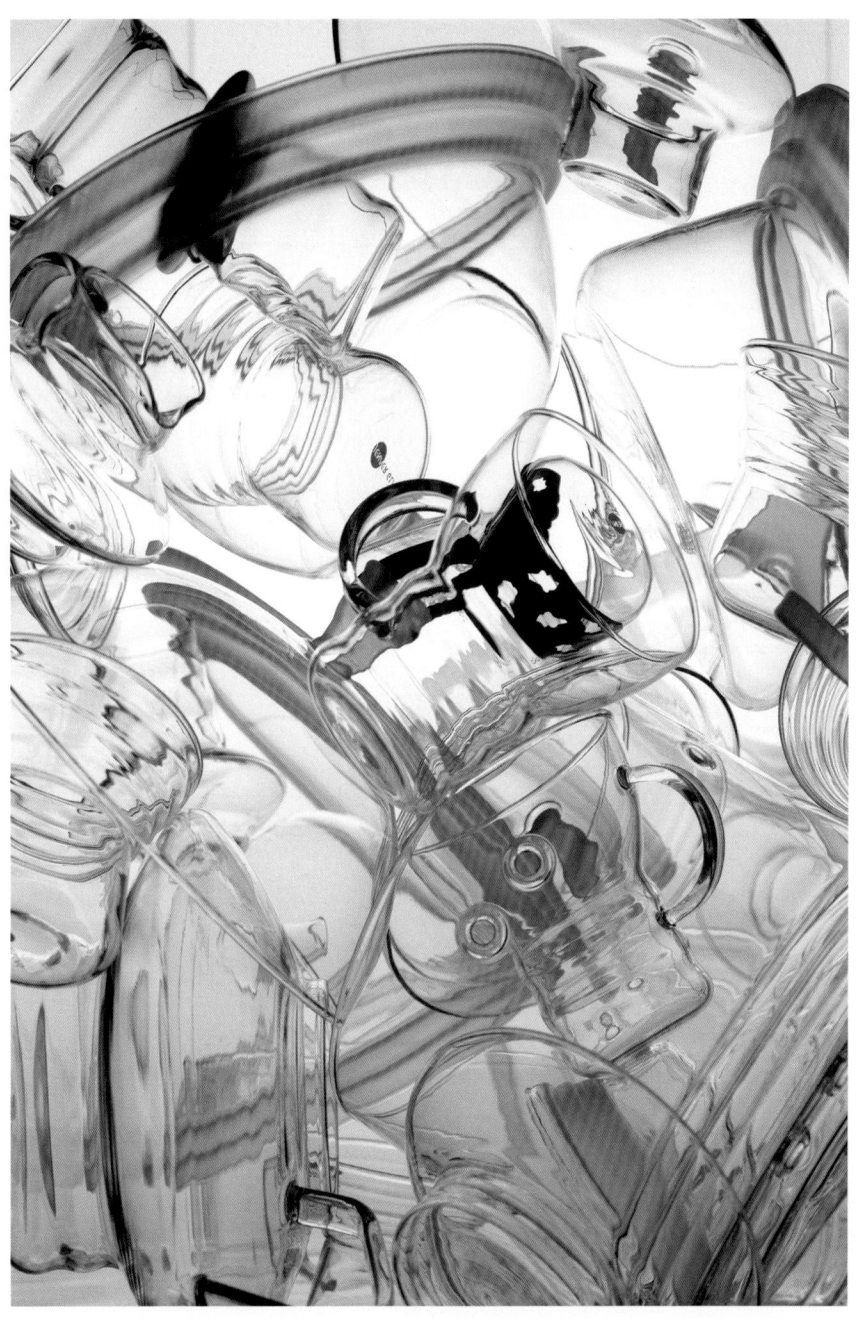

⇞ 붕규산염 제품을 재활용한 예나JENA 유리, 1993. 사진: 디트마르 헤네카

자인 학위과정을 개발할 기회를 얻었다. 뒤따라 로드아일랜드 디자인학교Rhode Island School of Design와 버펄로에 있는 뉴욕 주립대학교에 임용되었다. 이 기간 동안 파파넥은 WNED-TV의 디자인 차원Design Dimension이라는 제목으로 텔레비전 프로그램 몇 개를 제작 방송했다. 그는 도발적으로 디자인과 소비문화 및 취향 문제를 연결한 토론을 이끌어, 이런 주제가 전문가 토론의 경계를 넘어 일상생활로 확장되게 하였다. 그는 자칭 '디자인 평론가'로서 디자인을 일상생활의 한 부분으로 가능한 한 넓은 범위의 대중이 접할 수 있도록 자주 라디오와 텔레비전 대중매체에 출연했다.

  1960년대 초기부터 파파넥은 노스캐롤라이나 주립대학교의 디자인대학으로 옮겨 유네스코가 의뢰한 디자인 연구를 시작했다. 개발도상국에서 사용할 수 있도록 디자인된 깡통라디오는 파파넥이 이 시기에 고안한 작품들 중 하나다. 1964년 초에는 인디애나 주 웨스트라파예트에 있는 퍼듀 대학교Purdue University가 그의 활동의 중심이 되었는데, 여기서 그는 신설된 예술디자인과를 이끌었다. 퍼듀에서 장래의 공학자 및 디자이너뿐만 아니라 타 분야 전공 학생 등으로 구성된 간학문적 팀을 교수했던 파파넥의 경험은 《현실 세계를 위한 디자인》에서 훌륭한 교육 사례들로 한 부분을 차지하고 있다.

  퍼듀에 있는 동안, 파파넥은 그래픽 디자이너인 앨 고완Al Gowan과 공동으로 실험적 영화 〈Biographics〉를 촬영했고, 나중에 유명한 콜로라도 아스펜 디자인 컨퍼런스에서 상영했다.[11] 이후로 파파넥과 그의 새로운 디자인 교육 접근법의 영향력은 미국을 넘어 점점 확대되었다. 그의 교육모델은 또한 빈번한 스칸디나비아 출장을 통해 모양을 갖추어 갔다. 1960년대에는 범-스칸디나비아 학생디자인연합의 강의와 워크숍 요청에 응했는데, 그것이 2차 세계대전 이후 첫 번째 유럽으로의 귀환이었다. 스웨덴에 머무는 동안 집필한 《현실 세계를 위한 디자인》의 몇 개의 장은, 사실 처음엔 《환경과 수백만의 사람Miljön och Miljonerna》이라는 스웨덴어 제목으로 출간되었다.

  1970년대 초기에 파파넥은 국제적 인지도가 높아지면서 동부 로스앤젤레스 산타 크라리타에 신설된 발렌시아 캘리포니아 예술원California Institute of the Arts in Valencia에 임용되었다. 비슷한 시기에 영문판 《현실 세계를 위한 디자인》이

미국에서 출간되었을 때, 디자인계는 맹렬한 비판을 쏟아내는 디자인 업체들과 대안 디자인업계의 열광적 추종자들로 갈렸다. 미국 산업디자이너협회가 디자인 업자와 업계에 대한 비판적 태도를 이유로 파파넥을 제명했던 반면에 다른 곳에서는 그의 의견을 높이 평가했다. 전 세계로부터 수많은 강의 요청이 잇따랐다. 왕립 덴마크 미술아카데미의 건축학교와 영국 데번에 있는 슈마허 대학Schumacher College 같은 기관이 제공한 객원 교수직과 연구비 덕분에, 파파넥과 그의 젊은 가족은 유럽에 더 오래 머물 수 있었다. 이것은 심지어 '디자인계의 쇠파리'[12]로 비방받던 비평가가 미국에서의 강한 역풍으로부터 한동안 피할 수 있는 기회가 되었다.

   1970년대 중반 파파넥 가족은 미국으로 돌아왔고, 파파넥은 캔자스 시립미술학교Kansas City Art Institute의 디자인과 학장직을 받아들였다. 그가 그때부터 줄곧 서아프리카, 남동아시아, 남아메리카 등지로 막대한 횟수의 출장 연구를 시작했다는 것은 주목할 만한 일이다. 방문지에서 유물을 수집하고 관찰을 기록하고 풍부한 사진 기록을 모았다. 사진 기록물은 그의 생애를 통틀어 약 2만 장의 슬라이드에 달한다. 파파넥의 광범위한 장서들은 그가 얼마나 교차-학문적 관심을 가지고 문화인류학과 민족학의 방법론에 익숙했는지 보여주는데, 이렇게 그는 디자인에 대한 보편적 관점을 형성할 수 있었다.

   1980년대 초기에 파파넥은 J. L. 콘스탄트 특훈교수직*을 제의받고 캔자스 대학교의 건축 및 도시디자인 학부에 부임했다. 거기에서 그는 다른 주제들 중에서도 《인간 척도에 맞춘 디자인Design for Human Scale》*의 작업을 이어갔으며 1983년에 출간했다. 파파넥의 마지막 책《녹색 의무the Green Imperative》*는 그가 이미 은퇴한 후인 1995년에 출간된다. 수많은 국제적 연구와 강의 외에도, 그의 현실적 디자인 활동들은 아직 잘 알려지지 않고 대체로 과소평가되고 있는데, 예를 들면 스웨덴의 볼보Volvo, 영국의 달링턴 공업Darlington Industries ltd., 오스트리아의 벨링겐 플래닛 프로덕트Planet Products in Bellingen 등에서의 작업들이 있다.

   1998년 1월 10일 캔자스 로렌스에서, 일생 동안 애연가였던 빅터 파파넥은 지병인 폐질환으로 사망했다. 디자이너이자 비평가이며 교육자였던 그는 자신의 작업으로 유네스코의 개발도상국을 위한 우수디자인상Award for Outstanding

⬆ 로젠탈, 시리즈 에비뉴 데코 뉴욕, 1991. 사진: 디트마르 헤네카

Design(1983), 암스테르담 이케아 재단 국제상Ikea Foundation International Award(1989), 루이스 멈포드 환경상Lewis Mumford Award(1995) 등을 포함하는 수많은 상을 받으며, 살아 있는 동안 이미 두각을 나타냈었다. 1982년과 1992년 사이에 파파넥은 여러 차례나 대안 노벨상의 후보에 올랐다.

파파넥, 대항문화, 진보적 사고

파파넥이 《현실 세계를 위한 디자인》에서 대변했던 혁신적 입장을 이해하려면 출판 당시 팽배했던 두 개의 극단적으로 상반되는 관점의 배경을 살펴보아야 한다. 한쪽은 새롭게 형성된 환경운동이었다. 팀 오리어던Tim O'riordan은 그의 책 《환경주의Environmentalism》에서 환경운동이 "판단, 도덕관, 가치체계, 일상습관 등에 영향을 주며 널리 퍼져 일상생활을 결정하는 일종의 규범이 되었다"[13]고 설명하고 있다. 다른 쪽은 1950년대의 경제적 기적으로 시작된 도취감이었다. 이익 극대화를 향해 맞춰진 산업적 대량생산 시스템을 성공과 번영을 보장하는 경제모델로 보았다. 이 관점은 기술 기반의 진보에 대한 믿음에 의존했다. 우주탐사나 원거리통신 분야에서 새롭게 이뤄낸 첨단의 성공은 물론, 작업 능률화와 표준화 같은 산업화의 실적이 이런 믿음을 불러왔다. 이 시기는 서구 문화의 영향력과 기능적-아름다움이라는 도그마와 함께 발달했던 산업디자인의 역사와 밀접하게 연관되어 있다.

이런 사정으로, 디자이너 상을 확장하여 인간-기계 경계에서의 '인간 공학자'로서 디자인 역할을 특히 중요하게 여기는, 보다 종합적인 견해들이 생겨났다. 디자인에 대한 이런 평가는 현대 기술공학의 원리들이 인류의 도전과제들에 대한 적합한 해결책이며—역설적으로—이들이 불러온 환경문제와 같은 부작용들 또한 해결할 수 있을 것이라는 생각에 기초했다. 그러나 이 순전히 기술 중심적인 모델은 1960년대에 시작된 세계적 위기의 징후들[14]로 휘청거리기 시작했다. 성장 발전하는 대안운동이 주도한 디자인의 필요와 집중에 대한 재평가는 1976년 상당히 주목을 끈 학회 〈디자인에 필요한 것: 디자인의 사회적 공헌Design for Need: the Social Contribution of Design〉에서 극단적으로 상반되는 견해들 속에 논의되었다.[15] 디자인 역사가인 폴린 매지Pauline Madge는 기술과 디자인을 윤리적으로 사용하여 사회와 환경을 변화시킬 수 있는 기회를 갖는다고 보는—파파넥을 포함한—사람들과, 다른 한편에는 기술적 진보를 (그리고 이의 확산을) 전적으로 사회의 판단으로 맡기길 원하는 사람들의 입장이 상반되었다고 설명하고 있다.[16]

그러므로 과연 환경을 인류에 맞게 바꾸는 것이 올바른 길인가라는 핵심 문제에 대한 논쟁이 전개되기 시작했다. 이 문제로 인해 다양한 대안운동의 대열은 뭉치거나 흩어졌다. 몇몇의 대안운동은 자연이 문화를 이끌어야 한다고 보는 회귀적 관점을 중심으로 모여 강력하고 새로운 기술에 완전히 반대했던 반면, (기술적) 생산수단의 분배 혁신을 주장하여 그 명성을 얻은 스튜어트 브랜드를 중심으로 같은 생각을 하는 부류가 생겨났다. 브랜드의 저서 《전 지구 목록》의 목적은 사용자가 정보와 도구에 더욱 쉽게 접근할 수 있도록 분산적 제품문화를 강화하는 데 있다. 따라서 《전 지구 목록》은 한편으론 구매 자료고, 한편으론 컴퓨터와 태양광 발전 시스템, 심지어는 화장실까지도 만드는 방법에 대한 공통 관심사를 나누는 설명서다.[17]

기술을 대하는 파파넥의 전반적 태도와 접근법은 《전 지구 목록》을 따르는 부류들과 가깝지만, 이들처럼 기술 개발을 장려하는 쪽은 아니었다. 대부분 파파넥의 디자인은 기본적으로 매우 낮은 기술 수준이거나 또는 가구와 생활환경에 집중되어 있다. 파파넥 자신이 기술을 전공한 사람은 아니었다. 그는 기술을 위한 기술을 거부했으나 간단하고 접근 가능한 해답이라면 《현실 세계를 위한 디자인》에서 묘사한 것처럼 '똑똑한' 기술은 지지했다. 파파넥은 또한 제품을 수리하는 일에 관심을 쏟았는데, 이런 일에 기술적 이해가 필요하긴 해도 '졸업장'이 필요한 것은 아니었다. 물론 그의 새로운 기술에 대한 지식이 다소 이론적이긴 하였지만 그가 '합성주의자'라는 면에서 그의 지식은 본질적으로 통합적인 것이었다.

파파넥의 '저차원 기술'에 대한 관심은, 아마도 파파넥이 E. F. 슈마허와 그의 적정기술* 운동에 친숙했기 때문이라고 설명할 수 있을 것이다. 슈마허의 《작은 것이 아름답다》는 파파넥의 책에서 많은 부분 체계적으로 보완되었다. 《현실 세계를 위한 디자인》의 두 번째 판 서문에, 파파넥은 슈마허에 동의하며 다음과 같이 적고 있다. "큰 것은 작동하지 않는다."[18] 그는 또한 같은 서문에 이런 주장과 연관하여 주목할 만한 아서 쾨슬러 Arthur Köstler의 생각을 다음과 같이 인용했다. "변화된 환경에 맞추어 융통성 있게 행동하고 기술주의 경향을 역전시켜야 한다."[19] 파파넥은 《현실 세계를 위한 디자인》에서, 기술주의는 순전히 금전중심의 세계관으로 이끄는 편협한 생각이며, 또한 인위적 소비욕구를 일으키는 데 목적이 있어 결국 막다른 길에 이르게 한다고 비난하고 있다.

    파파넥은 거의 같은 시기에 출판된 앨빈 토플러Alvin Toffler의 묵시록적 저서인 《미래 충격Future Shock(1972)》을 자신의 《현실 세계를 위한 디자인》과 연관하여 언급하고 있다. 이 두 출판물이 공통분모로 갖는 최대의 관심사는 끊임없는 사회 변화와 기술주의 발전이 인류에 미치는 영향이다. 이런 문제들에 대해 파파넥은 《현실 세계를 위한 디자인》의 부제에서 드러내듯 인간 생태의 유동적 원리들로 이해하고 있다. 이런 태도는 거슬러 올라가면 1920년대에 시작된 — 자연과 인류가 적이 아니라 더 큰 체계를 구성하는 연결 부분들이라는 사상을 갖게 된 — 모더니즘의 가장 중요한 변화들 중 하나에 의해 강화되었다고 생각한다. 세계에 대한 체계적 이해가 발전하여 현대 서구사상의 가장 중요한 패러다임 변화들 중 하나를 이끌었다. 그러므로 스튜어트 브랜드의 《전 지구 목록》이나 파파넥의 《현실 세계를 위한 디자인》은 우연의 산물이 아니다. 양쪽 모두 진보적 사고를 지향하는 대항문화의 결과였다. 그렇기 때문에 40년 이상이 지난 지금에도 여전히 이 책들은 미래 지향적 변화의 자극제가 되고 있는지도 모른다.

사람에 의한, 사람을 위한 디자인

1970년의 문화적, 정치적, 경제적 위기에 대한 반작용으로, 구미에서는 환경운동과 반핵운동은 물론 수천 개의 작은 시민주도 운동을 포함하여 다양한 새로운 사회 운동의 힘이 점차 강해졌다. 이런 운동들의 개별 구성 그룹의 노선은 다양했지만, 모두 특정의 공통 선결과제와 관심사들을 공유하고 있었다. 그중에는 자연파괴에 대한 커져가는 우려, 공동결정권과 자주결정권에 대한 요구, 일과 생활의 새로운 조화에 대한 열망 등이 포함되어 있었다. 이런 관심사들에 의해 계속해서 제품의 생산과 소비 같은 문제들에 대한 집중적인 검토가 시작되었다.

    1970년대의 비판적 젊은 세대는 그들의 생활방식을 따르는 것인

동시에 상업 디자인에 대한 반발로 자작Do-It-Yourself 디자인이라는 새로운 유행을 전파했다. 빅터 파파넥은 이런 흐름을 국제적으로 발전시키는 중심 역할을 했다. 그는 짐 헤네시Jim Hennessey와 함께 사용설명서인 《유목민의 가구: 일회용 또는 재활용 가능한 경량의 가구를 접고, 펼치고, 조립하고, 쌓아, 만들거나 구매할 수 있는 방법 1, 2편Nomadic Furniture: How to build and where to buy lightweight furniture that folds, inflates, knocks down, stacks, or is disposable and can be recycled I and II (1973/1974)》을 출판했다. 두 편 모두 손으로 그린 자작 설명서와 양질의 값싼 가구 부품들과 장비들의 모음으로 구성되어 있다. 《전 지구 목록》과는 달리, 이 출판물에는 에너지 발생장치, 에너지 공급시스템, 통신장치 등에 대한 제작 설명서는 빠져 있다.

이 사용설명서는 특히 주의를 기울여 편집자가 추천할 만하다고 믿는 다양한 다른 디자이너의 제품들을 가격 정보와 함께 나열하고 설명하고 있다. 이 시기 대안 디자인에서 제품과 그 부품의 가격은 중요한 고려 대상이었고, 이런 가격들을 나열하는 것은 대다수가 '좋은 디자인'은 최고급이며 고가라고 인식하던 풍조에 대한 직접적인 반발인 경우가 많았다. 《전 지구 목록》과 《유목민의 가구》 같은 사용설명서는 기본적으로 저작권과 독점 판매권 같은 관행에 회의를 가지고 있었다. 이런 관점에서 파파넥은 《현실 세계를 위한 디자인》에 다음과 같이 적고 있다. "특허는 사회복지에 기여하지 않는다." 특허가 중요한 발전을 함께 나눌 기회를 가로막아 세계 인구의 대부분을 따돌리는 수단이라고 파파넥은 비판한다. 파파넥은 디자인의 공유를 가로막는 특허와 기타 법적 장벽들이 시스템 안에 빈부 간의 불균형을 만들거나 그런 상태를 지속되게 한다고 믿었다.[20]

파파넥은 이런 견해와 함께 디자인 원작권을 거부하면서 하향식 디자인 과정을 부정했다. 전문가와 비전문가가 환경을 만들기 위해 동등하게 참여하고 모든 인간의 행위를 창조적 노력으로 간주해야 한다는 파파넥의 신념은 그의 작업 지침으로 이해될 수 있다. 이런 관점은 모든 사람을 디자이너로 인정하거나, 또는 최소한 디자인 과정에 참여할 수 있는 존재로 인정하는 것이다. 이런 파파넥의 생각은 《현실 세계를 위한 디자인》이나 다른 책에서도 설명하고 있듯, 비전문가 또는 다른 분야의 전공자와 함께 전문가 작업 실험에 몰두하여 탐구한 결과였다. 그는 《현실 세계를 위한 디자인》의 '디자이너 작업표'에 이미 사용자를 디자인 과정에 통합시킨 간학문적 디자인 팀을 제시하며 적고 있다: "디자인 팀은 반드시 그 디자인 결과물을 사용할 사람들을 팀의 일원으로 포함해야 한다."[21] 파파넥 자신은 이런 디자인을 '통합 디자인'이라고 설명하고 있다.[22]

21세기에도 여전히 인간은 사회적, 정치적, 생태적 문제들에 시달리지만, 우리는 디자인이 계속해서 이런 문제들을 해결할 강력한 수단이 되어주길 기대하고 있다. 이를 위한 다른 각도의 관점이나 역사적으로 유사한 관점을 모색하던 중, 처음 1960년대와 1970년대를 사로잡았던 사회적·생태적 책임을 생각하는 운동들을 재고하게 되었다. 그러나 단지 '낡은' 자리를 차지하거나 다른 사람에게 변화에 대한 책임을 맡기는 것으로는 충분하지 않다. 대신에 이런 운동들의 최우선 과제들을 확장하고 발전시켜야 하는 도전에 응해, 미래 지향의 해결책들을 위한 협력적 접근 방식을 개발해야 한다. 산업계조차 '인간 생태와 사회 변화'가 시장에서는 기회를 의미하며 디자인을 신중하게 고려할수록 시장성이 있다는 것을 이미 오래 전부터 알고 있었다. 이런 측면에서, 많은 디자이너와 연구자, 기업 중역들이 동시대인들의 지지를 받으며 지금 이곳과 미래에 바람직한 디자인의 역할을 발전시키기 위한 새로운 시각은 파파넥 등을 지향해야 한다고 제안하고 있다.[23] 빅터 파파넥의 사상은 과거에도 그랬던 것처럼 현재뿐만 아니라 시대를 앞서간다. 하르트무트 에슬링거가 줄곧 말하듯, 그의 사상은 세상이 더 나은 미래로 가는 빨리감기fast-forward를 제공한다.

1 우리는 이런 현상을 몇몇의 학술기고문과 학술회의 논문들을 통해 언급했는데, 특히 다음 논문을 참고하라.
Martina Fineder and Thomas Geisler, "Design for the Real World–Human Ecology and Social Change: Design Criticism and Critical Design in the Writings of Victor Papanek (1923~1998)," *Journal of Design History*, 23/1, 2010, p.99~106.
2 이 표현은 다른 기원들 중에서도, Richard Buckminster Fuller, *Operating Manual for Spaceship Earth, Carbondale*, Southern Illinois University Press, 1969로 거슬러 올라간다. 풀러는 또한 Victor Papanek, *Design for the Real World. Human Ecology and Social Change*, New York: Pantheon, 1971의 영문 초판의 서문을 썼다.
3 이것에 관해, 우리의 논문을 참고하라.
Martina Fineder and Thomas Geisler, "'Design Clinic'—Can design heal the world? Scrutinising Victor Papanek's impact on today's design agenda," Design History Society Annual Conference on Design Activism and Social Change, 7~10 Sep 2011 Barcelona, Spain(온라인: www.historiadeldisseny.org/congres).
4 Victor Papanek, *Design for the Real World. Human Ecology and Social Change*, London: Thames and Hudson, 1984(《인간을 위한 디자인》, 현용순, 조재경 (옮김), 미진사, 2009), p.xvi.
5 위의 책, p.351.
6 이 책의 일부는 1970년 스톡홀름에서 《Miljön och Miljonerna》이라는 제목으로 Albert Bonniers Förlag에 의해 먼저 출판되었고, 영문판은 처음에 미국 출판업자들에게 거절당했지만 후에 20개 이상의 언어로 번역된, 지난 40년 동안 파파넥의 베스트셀러다. 《현실 세계를 위한 디자인》은 작가에 의해 주기적으로 개정되고 재간되어, 1984년에는 Thames and Hudson 출판사에 의해 출판되었는데, 이 판본은 2009년 주석과 함께 출판된 독일어판의 기초가 되었다.
7 Papanek 1984, 앞의 책, p.315.
8 위의 책, p.58.
9 당시엔 유엔산업개발기구(UNIDO) 또한 유럽과 미국의 디자이너들과 건축가들이 결합된 프로그램을 지원했다. 그중엔 가령 오스트리아의 디자이너이자 건축가인 카를 아우뵈크(Carl Auböck)가 있었는데, 그는 또한 빈 응용미술대학교의 디자인 교수로서 반복적으로 파파넥을 빈에 초청했던 인물이다. 아울러 그는 이 대학의 석사과정 ID2에 하르트무트 에슬링거가 부임하기 전, 교수직 전임자들 중 하나다.
10 그러므로, 이 장에선 그의 일대기로부터 구성된 수많은 기록과 인터뷰의 참고목록을 나열하지는 않겠지만 관심 있는 독자는 다음을 참고하라.
Victor Papanek, *Design for the Real World, Guidelines for Human Ecology and Social Change*, Martina Fineder et al., (eds.), Vienna/New York: Springer Verlag and edition Angewandte, 2009, pp.413~422.
11 파파넥의 디자인에 관한 생체공학적 검토가 기록된 6분짜리 실험적이고 교육적인 이 필름은 1968년 미국 예술 감독상(the Art Directors Club of America Medal)을 수상했다.
12 Al Gowan, "Design's Gadfly," *PRINT*, May/June 1998, p.33.
13 Tim O'riordan, *Environmentalism*, 1976, Pauline Madge, "Design, Ecology, Technology: a Historiographical Review," *Journal of Design History*, Vol.6, no.3, 1993, p.153에서 인용.
14 극히 간단히 요약하면, 이런 징후들은 경제성장의 정체, 실업률의 증가, 베트남 전쟁, 세대 간의 갈등, 그리고 당연히 1970년대에 시작된 환경위기다.
15 런던 왕립예술학교 주최의 국제 산업디자인 회의(ICSID the International Council of Societies of industrial Design)에서는 다음과 같은 강의들의 제목들과 내용들이 보여주듯 강연자들 사이엔 거의 의견일치가

보이지 않는다.
"디자이너의 재난구조에 대한 역할 The Role of Designers in Disaster Relief," John Murlis, "기술 형태를 결정하는 사회의 힘 Social Forces Determine the Shape of Technology," Thomas Kuby, "불안정과 모호함 — 후진국의 산업디자인 Precariousness and Ambiguity — Industrial Design in Dependent Countries," Gui Bonsiepe, "디자인의 12개 방법론 — 사람이 중요하기 때문이다 Twelve Methodologies for Design — Because People Count," Victor Papanek.

16 Pauline Madge 1993, 앞의 논문, p.158.
17 Stewart Brand (eds.), *the Whole Earth Catalog*, 1968년부터 지금까지의 판본.
18 Papanek 1984, 앞의 책, p.xvi.
19 위의 책, p.xvi.
20 위의 책, p.237.
21 위의 책, p.312.
22 위의 책, p.293.
23 예를 들면, 다음을 참고하라.
Nicola Morelli, "Social Innovation And Industrial Contexts," *Design Issues*, no.23, 2007.
Tim Brown, *Change by Design. How Design Thinking Transforms Organizations and Inspires Innovation*, HarperBusiness, 2009.
Roel Klaasen and Maria Neicu, "Ctrl-Alt-Design," Design History Society Annual Conference on Design Activism and Social Change, 7~10 Sep 2011 Barcelona, Spain (온라인: www.historiadeldisseny.org/congres).

2부

디자인혁명 실현

⬅ 소니 트리니트론 TV의 스케치, 1978. 사진: 디트마르 헤네카

4장 손과 머리로 하는 창조

"동물과 구별되는 인간다움을 만드는 것은 디자인이다. 동물도 느낄 줄 알고 말할 수도 있지만 디자인하지는 못한다." 오틀 아이허

디자인 과정은 단순하면서도 복잡하다. 구상한 것을 물리적 형상으로 만들어 다른 사람이 경험할 수 있게 하는 일이기에 단순하지만, 구상 자체는 어떤 다른 사람도 보거나 느낄 수 없기 때문에 복잡하다. 구상을 실체화하려면 연필, 종이, 자, 기본 틀, 문서 양식, 톱, 드릴, 손 도구, 기계 등 도구들이 필요하다. 디자이너는 또한 지난 수십 년 동안 캐드CAD, 3차원 디지털 인쇄, 그래픽 아트워크, 애니메이션 등을 활용하는 디지털 도구를 사용해왔다.

디자인 과정은 이런 모든 도구들의 영향을 받는다. 상상한 것을 자유롭게 스케치할 때는 좋은 연필을, 그리고자 하는 것을 확실히 결정했다면 잉크를, 대상의 실제 비율을 이해하고자 거칠지만 빠른 모델을 만들 때는 스티로폼과 같은 부드러운 물질을 사용한다. 작업이 확실히 진행될수록 사용하는 재료와 성형 도구는 더욱 정교해지고, 많은 단계를 거칠수록 최종 결과물이 더 좋아진다. 누구도 스케치에서 최종 모델로 바로 이행할 수는 없으며, 중간 단계의 어떤 결과물도 구현할 수 있는 최고의 디자인이라고 주장할 수는 없다.

디자인 초기 단계의 개방성은 중요한 가치가 있는데, 이 점을 내가

소니 베가 디지털 오디오 연구, 1982. 사진: 디트마르 헤네카

항상 이해하고 있었던 것은 아니다. 디자인 공부를 처음 시작했을 때, 나는 독일잡지 〈허비Hobby〉의 자동차 디자인 경연을 거치며 닦은 렌더링 기술은 물론 슈투트가르트 공과대학교에서 학습한 기술 도안 능력에 자부심이 있었다. 카를 디테르트Karl Dittert 교수는 내가 매번 도면에 지나치게 공들이는 것을 보고 말했다. "이런 미국식 허튼짓은 그만! 관념화 과정에 방해가 된다. 디자인 스케치는 독창성을 위한 것이지 보기 좋으라고 만드는 게 아니다. 항상 빠르게 모델 스케치를 만들어라. 물론 몇 개를 만들면 더 좋겠지. 기술 도안은 마지막에 하는 것이다." 나는 그의 가르침을 따랐고, 유연한 도구 사용으로 유연한 생각을 할 수 있다는 사실을 바로 깨달을 수 있었다.

카를 디테르트 교수의 가르침은 요즘의 디지털 도구를 사용할 때 더욱 타당해진다. 디자이너는 시각적 만족감을 주는 천연색 고해상도 디스플레이와 디지털 도구를 이용해 구상을 순식간에 매력적인 이미지로 구현할 수 있지만, 그것은 대단한 답도 최종의 디자인도 아니다. 아이디어의 구상이 힘들고 어려운 과제일수록, 이론적이고 지식적인 측면의 디자인만으로는 해결할 수 없다. 디자인은 사고, 실험, 변환 등 — 토론 과정을 통해 생각이 명확히 정제되는 것처럼 — 과정을 통해 모양을 갖춘다. 즉 무언가를 디자인한다는 것은 과정이지 사건이 아니다.

이번 장은 디자인 과정과 이에 수반되는 내용을 다루고 있다. 디자이너는 늘 새롭고 좋은 도구를 찾지만 기존 도구도 숙달해야 한다. 나의 디자인 도구 사용법을 배울 당시의 경험을 소개할 것이다. 더불어 디지털 또는 아날로그 도구들의 확장된 기능을 대하는 디자이너의 자세에 관해서도 검토할 것이다. 디자인은 독특한 상상력을 표현해줄 수 있는 창조적 과정이지만, 상상력은 직업적 현실성 안에 고정되어야 한다. 디자인 도구를 능숙하게 다룰수록, 우리의 구상이 머리에서 출발하여 손을 거쳐 대중에게 이르는 여행은 더욱 성공적일 것이다.

생각을 형상으로 만드는 학습

나는 기억할 수 있는 한 어려서부터 무언가를 창조하고 만들고 싶어 했다. 게다가 어린 아이였지만 차, 오토바이 또는 트럭의 어떤 종류도 구분할 수 있었고(실제로 1948년 독일의 도로에는 그렇게 많은 모델이 있지 않았다), 그것들을 능숙하게 그리거나 나무껍질과 목재를 가지고 모형들을 만들 줄도 알았다. 라인 강이나 북해로 친척들과 휴가를 다녀 온 후에는, 보트와 배의 모형들을 만들기 시작했다. 내가 자란 곳은 아주 작은 마을이었고 우리 가족은 농가에 딸린 아파트에 세를 얻어 살았다. 그것은 내게 커다란 행운이었다. 집주인 게오르크 가우스는 농부 겸 마을 목수였는데, 농가의 바로 옆 건물 안에 훌륭한 작업장을 가지고 있었다. 그곳은 나의 천국이 되었고 나는 가우스 씨의 악몽이 되었다. 결국 체념한 그는 내게 작은 탁자와 약간의 도구를 나누어 주었다.

집 맞은편에—8학년 전체가 한 학급인—학교가 있어, 네 살부터 나는 그 학교에 다니기 시작했다. 학교는 매력적인 곳이었다. 우리의 한Hahn 선생님은—나치를 피해 이곳 신앙심 깊은 촌구석으로 온 것이었는데—지금 생각해보면 과분한 사람이었고 우리에겐 행운이었다. 나의 '정식' 4학년 동안에 입학한 아홉 명의 학생 중 여섯 명이 고등학교를 졸업했고, 나머지 둘은—후에 위대한 화가이자 조각가가 된 클라우스 헤닝Klaus Henning과 나는—대학에 진학했다. 지금도 여전하지만 당시의 독일 교육모델이 감정적 소질이 아닌 논리적 소질을 장려하는 합리성 중심의 제도였음에도, 어떻게 클라우스와 나는 창조적인 아이로 학교를 마칠 수 있었을까? 한 선생님은 한 가지를 제안했다: "성적이 좋다면, 하고 싶은 다른 일을 마음껏 해도 좋다." 그래서 아이들은 미친 듯이 공부했고 보상을 받았다. 내가 받은 보상은 미니 소방차를 만들고 부활절이나 추수감사제, 크리스마스에는 교실을 장식하는 일이었다. 클라우스는 동물을 조각했고 크리스마스엔 예수 가족상을 조각했다. 우리는 작업할 목재, 나무껍질, 종이, 점토, 물감을 받았다. 작업은 가우스 씨의 목공소 덕분에 착착 진행되었다. 이때 부모님도 작은 패션사업을 시작했기에 나는 세상이 완벽하다고 믿고 있었다. 하지만 삶은 내게 약간의 놀라움을 준비하고 있었다.

내가 열 살 때, 부모님은 이웃의 작은 마을인 알텐슈타이크Altensteig에 살림 겸용 사업장을 구입했다. 거기서 나는 고등학교(김나지움) 입학시험에 합격했고, 학교는 이번에도 집 바로 건너편에 있었다. 근처에는 두 개의 목공소가 있었지만, 그들은 내가 드나드는 것을 원치 않았기 때문에 나는 집 안에 작업장을 마련했다. 내가 군복무를 위해 집을 떠날 때까지 작업장은 부모님의 골칫거리였다.

알텐슈타이크에서의 삶은 여러 방면으로 더욱더 복잡해졌다. 선생님들은 창조성을 신경 쓰지 않았으며 비록 내가 우등생 축에 속하는 학생이긴 했지만 내가 벌이는 일들, 가령 자동차, 자전거, 배, 비행기의 스케치로 공책을 온통 채운다든지 하는 일을 '무의미한 짓'이라며 야단쳤다. 그즈음 나는 모형 비행기들을 만들기 시작했다. 집 모퉁이를 돌면 진정한 모형공작 애호가인 가게 주인이 있었고 그는 내가 외상으로 사는 것을 허락했다. 그리고 미국의 재즈와 블루스 음악을 듣기 시작했다. 부모님은 걱정하기 시작했다. 그들이 보기엔 내가 틀림없이 '하류 인생'으로 가는 길에 있었다. 부모님이 다양한 패션 디자이너와 만나는 일을 한다는 것도 도움이 되진 않았는데, 그들 대부분이 창조적 형태의 일에 관한 최악의 두려움을 과장했기 때문이었다. 결국 부모님은 나를 '순종하는 독일인'으로 만들겠다고 결심했다.

이를 위한 어머니의 생각은 내 스케치북을 태워버리는 것이었지만, 아버지는 좀 더 긍정적인 방법을 택해 장난감 기차에 나의 열정을 쏟게 하였다. 내 방에는 커다란 탁자가 있었는데, 그 위에 기차와 선로는 물론 종이, 회반죽, 성냥개비와 가까운 철물점에 버려진 잡동사니들을 주워와 완전한 마을 전경을 만들었다. 열네 살 때는 로큰롤 밴드를 하기로 마음먹었다. 이 때문에 부모님은 크리스마스 선물로 전자기타를 사준 것을 깊이 후회했다. 돈이 부족해서 나무통과 담배 상자를 이용해 드럼과 스키플 기타 Skiffle Guitar 같은 밴드 악기 몇 개를 만들어야 했다. 부모님이나 선생님들과의 문화적 정면충돌에 맞서면서, 나의 스케치와 만들기, 외국음악에 대한 관심은 한층 높은 수준까지 올랐다. 중고 가게를 뒤져 구입한 전자기타 부품들 Fender kits을 가지고 파워 앰프를 제작해 돈을 벌게 되었어도 상황은 나아지지 않았다. 편견을 가진 미술 교사에게 당하는 고통을 포함해 수많은 답답한 상황들 속에서도, 학교 밖에서의 생활은 즐거웠다. 게다가 좋아하는 과목도 하나 생겼다.

음악 과목이었는데, 훌륭한 선생님 아르투어 쿠스테레르 Arthur Kusterer는 헤르베르트 폰 카라얀 Herbert von Karajan과 베를린 필하모닉에서 콘서트를 연주했던 위대한 피아니스트이자 은퇴한 작곡가였다. 쿠스테레르 선생님은 창조성이란 믿음과 실천을 뿌리로 하는 것이며 믿는 것을 창조하지 않고는 못 견디게 하는 것이라고—음악이라는 언어로—가르쳐주었다. 블루스 연주도 좋지만 최소한 모차르트와 베토벤의 기초들은 배워야 한다고 당부했다. 쿠스테레르 선생님은 정해진 수

하면서, 전직 울름 조형대학 교수 파울 힐딩어Paul Hildinger 같은 모형 제작 장인들의 기술도 배웠다. 지금도 가끔은, 애플의 스노화이트 프로젝트Snow White Project 때의 경험과 그때 만든 수백 개의 모델을 회상하며 그리워한다. 하지만 나의 모형 제작 과정들이 어떻게 발전했는지 이해하려면, 프로그의 첫 번째 획기적 성공 작품인 베가 시스템 3000을 살펴보는 것이 더욱 좋을 것 같다. 이것은 1970년 베를린에서 열린 연례 독일 전자제품 박람회인 IFA에서 첫선을 보였다.

시간이 촉박했던 탓에 베가는 나의 마지막 디자인 모형을 가져다 광고 캠페인과 광고 책자에 사용했다. 너무 급히 가져가느라 표면에 사포질 자국이 아직도 남아 있는 채였다. 이것은 20년 된 목재와 회반죽과 많은 양의 본도*가 들어간, 수작업으로 만든 나의 다섯 번째 TV 모형이었다. 첫 구상부터 IFA 박람회까지 디자인은 여덟 달이 걸렸고, 성공은 모든 것을 바꾸어놓았다. 그 인기에 힘입어 베가는 소니에게 합병되기 전인 1974년까지 500%의 성장을 했다. 나는 이 디자인을 시작으로 "형태는 감정을 따른다"는 생각에 몰두하는 디자이너가 되었다. 이 생각은 프로그의 작업 방향을 이끄는 또 하나의 만트라가 되고 있다.

베가 디자인의 성공 이후, 디자이너 동료로 안드레아스 하우크Andreas Haug, 게오르크 슈프렝Georg Spreng, 토마스 긴겔레Thomas Gingele와 모형 제작자로 발터 푼크Walter Funk를 고용했다. 나중에 안드레아스 하우크와 게오르크 슈프렝은 1977년부터 1982년까지 프로그의 동업자가 된다. 발터 푼크는 함께 일하는 것이 영광스러운 최고의 모형 제작 장인들 중 하나였다. 훌륭한 재능들의 조합이었다. 우리 디자이너들이 빠르게 디자인 모델을 만들면, 최종적으로 발터가 마법의 손길을 더하여 걸작으로 만들었다. 우리는 작업장에서 함께 베가, 비통, 소니, 애플 외에도 수많은 고객을 위해, 예외 없이 '모양을 통한 디자인'을 하였다.

나는 항상 좋은 도구를 신용하는 편이었다. 1984년에 프로그는 140만 달러를 주고 VAX 네 대와 소프트웨어인 인터그래프 스테이션Intergraph Station을 구입하며, 캐드 사용에 선구적인 한 발을 내디뎠다. 하지만 캐드를 단지 창조적 도구로 보았을 뿐 미혹의 장치로 생각하지 않았다. 오늘날 디지털 도구들이 학생들도 구매할 정도가 되고 처리 능력이 증가하면서, 많은 젊은 디자이너가 디지털 렌더링 중업 시간에 얽매이지 않았고 철저히 자발적으로 하는 주말 학습을 통해 더 좋은 학생, 더 훌륭한 사람이 될 수 있다고 늘 강조했다. 또한 좋아하고 옳다고 생각하는 것일수록 더 잘하게 되는 것이라면서 우리에게 자신감을 불어넣어 주었다.

수년이 지난 후 만난 쿠스테레르 선생님에게, 나는 군복무와 공학 공부라는 먼 길을 돌아 마침내 이상적인 직업을 찾았노라고 말했다. 그는 디자인이 무엇인지 몰랐지만, 그것이 생각하고, 고안하고, 모델을 만들고, 실험하는, 즐겁고 자부심 있는 일이라는 나의 설명을 듣고 기뻐해주었다. 그는 미소 지으며 말했다. "알다시피 나는 소리 속에 사는데, 너는 이제 모양 속에 사는구나. 영웅이 되어라, 나의 '지크프리트Siegfried', 그러나 하겐Hagen을 조심해라." (그는 등 뒤에서 찔려 살해된 영웅이 등장하는 니벨룽겐 신화를 언급하고 있다.) 선생님은 창조적 삶을 영웅의 여행으로 본 것이다. 1967년에 사망했을 때, 그가 갔다는 슬픔이 무색할 정도로 그의 삶은 충실하였다.[1]

디자인 학생이 되면서, 그동안 삶에서 틀렸다고 듣던 것이 바른 것이 되었다. 마치 23년 동안 야당의 입장이었다가 갑자기 통치 책임을 맡은 것 같았다. 학교 교육의 90%가 쓸모없는 것이었고, 그래도 유용했던 것은 구상과 실현 사이의 관계를 이해하게 되고 학습 능력을 얻게 된 점이라는 것을 깨달았다. 또한 학교를 통해 비-창조적인 사람과 어울리는 법을 배웠는데, 그것은 대부분의 디자이너가 극복하지 못하는 큰 문제다(그런 실패는 가령 "고객이 알아듣지 못해"라는 푸념으로 나타난다).

슈베비슈 그뮌트 디자인대학College of Design in Schwaebisch Gmuend에 입학했을 때, 첫 번째로 들른 곳은 모형 작업실이었고 그곳은 나의 '거실'이 되다시피 했다. 배워야 할 것이 많다는 것을 바로 알게 되었다. 디자인은 모형 비행기를 만드는 것과는 다르다. 왜냐하면 개념적 생각을 손으로 (혹은 도구를 가지고) 실재하는 모양으로 구현해야 하기 때문이다. 그래도 평가는 종종 이렇다: "아이고, 흉해라." 매우 존경하는 교육자이자 작곡가였던 아르투어 쿠스테레르는 말했다. "종이 위에 적힌 악보는 오케스트라가 연주할 때 비로소 음악이 된다." 이 말은 나중에 프로그 스튜디오의 만트라*가 되었다.

내 소유의 디자인 작업실을 꾸미며 첫 번째로 사들인 것은 대학 작업실에서 일할 때 쓰는 것과 똑같은 멋진 장치들이었다. 그리고 외부 작업들을 함께

↑ 디즈니 크루즈 라인, 매직호와 원더호, 1995. 아래 사진 출처: 디즈니

독자로 전락하고 있다. 심지어 화면에 보이는 대로 믿어버린다. 그러나 사실 그들이 보는 것은 단지 악보일 뿐 음악이 아니다.

기술의 잠재력과 한계에 대한 이해

디자인 작업에서 디지털 도구는 남용되는 측면도, 매혹적인 측면도 모두 가지고 있다. 하지만 많은 사람이 디지털 도구로 가능한 것과 불가능한 것에 관해 오해하고 있다. 디지털 디자인 도구는 컴퓨터를 통해 3D 프린터나 컴퓨터-제어 밀링머신 같은 아날로그 장치에 연결할 수 있다. 그러나 이렇게 만들어진 디자인도 피드백과 심층 실험 및 개선을 위해선, 여전히 모형 제작자의 눈과 손으로 하는 아날로그적 상호작용 과정을 거치는 것이 중요하다. 사실 디자인의 시각적·물리적 과정이 전적으로 디지털 영역에서 이뤄지는 관행이 만연된 결과, 무더기로 생산되는 변변찮은 기능의 평범하고 유사한 제품들이 시각적·물리적 오염을 촉진하는 주범이 되고 있다.

물론 끊임없는 기술 발전으로 시간이 갈수록 디지털 디자인 도구는 보다 더 좋아지고 정교해질 것이다. 작가이며 과학자이자 발명가인 — 또한 우리에게 음성 합성장치를 소개한 — 레이 쿠르츠바일Ray Kurzweil은 인간의 개입 없이 기술 스스로 발달할 수 있는 시점을 '특이점'이라고 불렀다. 그는 온라인 에세이 '가속 법칙의 귀환the Law of Accelerating Returns'에서, 기술 변화의 속도는 지수적으로 증가하고 있으며 21세기에는 100년의 발전이 마치 2만 년만큼의 발전처럼 느껴질 것이라고 지적하고 있다. 그는 다음과 같이 적고 있다. "수십 년 안에, 기계 지능이 인간 지능을 능가하면서 — 기술적인 변화가 너무도 빠르고 심오해 인간 역사라는 촘촘한 천에 균열이 생기는 — 특이점을 맞이할 것이다. […] 이것은 생물과 비-생물의 통합, 소프트웨어 기반의 불사 인간, 빛의 속도로 우주의 바깥으로 확장하는 초-고수준의 지능 등의 출현을 내포한다." 쿠르츠바일은 이런 (나에겐) 악몽 같은 시나리오가 2045년에 일어난다고 예상하고 있다.[2] 하지만 우린 아직 거기까지 가지는 않았다.

디자이너를 위한 요점은 다음과 같다. 기술이 발달하면 누구든지 짧은 시간 안에 사용자 시나리오를 모의실험하고, 다양한 옵션으로 디자인하고, 궁극적으로 매우 창조적인 제품을 만들 수 있는 극히 정교한 도구들을 가질 수 있다.

그러나—이것은 매우 중대한 문제인데—그런 급격한 기술 발전은 또한 유혹과 위험을 동반한다. 가장 빠지기 쉬운 유혹은 디자인 템플릿에 맞추어 생각하고 작업하는 일인데, 이는 가지고 있는 기존 파일에 수정만 한다는 것을 의미한다. 이런 방식은 이미 맥킨지Mckinsey 같은 대형 비즈니스 자문회사에서 확립되어 '공정 템플릿'이라고 불리는데, 준비된 백서에 고객의 이름만 바꾸고 고객의 과제에 따라 약간의 사소한 변경을 적용한다. 이런 방식이 생산업계에도 적용되고 있다는 것을 알고 있다: 대만과 중국의 많은 제조자 디자인 생산* 업체가 휴대용 컴퓨터나 이동통신장치를 다양한 브랜드에 납품한 후에는 그 제품에 자신의 상표를 붙여 판매하고 있다. 이런 제품들의 외관 디자인은 상표마다 극미하게 차이가 날지 모르지만, 모두가 똑같은 내부 부품들과 기능들을 가지고 있다. 해변의 조약돌이 더 개성적이다.

우려스러운 것은, 점점 더 많은 디자이너가 적합한 교육, 능력, 윤리의식 없이 개성, 감성, 창조성을 버리고 디지털 도구에 의존할 것이라는 사실이다. 도구의 무한한 능력 앞에 상상력이 사라지면, 디자이너의 디자인과의 육체적 상호작용은 화면을 바라보는 눈과 키보드를 두드리는 손끝으로 줄어들 것이다. 만일 레이 쿠르츠바일의 예견이 현실이 된다면, 머지않은 미래에 생각을 직접 화면에 표시하고 데이터를 3차원으로 인쇄하여 손에 쥘 수 있을 것이다. 이런 과정이 처음엔 환상적이고 매력적으로 들리겠지만, 심호흡을 하고 생각해보라. 우리가 생각하는 모든 것이 물리적으로 실현된다면? 대부분은 추상적이고 시각적인 쓰레기거나 그보다 심할 것이다. 머리에 화상 장치를 달고 있어서 늘 생각이 표시되는 사람이 등장하는 단편 만화영화가 생각난다. 이야기는 재미있는 개그에서 급속히 충격적인 공포로 바뀌었다.

비판적 지성들의 생산적이고 도전적인 토론을 통해서만 새롭고 귀중한 발상이 의미를 갖게 된다고 말하고 싶다. 이런 토론을 디지털 도구가 보조할 수는 있겠지만, 토론의 과정에 사용할 수 있는 가장 중요한 도구는 디자이너의 지성과 협동 능력이다. 아직 디지털 디자인 도구는 기껏해야 도구일 뿐이지만 창의적 사고 과정을 디자이너/기계의 상호작용과 더욱 가깝게 연결시키는 엄청난 위력과 능력을 가지고 있다. 그럼에도 불구하고 디자이너는 디지털 도구를 더 큰 공동 창조의 과정에 사용해야 하며 도구에 휘둘려 더 빠르지만 의미 없는 일에 사용해서는 안 된다.

모든 디자인 도구 숙달

만일 디지털 도구가 인간의 손과 머리의 균형적 사용에 의해 가장 이상적으로 작동한다면, 디자이너는 어떤 창조적 내용을 디지털 도구에 입력해야 하는가? 창조적 과정을 통해 추상적 생각을 물질적 실체로 구현할 때, 모든 혁신적 감각 표현은 만들어진다. 창조적 과정의 전개 방식에 대한 예술가와 신경과학자의 주장들은 엇갈리고 있지만, 역사적으로 매우 창조적인 사람들은 창조적 작업을 추상적 영감이 넘쳐나는 초기 단계와 애용하는 도구를 들고 실제로 작업을 하는 두 번째 단계로 분류할 수 있었다.

    이 같은 과정은 다른 분야에서도 마찬가지인데, 작곡이 그러하다. 모차르트는 아버지에게 다음과 같은 편지를 쓴 적이 있다. "매우 급하게 작성할 게 있어서, 이제 그만 마쳐야겠어요. 작곡은 끝났는데 아직 악보를 적지 않았어요." 비록 모차르트가 천재이긴 하지만 그도 역시, 음악적 스케치를 시작으로 멜로디 몇 마디를 만들고 각 마디의 악기들과 연주법을 설명하는 악보 초안 작성까지, 이런 과정을 반복적으로 되풀이했다. 마지막으로 그는 음표, 성부, 하모니를 모두 갖춘 명곡을 — 빈과 잘츠부르크의 모차르트 박물관에서 볼 수 있듯이 매우 아름답게 — 적어 내려갔다. 모차르트는 한마디로 예술과 도구 양쪽 모두의 거장이었다.

    디지털 도구는 — 사용법 같은 기술적 문제를 제외하곤 — 다루기에 어려움이 없으므로 사용자의 실수가 드러나지 않는다. 반면 물리적 도구는, 가령 목재나 폼Foam 블록을 목공 도구를 이용해 손으로 모양을 만들 때, 서투른 기술을 드러내기 마련이다. 그렇게 저항감 없이 창조적 형상을 만드는 방법은 창작 과정에 큰 장애가 되기도 한다. 실제로는 예쁜 그림에 지나지 않지만 디자이너는 세계적 수준의 디자인을 했다고 착각할 수 있기 때문이다. 다시 말해, 디지털 도구는 강력하지만 현실 같은 환각을 만들 수 있을 뿐이다. 그러므로 사용하는 기술보다는 무엇이 필수적으로 관련성 있고 무엇이 그렇지 않은지에 관한 디자이너의 판단이 더욱 중요한 문제로 남는다. 예를 들어 사실상 누구나 육안으로 보기에 생생한 이미지나 비디오를 만들어낼 수 있다. 그러나 개념이 결핍되어 있다면 이런 막대한 양의 시각적 정보는 큰 의미가 없으며 시간과 에너지 및 자원의 의미 없는 낭비인 새로운 시각 공해

도구와 기술, 그리고 제어

과학이 발전하면 디자인도 발전해야 한다. 디자이너는 과학기술이 더 이상 물리학의 역학과 전자기학 분야에만 한정되지 않고 화학과 생물학 분야들로 확대되고 있는 현실에 적응해야 한다. 크레이그 벤터의 인간 유전자 해독은 단지 하나의 예일 뿐이다. 디자이너에게 이런 발전은 다방면의 도전과제들을 주고 있다. 가장 중요한 과제는 모든 과학적 진보에 인간성을 담는 일이고, 두 번째 과제는 확장된 지식과 능력을 새로운 도구와 기회로 바꾸는 일이다. 그래서 기계에게 최고의 기계를 정하도록 맡기는 것이 아니라, 우리 인간이 인간의 본질을 정의해야 한다. 이 말이 회의론자의 비웃음을 받을지도 모르지만, 우리의 금융 시장은 이미 컴퓨터 프로그램이 거래 흐름에 영향을 미치고 있어서 '터미네이터 같은' 시나리오가 가능하다. 기계들이 주식·채권·선물 시장의 마지막 한 방울까지 짜낸 후 모두 출구전략으로 비슷한 결정을 하게 된다면, 금융 시장은 붕괴되고 말 것이다. 도구는 인간의 제어 아래 있어야 하고 인간은 도구를 사용할 능력이 있어야 한다.

↑ 소니 베가, 폼으로 만든 모델, 1975

에 지나지 않는다. 복사-붙이기 이미지가 만연하고 있다. 유튜브와 그 아류들에겐 미안한 말이지만, 전문적 품질의 독창성 있는 콘텐츠를 찾기란 네잎 클로버를 발견하기만큼이나 어려운 일이다.

흔히 디자인을 개별적인 직업으로 생각하지만, 진정한 의미의 창조적 과정은—개념의 창조뿐만 아니라 진정 혁신적이고 구체적인 결과물을 만드는 과정은—여러 생각들이 그룹 토론과 브레인스토밍을 통해 서로 충돌할 때 이뤄진다. 창조적 과정에 착수하기 위해 프로그에서 우리가 사용한 도구들 중 하나는—해야 할 일과 그 일의 필요성에 관한 핵심에 도달하기 위해 우리가 고객과 함께 탐사하는 단계의 시간인—프로그싱킹frogThink라고 부른 과정이었다. 이 과정을 통해 알게 되었듯이, 창조성의 마법은 개방성Openness과 비정형성Non-Definition, 그리고 어느 정도의 모호성Ambiguity으로부터 나온다. 이들 중 어느 것도 컴퓨터의 능력은 아니다. 이것이 바로 자유로운 사고와 창조적 상호작용의 대화가 창조적 과정에 필수적인 이유다. 이렇게 말로 주고받는 과정은, 하인리히 폰 클라이스트Heinrich von Kleist의 유명한 에세이 '말하는 동안에 단계적으로 형성되는 사고에 관하여 On the Gradual Production of Thoughts whilst Speaking'[3]에 매우 잘 설명되어 있다. 그는 다음과 같이 쓰고 있다. "타인과 말하고 견해를 주고받으면서 착상을 얻고 생각은 모양을 갖춘다."

차세대 혁신 도구: 가상현실 시뮬레이션

디자인과 건축의 공정에 혁명을 불러온 디지털 도구는 가상현실이다. 가상현실은 제품개발과 사용자 시뮬레이션을 위한 실용적이고 안전한 도구다. 자동차 산업에서는 자동화 내장 시뮬레이션을 위해 사용하고 있고, 의료업계에서는 이미 오랫동안 수술 시뮬레이션으로 자리 잡아 중요한 역할을 하고 있다. 그러나 아직 대부분 기술자를 위해 고안되고 기술자에 의해 제어되기 때문에, 가상현실에 차세대 혁신을 가져올 도전의 기회는 나머지 사람들에게 있다. 아마도 지금까지 경험해보지 못한 가장 인간적인 도구가 될지도 모른다.

재런 래니어Jaron Lanier(실리콘밸리의 디지털 르네상스를 이끈 사람, 컴퓨터 과학자, 작곡가, 시각 예술가, 작가, 버클리 캘리포니아 대학교의 교수)는 대중이 접할 수 있는 가상현실을 25년 전에 발명했다. 영광스럽게도 재런과는—1980년대 말에 시작한 프로그의 도전 사업이었던—프록스 하이퍼미디어 시스템Frox Hypermedia System을 같이 작업할 기회가 있었는데, 아직까지 그보다 더 급진적이며 윤리적으로 헌신적인 사람은 만나보지 못했다. 재런은 직선이나 아이콘 기반의 컴퓨터 디지털 대화와 인터페이스를 3차원 가상공간으로 확장했다. 마치 소설가들이 책을 쓰려고 캐릭터를 연구하듯, 재런은 보다 사실적인 가상현실 디지털 상호작용을 구현하기 위해 상황에 따른 사람들의 반응을 항상 관찰하고 기억하려 했다. 한번은, 뉴욕 여행 동안 맨해튼 거리를 걷고 있을 때 우연히 한 식당의 노상 탁자에 재런이 앉아 있는 것을 발견했다. 내가 그와 동석하자마자 큰 소나기가 쏟아졌고 남부 센트럴 파크는 물난리로 혼란스러워졌다. 우리는 식당의 천막 아래 앉아 사람들의 반응을 관찰했는데, 어쩔 줄 몰라 허둥지둥하는 사람들도 있었고, 무척 침착한 사람들도 있었다. 잘 차려입은 중년 남자가 넥타이부터 구두까지 흠뻑 젖은 채 아타셰 케이스*를 들고 마치 비가 전혀 오지 않는 양 천연덕스럽게 보도를 따라 걷고 있었다. 재런이 미소를 지으며 말했다. "저 사람 별종이군. 진짜 뉴요커란 말이지."

재런의 첫 번째 회사는 VPL 연구소VPL Research Inc.였다. VPL의 가상현실과 네트워크로 연동되는 3D 그래픽에 관한 선구적인 특허 포트폴리오는 1999년 썬 마이크로시스템즈Sun Microsystems에 인수되었다. VPL에서 재런과 그의 팀이 개발한 이 기술은 캐드 공간에 필적하지만 종합적으로 상호작용하는 '오브젝트Object'들로 이루어진 특정의 가상공간이었다. 또한 그는 처음으로 디지털 시스템의 아바타Avatar 같은 '사용자 표시'뿐만 아니라, 몰입형 가상현실 응용프로그램을 위한 첫 번째 실무 소프트웨어 운영체제를 만들었다. 재런은 가상현실 시제품을 위해, 데이터 장갑과 머리에 쓰는 3D 디스플레이를 사용하는 동적 사용자 인터페이스도 만들었다. 복수의 사용자가 헬멧 같은 모니터를 통해 인공의 삼차원 공간 안에서 이동하고 행동하는 동안 사용자의 팔, 손, 손가락의 움직임은 장갑을 통해 추적된다. 가상공간 속의 사용자는 입체 도형들(정육면체나 구체 등의 입체 오브젝트들)로 구성된 메뉴 중에서 선택한 오브젝트를 쥐거나 옮기는 방식으로 그 크기, 색깔, 재질 등을 바꿀 수 있다. 사용자는 또한 가상공간 안에서 걷기도 하고 날기도 하며 이동할 수 있다.

가상현실의 기초를 만든 것 외에도, 재런의 작업은 비디오 게임은 물론 〈마이너리티 리포트Minority Report〉나 〈트론 레거시Tron Legacy〉 같은 영화에도 영향을 주었다. 오래 전인 1990년에, 자바 소프트웨어 개발자들과의 인터뷰에서 재런은 다음과 같은 중요한 주장을 했다. "사람들이 가장 호기심을 갖는 것은 […] 이런 산업적 용도들은 그다지 큰 관심을 끌지 못한다. 그것보다는 가상세계에서 벌어지는 일종의 새로운 차원의 문화적 표현을 경험하고 싶어 한다. […] 자신의 모습을 완전히 바꿀 수 있는 세계, 즉 자기표현의 방식으로 사용하는 세계, 그 안에서 사람들은 무언가를 함께 만들어간다. […] 사람들은 각자 작은 가상현실을 구성하고 다른 사람의 가상현실을 방문하거나, 또는 함께 만든다. 그래서 이런 차원의 활동이 참으로 멋지고 새로운 종류의 인간관계와 체험을 불러오게 될 것이라고 생각한다."

나는 이런 개념의 가상현실이 디자이너를 위한 새로운 기회들을 열어준다고 생각한다. 가상현실은, 비디오 게임, 제2의 인생Second Life 같은 웹사이트, 영화의 특수효과 등에서 목격했던 것처럼, 틀림없이 아직은 초보적인 웹 2.0의 시대를 발전시킬 것이다. 하지만 진정한 가상현실의 잠재력을 발현하려면 선행되어야 할 것이 있다. 가상현실 기술은 아직도 가상공간에서 인간과 인간 또는 인간과 오브젝트 사이의 상호작용을 적절히 표현하는 능력이 부족하다. 다행히도 재런은 차세대 디지털 예술가와 디자이너는 물론 창조적 전략가, 즉 미래 지향적 기업가에게도 적용되는 충고를 들려준다. "기술은 편리함을 제공하지만 인간은 의미를 찾는다. 창작자가 컴퓨터를 제대로 이해하지 못하고 있다는 간단한 이유 때문에 대부분의 디지털 발전은 편리함도 의미도 제공하지 못하고 있다. 컴퓨터의 능력을 과신하지 않는 마음가짐을 통해 대부분의 디지털 창작물이 속박되어 있는 평범함의 벽을 깰 수 있다."

미래를 위한 길

젊은 디자이너는 모든 종류의 도구를 마음껏 쓸 수 있게 될 것이다. 몇몇의 이런 도구가, 특히 디지털 도구가 제공하는 손쉬운 방법의 유혹에 맞서는 것은 자신의 책임이다. 펼쳐질 많은 도전과제를 고려할 때, 차세대의 디자이너는 아날로그적 성형 능력을 개발해야 한다고 믿는다. 현재 젊은 디자이너들과 디자인 학생들 거의 모두가 학교나 가정에서 제작 용도로 컴퓨터 기술을 다루는 것이 제2의 천성이 될 정도로 디지털 환경에서 자라 디지털에 익숙하다. 적절한 지도와 훈련이 없다면, 이런 학생들은 노이즈(이미지)와 신호(개념)를 빈번히 혼동해 단지 '디지털 낙서Silicon Doodling'를 하게 될 뿐이다.

나는 디자인 학생들을 다시 모형 작업실로 데려가야 할 때라고 믿는다. 진정한 전문가가 되려면―글자도안, 긴장과 이완, 형상, 균형 잡힌 비율, 미학과 인체공학의 결합 등―필요한 핵심 기술들을 익혀야 한다. 빠르고 쉬운 접근법은 디자인에 고질적이고 유감스런 선례를 남긴다. 예를 들면 울름 조형대학의 전설적인 모형 제작 거장 파울 힐딩어가 폴리스티렌 몇 장을 붙여 디자인 모형을 만드는 빠르고 쉬운 방법을 발견했을 때, 학생들은 기꺼이 점토와 목재로 하는 모형 제작을 그만두었다. 그러나 새로운 재료는 복잡한 곡면을 가지거나 커다란 모양을 만드는 데는 적합하지 않았으므로, 갑자기 모두가 작고 네모난 박스 디자인을 하고 있었다. 울름 조형대학의 모형 제작자들은 모형 작업을 간소화하면서 거의 모든 새 디자인을 지배하게 된 스타일을 의도치 않게 확산시킨 것이다. 노랑, 오렌지색 또는 연녹색 단추 모양에 회색 그림자 효과를 더하면 1960년대에서 1970년대의 독일 디자인이 된다.

마법의 공식은 모든 도구가 최선의 방법으로 이치에 맞는 곳에 적용되어야 한다는 것이다. 수학공식과 난해한 카오스 방정식의 창조적 응용으로 생체 형상을 만들어내는 컴퓨터 기능은 디자인의 지평을 밝게 해주는 것들 중 하나다. 오늘날 우리는 알고리즘이나 프로그램에 샘플들을 돌려 결과를 기다리고, 그 다음 선택과 수정을 거쳐 다시 돌리고를 반복한다. 이 작업의 결과는 늘 최종 결과물을 판단하고 선택하는 인간의 능력에 좌우되지만, 디지털 도구로 양질의 선택폭을 넓힐 수 있다는 것도 나쁘지 않다. 그리고 완성된 디자인을 제품 생산망에 문서화하여 전달하는 경우에 관한 한, 최종 과정에서도 디지털 도구의 역할은 대단히 크다.

마지막으로 명심해야 할 것은 디자인엔 정해진 길이 없다는 것이다. 사실 디자인은 개성을 위해 방대한 여지를 두고 있으며, 이 직업의 가장 매력적인 측면은 탐색에 있다. 하지만 우리 모두는 직업적 환경에서 일하므로 이런 열린 시각을 유지하면서도 예산상의 난관을 의식하고 있어야 한다. 디자이너는 디지털 도구를 사용해 공정 중 아날로그 단계를 건너뛰면 시간과 돈을 절약할 수 있다고 믿고, 모형 제작자의 작업을 불필요한 비용이라고 꺼려 할 수도 있다. 하지만 디자인을 위한 사용자 인터페이스가 발전하면서 물리적 과정과 디지털 과정을 가르는 경계는 사라지고 있기 때문에 이런 접근법들 사이의 차이는 희미해지고 있다. 우리 인간은 물리적 수단을 통해 상호작용하므로, 모든 디자인의 최종적 형태는 물리적이다. 이런 점은 1998년 프로그의 첫 번째 SAP 프로젝트에서 위대한 '디지털 모형'을 확립한 콜린 콜Colin Cole의 작업에서 설명된다(이 작업은 5장: '전략적 디자인에 관한 프로그 고전'에 포함되어 있다).

이런 모든 이유로, 빈 응용미술대학교에서 강의하며 보낸 6년 동안 작은 모형 작업실을 재구축했던 것처럼 나의 새로운 상하이 석사과정 스튜디오에 설비가 완벽히 갖춰진 모형 작업실을 세울 것이다. 디자인 작업에서 디지털/아날로그 도구·공정의 균형 있는 융합이 발휘하는 진정한 가치를 중국 측 파트너들이 이해하고 있다는 사실에 나는 크게 만족감을 느끼고 있다.

내가 새로운 디자이너에게 전하고자 하는 메시지는 간단하지만 중요하다: 디지털 도구를 능력껏 최대한 사용해야 하지만, 간단하고 빠른 디자인의 성공과 자기만족이 가져올 저주를 또한 피해야 한다. 지나친 TV 시청이 창조성을 죽이는 것과 마찬가지로 이런 길은 필연적으로 평범함으로 이끈다. 의문의 여지 없이, 현대 디지털 디자인 소프트웨어의 도움으로 무수히 쏟아져 나오는 반복적이고 단조로운 제품들과 함께 인간의 창조적인 우수성도 사라져가고 있다고 생각한다. 찰리 채플린의 〈모던 타임스〉 같은 상황이 창조적이어야 할 디자인계를 잠식하고 있지만, 이는 디자이너로서 또한 사회의 구성원으로서 우리가 받아들일 수 없는 운명이다.

디자인의 바른 길을 찾으려면 이용가능한 모든 도구와 방법, 즉 공상, 사색, 공동작업, 스케치, 창조적 모형 제작, 실험 시제품 제작 등을 조합해야 한다. 모든—아날로그 및 디지털—디자인 도구는 상상을 현실로 이어주는 역할을 한다. 비록 도구의 한계에 부닥쳐도 우리는 필요한 기술들을 연마하여 도구를 쉽게 그리고 제대로 숙달할 때까지 더욱 몰두하게 된다. 그렇게 도구는 우리가 원하는 모양을 만들 수 있게 해준다. 〈스타워즈〉의 요다는 말했다. "하거나 말거나; 시험 삼아 하지 마라." 반면에 우리 디자이너들은 둘 다 해야 한다. "행동하고 시도하라."

1 다음의 링크를 보라.
   www.classicsonline.com/composerbio/Arthur__kusterer/.
2 *The Law of Accelerating Returns*은 Ray Kurzweil이 2001년 3월에 쓴 글이다. 다음의 링크에서 온라인으로 전문을 볼 수 있다.
   www.kurzweilai.net/the-law-of-accelerating-returns.
3 Heinrich von Kleist, "On the Gradual Production of Thoughts Whilst Speaking," David Constantine (ed. and trans.), *Selected Writings*, Indianapolis: Hackett Publishing, 2004.

알카텔ALCATEL, 디지털 전화기, 1987. 사진: 디트마르 헤네카

5장 전략적 디자인에 관한 프로그 고전

"앞을 보고 연결점을 만들 수는 없다. 과거를 되돌아봄으로써 새로운 연결점을 만들 수 있을 뿐이다. 그러므로 그 점들이 어쨌든 미래로 연결될 것이라는 믿음이 있어야 한다." 스티브 잡스

구상을 현실적 상황에서 시험해 다듬고 실행해보기 전에 증명한다는 것은 늘 어려운 일이다. 이 책은 균형 잡힌 위대한 성공의 핵심 동인으로서 디자인에 대한 구상을 중점적으로 다루고 있지만, 아직도 많은 사람이 디자인을 제품에 시간과 비용을 더하는 필수적이지 않은 장식 같은 비용-추가 요인으로만 여긴다. 물론 사람들이 디자인을 그렇게 다룬다면 그렇게 될 것이다. 하지만 나는 그런 '미화' 개념은 결코 인정하지 않았다. 디자인은 사회적으로나 생태적으로나 균형을 유지하며 인간에게 행복감과 보람을 안겨주는 물건이나 과정, 즉 인간적인 제품을 만들어야 한다고 생각했다. 미학은 그런 숭고한 목표를 위한 하나의 수단일 뿐이다. 도전적인 목표이긴 하지만, 40년 이상 내가 추구해온 목표다. 다른 사람들 역시 나의 성공에 자극된다면 같은 목표를 갖게 될 것이라고 믿는다.

나는 프로그 동료와 함께 수천 개의 제품을 작업하여 출시할 수 있게 했다. 그 과정에 수백 개의 상을 받았고, 몇몇 작품은 세계적으로 매우 권위 있는 예술 박물관들에 전시되었다. 더욱 중요한 것은 내가 만든 제품을 일상적으로 사

미시간 인더스코INDUSCO, 프롤러스케이트FROLLERSKATES, 1977. 사진: 디트마르 헤네카, 필라델피아 현대미술관

용하는 수백만 명의 삶을 개선했다는 것이다. 프로그는 창고 작업실의 일인 벤처 회사에서 천 명 이상의 직원을 거느린 세계적 조직으로 진화했다. 결코 쉽게 승인이 떨어지길 바라지 않고 도중의 경멸과 조소도 기꺼이 받아들이며 늘 아무리 어려워도 옳은 일을 하려 노력한 결과다. 개인적 성공은 신경 쓰지 않았지만 나의 작품이 사용자 모두에게 성공을 가져다주도록 깊은 관심을 기울였다. 그런 성공을 만들자는 것이 계속 진행하고 있는 모든 전략적 디자인 작업의 목표다.

이번 장에서는, 전략적 디자인의 가치와 타당성을 증명하기 위해 나의 직업적 경험과 프로그의 역사 속에서 얻게 된 몇몇 사례를 소개하고 설명할 것이다. 사례들은 전략적 디자인의 산물인 동시에 성공의 요인이었던 다음과 같은 특징들 중 한두 가지를 공유하고 있다.

- 프로젝트에 참여한 최고경영진 그리고/또는 기업주는 디자인을 그들 전략의 핵심 요소로 생각했다.
- 제품과 프로젝트는 세계적으로 매우 영향력이 있었거나 현재도 그러하다.
- 강한 '디자인을 가진 상표'는 기술 변천 속에서도 지속된다는 것을 증명한다.
- 디자인은 새로운 시장을 개척했거나 할 것이며 혁신사업모델을 추동한다.
- 지속가능한 성장을 이루게 되었고 뛰어난 경제적 성과를 얻었다.
- 소비자는 세계적 수준의 제품·사용자경험을 선호하여 구매한다.
- 미래 지향적 방법으로 문제들을 해결해야 한다는 것을 보여주고 있다.
- 프로그 같은 사업체가 복잡한 도전과제에 맞서 진화하는 방법을 설명한다.

세상은 더욱 빠르게 변하고 있지만, 인간은 긴 역사에 걸쳐 느리게 유전자와 행동 양식 및 자신의 속도를 발전시켜왔다. 기술이 진보해도, 인간은 자신의 속도로 발전할 것이고 인간을 위해 기술 발전을 이용할 것이다. 이를테면 인터넷은 인간의 어두운 면을 강화하기도 했지만 의사소통의 새로운 통로가 되어 긍정적 발전을 가능하게 했다. 여기 소개하는 전략적 디자인에 관한 사례들이, 기술과 그 사용법의 측면에서 보다 긍정적인 인간중심의 미래로 가는 경로를 밝혀주길 희망한다.

↑ 베가 시스템 3000, 1969, 노이에잠룽 디자인박물관, 뮌헨. 사진: 디트마르 헤네카

베가 TV 3022, 1969, 노이에잠룽 디자인박물관, 뮌헨. 사진: 디트마르 헤네카

베가

"현실은 상상력에 많은 여지를 남긴다." 존 레논

디자이너를 지망하는 학생이었던 당시, 슈투트가르트의 펠바흐에서 '베가 라디오 WEGA RADIO'라는 간판이 걸린 훌륭해 보이는 건물 하나를 종종 지나쳤다. 당시 나는 베가가 덴마크 디자이너인 베르너 팬톤Verner Panton과 함께 멋진 오렌지색 음향기기를 만들었고, 브라운Braun이 팔고 있던 매력적인 TV 세트도 베가의 제품이라는 것을 알고 있었다. 독일 전자제품 박람회인 IFA에서 베가의 제품을 처음 보았을 때, 그들 디자인에서 보이는 세심함에 대한 애착에는 경탄했지만 세속적인 전시 방식에는 실망했다. 베가 제품은 첨단기술에 대한 세련된 표현력이 부족했다. 제품들은 웅장한 베토벤이나 로큰롤보다는 평범한 실내악에 더욱 가깝게 보였다.

나는 1968년 봄—졸업을 1년 앞둔 해에—베가의 수석 디자이너가 되겠다고 결심했다. 회사에 나의 작업 사진들 몇 개와 의도를 설명하는 편지를 보내 창업자의 손자이자 최고경영자인 디터 모테와 만날 약속을 잡을 수 있었다. 모테는 진정 디자인을 믿는 사람이었다. 그는 나의 작품을 마음에 들어 했으며 그의 디자이너들이 만족스럽지 못하다고도 말했다. 하지만 수석 디자인 자리를 요구하는 나를 조금은 비웃으며 그 대신에, 내가 가전제품의 기술적 측면을 이해하고 있음에 감명받았다며 실습 사원은 어떻겠냐고 제안했다.

약간은 실망하여 모테의 사무실을 나왔지만, 제1회 독일연방 디자인상Bundespreis Gute Form에 출품용으로 디자인 중이었던 접히는 라디오를 업그레이드하는 데 그의 몇 가지 통찰을 이용하기로 마음먹었다. 방학 동안 일하느라 그 디자인 경연을 거의 잊고 있었는데, 어느 날 슈투트가르트-베를린 왕복 팬암 항공사 비행기 표와 한 통의 편지를 받았다. 내가 입상했으며, 독일 경제부장관인 카를 실러Carl Schiller가 특별 행사에서 내게 상을 수여할 것이라는 내용이었다.

다수의 디자인 저명인사가 행사에 참석했는데, 거기엔 디터 모테도 포함되어 있었다. 그는 식이 끝나고 내게 달려와 말했다. "이전엔 거절해서 미안하네. 부디 같이 일하고 싶네." 흥분되는 일이었지만 이 약속이 어떻게 지켜질지는 확신할 수 없었다. 그리고 일주일이 지나, 모테로부터 요점이 훌륭하게 정리된 한 통의 편지를 받았다. 편지 안에는 새로운 라인의 베가 오디오와 텔레비전 제품들을 위한 획기적인 디자인을 마련해주길 부탁한다는 것과, 더불어 프로젝트 일정표와 8,000마르크를 보수로 제안한다는 내용이 들어 있었다. 처음엔 사실인지 믿기지 않아 그와 공중전화로 통화를 하고 난 후에야 펠바흐로 향했다. 기술 및 마케팅 간부들과 이야기를 나누고 베가의 정교하고 유연한 생산 설비를 둘러보고 베가의 전시 제품들과 경쟁사에 관한 토론을 한 후에, 베가가 저가 경쟁을 하고 있는 브라운과 브리온베가Brionvega를 추월해 도약하려면 어느 정도 급진적인 디자인 방식에 초점을 맞추어야 한다는 의견을 내놓았다. 모테 역시 베가가 예외적인 모델에 투자해야 한다는 점에 동의했으므로 나는 모든 제품을 '내 방식대로' 디자인할 수 있었다. 우리는 악수를 했고 나의 작업은 시작되었다.

첫 번째 단계: 베가 시스템 3000

1960년대 말 가전제품의 외장들은 금속이나 목재로 만들어졌기 때문에, 어떤 식으로든 형상 세공에 드는 비용은 엄두도 못 낼 만큼 비쌌다. 그래서 우리는 사용성을 개선할 전자 부품들을 찾는 것은 물론, 플라스틱 발포구조체나 금속 박막사출 같은 외장을 위한 새로운 기술들을 찾아 나섰다. 또한 소비자 반응을 분석하여 많은 개선의 여지를 발견하였다. 조잡한 버튼과 레버를 불투명한 덮개로 감추는 대신에, '하이터치'를 체험할 수 있게 만들기로 했다. 그런 결정으로 레버, 버튼, 표시장치, 전계 소자 등을 우리 손으로 디자인할 필요가 있었는데, 그것은 약 500만 마르크 수익 규모의 회사에겐 커다란 투자였다. 그러나 디터 모테는 이런 접근의 독창성을 반기며, 경쟁력을 갖춘 브라운과 소니, 산수이, 파이오니아 같은 일본의 신진 경쟁사들이 있는 상황에서 추가 투자를 해야 한다는 것에 동의했다.

      첫 번째 급진적 개념의 개발을 마쳤을 때, 모테는 베가를 최신의 접근 방법으로 대중에게 전달하고 광고할 필요가 있다고 느꼈고, 독일의 최고 광고회사들을 불러들여 그들의 구상을 알렸다. 처음엔 프로젝트의 경미한 예산 때문에 꺼

⬈ 베가 TV 3025, 베가 수신기 3135, 베가 스피커 3435, 1973, 노이에잠룽 디자인박물관, 뮌헨. 사진: 디트마르 헤네카

베가 랩 제로, 울트라 하이파이, 1976, 노이에잠룽 디자인박물관, 뮌헨. 사진: 디트마르 헤네카

렸던 광고회사들이 디자인을 보고는 열광적으로 참여하고 싶어 했다. 최종적으로, 대형 기획사인 레온하르트 앤 케른Leonhardt & Kern www.leonhardt-kern.de을 설득해 베가를 세상에 알릴 수 있었다. 그들은 믿을 수 없을 정도의 캠페인을 만들었는데, 우리의 제품들을—페터 포크트Peter Vogt와 디트마르 헤네카Dietmar Henneka 같은 세계적인 사진작가들의 사진과 영리하고 표적화한 광고 문안으로—광고 물건들 중 화려한 중심이 되게 하였다. 광고는 매우 감성 자극적이었다. 1971년 베를린 IFA의 2주 전부터 광고가 나가기 시작했는데, 내가 IFA의 전시회에 갔을 때 사람들은 부스의 주위부터 안쪽 깊은 곳까지 열 줄로 늘어서 있었다. 통로 건너편 브라운의 방문객 공간은 비어 있었다. 한 기자가 베가와 브라운을 어떻게 비교하겠느냐고 물었을 때, 나는 답했다. "브라운이 모던 재즈 쿼르텟MJQ이라면 베가는 비틀스입니다." (나는 여전히 MJQ의 장고Django를 좋아하지만, 화이트 앨범이 그 위에 있다고 생각한다.) "그러나 브라운은 우리의 경쟁자가 아닙니다. 우리의 경쟁은 저 밖에 있는 95%의 멋없는 제품들입니다."

베가가 정치가나 유명인사 같은 비-디자인 계통 사람들에게 사랑받는다는 사실을 알게 되었는데, 제품들은 배우, 축구 스타, 심지어는 의회 의원들의 인터뷰에서 통상 보이는 배경이 되었다. 1972년에 베가는 대중이 뽑은 올해의 제품이 되었고, 회사는 고아원에 살고 있는 열두 살짜리 아이에게 베가 컬렉션 한 세트를 선물하기도 했다. 베가는 전 세계의 디자인상들을 잇달아 수상했고, 회사는 1974년 소니에 합병될 때까지 열 배로 성장했다. 소니가 베가를 합병한 이유는 베가의 특허와 혁신 제품들 그리고 유럽시장에 대한 접근성 및 디자인 기반의 상표 때문이었다. 디터 모테는 매각 후 1년 동안 남아 있었고, 떠날 때엔 우린 둘 다 눈물을 흘렸다. 그는 말했다. "우리가 만들어낸 문화를 부탁하네. 이를 위해서라면 베가의 최고경영진과도 만나야 한다네."

두 번째 단계: 베가와 소니

운명의 장난인지, 1973년 11월에 소니는 내게 함께할 일자리를 제안했는데, 제품에 유럽식 느낌을 넣어주기를 원한다는 설명을 덧붙였다. 소니는 원래 독일 운나Unna에 새로운 공장을 지을 계획이었지만, 베가의 소유주들이 필립스와 협상 중이라는 것을 알고는 소니의 전 대표이자 회장인 노리오 오가Norio Ohga의 주도로 베가를 합병하였다. 노리오 오가는 내가 베가 디자인의 책임을 계속해서 맡고 소니를 일본의 세계적 상표가 되도록 돕는다는 것이 세부사항으로 기록된 장기 계약을 제안했다. 둘째가라면 서러울 '오직 소니만 할 수 있는 것을 하는' 방식이었다.

이 새로운 구성은 베가의 혁신 제품에 소니의 기술이 축적된 전자 부품들을 결합해 활용할 수 있고, 규모와 기술에서 뛰어난 소니 제조 시스템의 혜택을 받을 수 있다는 것을 의미했다. 베가를 소니 계열의 정예 상표로 만들자는 것이 노리오 오가의 비전이었지만, 소니의 몇몇 제품 팀에게는 감정이 상하는 일이었다. 하지만 운명은 한동안 우리의 편이었다. 브라운 출신의 게르하르트 슐마이어Gerhard Schulmeyer가 새로운 최고경영자 자리를, 게오르크 E. 휘네Georg E. Huehne(오디오 부문)와 마르쿠스 누르딘Marcus Nurdin(비디오 부문)이 제품 관리를 맡았다. 소니 측의 히데오 나카무라Hideo Nakamura는 기적 같은 작업을 하였고 베가의 수석 엔지니어인 루돌프 헤어초크Rudolph Herzog는 늘 탁월했다. 우리는 흠이 없는 제품을 생산했다. 심지어 들어가는 증폭 소자, 에프엠-튜너 세트, 스피커 새시 같은 전자 부품들의 사양까지도 새로 만들었다.

소니는 고심해서 개발한 오디오 디자인을 보유하고 있었다. 텔레비전 세트는 광적인 지지를 받고 있었으므로, 디자인은 그대로 유지했지만 새로운 기능을 장착하고 현대화하여 제품을 업그레이드했다. 우리는 최초로 전계 및 전력 표시등으로 LED를 채용했다. 음향기기인 랩 제로LAB ZERO를 개발하면서 세계 최고의 FM 튜너를 만들었고 교차 노이즈를 피하고자 각각의 스피커 시스템에 앰프를 개별적으로 장착했다. 베가 콘셉트 51K라는 혁명적인 음향기기 제품도 개발했는데, 나중에는 뉴욕 현대미술관의 영구 소장품으로 선정되었다. '프로그핏Frogpit' 연구와 패션이 강조된 워크맨 휴대용 카세트 연구 등을 통해 소니의 휴대용 또는 착용가능 제품

기술들을 전위적 개념으로 변모시켰다.

이런 성공들에도 불구하고, 소니와 함께한 프로그 시대는 결국 내부에 드리운 정치적 그림자 속으로 저물었다. 1978년 베가는—거의 연간 수익 10억 마르크에 달하며—특히 독일 시장에서 소니를 제쳤다. 그런 시장 성공의 여파로, 소니의—잭 슈무클리Jack Schmuckli가 이끄는—독일 경영진이 최고경영자인 게르하르트 슐마이어에 반하는 로비를 펼쳤고, 결국 좌절한 그는 떠났다. 게르하르트는 제품에 미친 사람이었고 항상 디자인을 베가의 핵심으로 생각했으며 돈을 벌려면 어떻게 돈을 써야 하는지 아는 사람이었다. 그를 잃은 것은 베가에게 있어서 결정타였다.

게르하르트의 퇴진 이후 자리를 차지한 독일 소니 경영진은 장사꾼 기질을 가진 이들이었다. 도쿄에 있는 약간의 최고경영진을 제외하고는 베가에 대한 지원이 약해지면서 종말은 예고되고 있었다. 1980년 베가라는 독자 상표는 소멸되었다. 오늘날 토요타가 렉서스와 함께한 것 같은 성공적인 이중 상표 전략은, 베가를 퇴출시킨 소니의 결정이 절대적으로 어리석었던 것이었음을 시사하고 있다.

세 번째 단계: 소니

1974년 당시 소니와의 작업은 놀라운 학습경험이었다. 이 기업은 거의 무한의 기술적 능력을 가지고 있었지만, 디자인에 관해선 몇 개의 멋진 카세트 녹음기와 휴대용 라디오를 제외하고는 그저 끔찍했다. 트리니트론Trinitron TV는 괴물이었고 소니의 하이파이 제품은 매우 기술적인 금속박스일 뿐이었다. 색깔은 단순하거나 나무결 느낌을 낸 암회색이었다. 디자인은 무관한 형상과 이상한 모서리, 장식요소들로 과도하게 넘쳐났다. 소니가 매우 수출 지향적이었기 때문에, 회사의 디자이너는 미국의 제니스Zenith나 독일의 그룬디히Grundig 같은 중도 브랜드가 보여주는 느낌을 원했다. 그러나 노리오 오가와 아키오 모리타Akio Morita는 품격 없는 디자인으로는 지속적 성공을 이룰 수 없다는 것을 알고 있었다. '단순한 것이 최고'(여기서 최고는 가장 이루기 어려운 것을 의미함)라는 일본인의 원칙을 담은 새로운 디자인 언어를 만들기 시작했다. 최종적으로 우리는 이 새로운 디자인 언어를 바우하우스에 대한 존경의 표시로 '국제양식International Style'이라고 부르게 되었다.

베가 스피커 3440, 1970, 노이에잠룽 디자인박물관, 뮌헨. 사진: 디트마르 헤네카

↑ 베가 하이파이 3120, 1969, 베가 모델 42, 1975. 사진: 디트마르 헤네카

↑ 상: 베가 콘셉트 51K, 1976, 뉴욕 현대미술관. 하: 베가 조립식 TV, 시스템 5000, 1980. 사진: 디트마르 헤네카

상: 베가 디지털 오디오 5000, 1982. 하: 개인용 컴퓨터와 프린터 및 비디오를 갖춘 베가 홈 랩 5000, 1982.
사진: 디트마르 헤네카

베가 조립식 TV와 비디오, 1976

⇧ 베가 디지털 멀티미디어, 1987. 사진: 디트마르 헤네카

새로운 양식의 형상은 우리가 만들었던 베가 디자인과는 달리 훨씬 절제되었다. 매년 대부분의 제품이 변하기 때문에 이행을 위한 최우선의 원칙과 규칙, 공정을 확립했다. 우리 디자이너들은 소니 시바우라Shibaura 본사의 최고경영진 층에 자리 잡고 있었다. 한 제품이 실행에 들어가게 되면 프로젝트는 회사의 본사에서 계속 진행하면서 우리들은 공장으로 내려가—예를 들면 트리니트론 TV를 제조하던 오사키Osaki로 가서—그곳의 엔지니어들과 함께 작업했다.

아키 아마누마Aki Amanuma는 소니 측 파트너이자 나의 친구였다. 그와 함께 기본적인 기술부품 레이아웃이 그려진 벨럼지(트레이싱지)로 디자인 템플릿을 만들었다. 새로운 제품이 계획될 때마다 새로운 투명 벨럼 복사본이 전달되었으므로 생산 팀은 가장 정확한 정보를 가지고 일을 시작할 수 있었다. 워크맨처럼 완전히 신제품을 만드는 경우에는 같은 과정을 거쳤지만 1대 2로 확장된 템플릿을 만들었다.

다음 단계는 소니의 공급업자들과 협력하는 일이었다. 무네카타Munekata 공장의 금형 공정에서 아이디어를 얻어 우리는 공정을 여러 단위로 나누는 모듈식 금형작업 개념을 만들었다. 이로써 보다 얇은 두께를 가진 제품을 디자인할 수 있었던 것은 물론, 더 중요한 것은, 더 많은 작업자가 세분화된 금형작업을 할 수 있게 되었기 때문에 극적으로 짧은 처리시간 안에 디자인할 수 있게 되었다는 것이다. 이 같은 개념 덕분에 소니는 4월에 출시할 제품을 새해 첫날에 결정할 수 있게 되었는데, 예를 들어 다양한 디자인 요소와 두 종류의 화면 크기의 조합으로 이뤄진 완전히 새로운 프로그라인 TV 시스템은 기술 분석부터 시장 조사, 출시 보고까지 겨우 다섯 달이 소요되었다.

역사적으로 보면, 소니가 만들었던 꽤 많은 수의 세계 최초 제품은 해당 기술과 함께 하나둘 사라져갔다. 그들 중 몇 개만 언급하면, 트리니트론의 CRT, 우리가 세계최초 일체형 전면탑재 방식으로 디자인한 베타맥스 VCR, 워크맨, CD 플레이어 등이 있다. 프로그와 소니의 집중적인 협력관계는 1986년 무렵까지 유지되었고 이후엔 프로젝트별로 작업했다. 설립자인 마사루 이부카Masaru Ibuka와 아키오 모리타가 회사를 떠나고 노리오 오가가 사망한 후, 소니는 예리함을 잃었다.

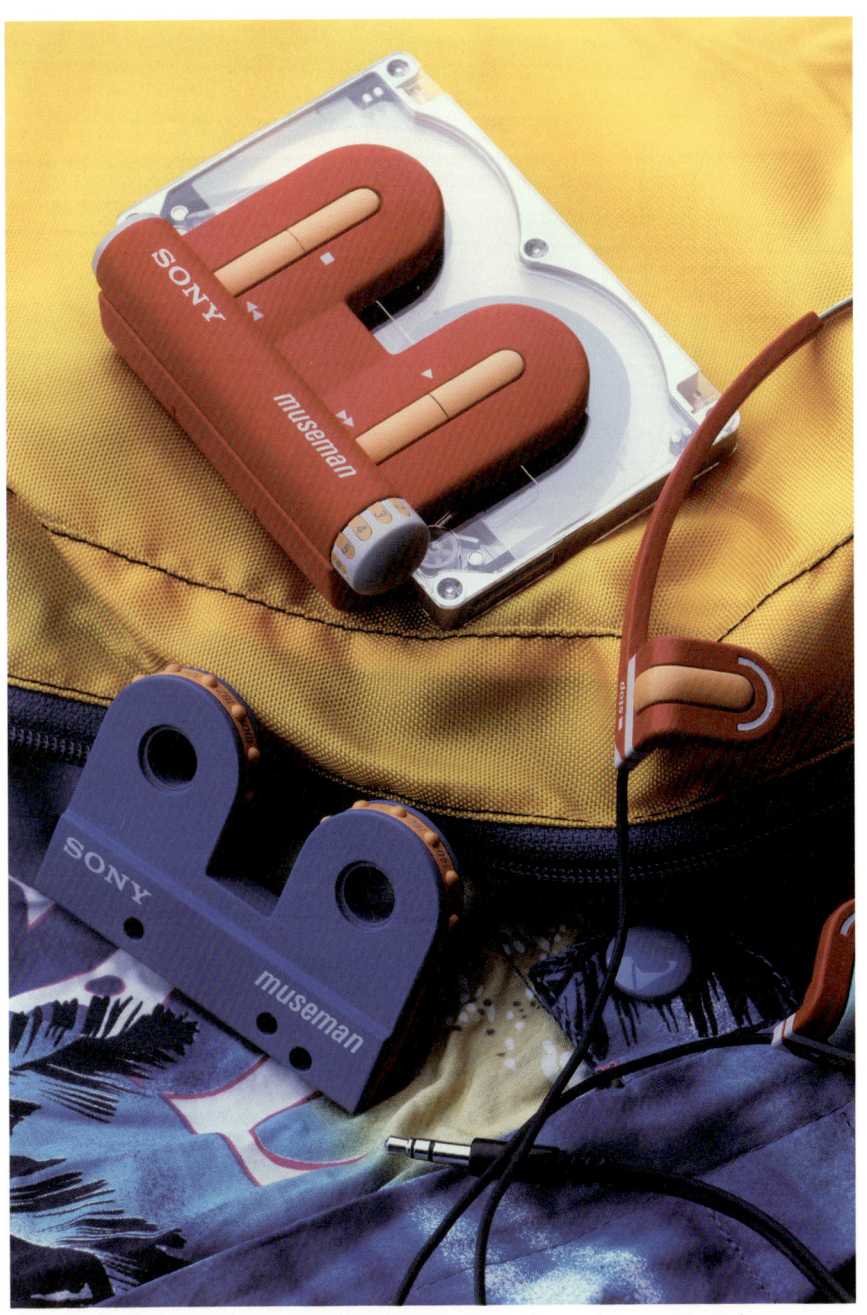

↑ 소니 워크맨 연구, 1984 (외르크 라츨라프Joerg Ratzlaff의 졸업 작품에 기초함). 사진: 빅터 고이코

좌상: 소니 캠코더, 1983, 우상: 소니 휴대용 트리니트론, 1975, 하: 소니 베타맥스(최초 전면탑재형 VCR)

소니 모듈식 트리니트론, 프로그라인 3과 프로그라인 1, 1979. 사진: 빅터 고이코와 디트마르 헤네카

상: 소니 트리니트론 포럼 시리즈, 1985. 하: 소니 블랙 트리니트론, 1985. 사진: 디트마르 헤네카

2012년 현재 이 기업은 4년째 재정위기를 겪고 있다. 개인적 관점에서, 소니가 융합적이고 매력 있는 제품들을 다시 내놓을 수 있으려면 마이크로소프트나 구글이 그랬던 것처럼 수뇌부 수준의 결단을 통해 기술집중 이상으로 확장하는 디자인중심 전략을 채택해야 한다고 생각한다. 상표의 미래는 디지털 체험의 영역에서 결정된다.

↑ 소니 휴대용 트리티트론, 1977

컴퓨터 테크닉 뮐러

"컴퓨터가 두려운 것이 아니다. 그것이 없는 것이 두렵다." 아이작 아시모프

고등학교 시절 나와 밴드를 같이했던 헬무트 헨슬러Helmut Henssler는 전산학을 전공해 프로그래머로 취직했다. 그의 회사는 오토와 일제 뮐러Otto and Ilse Mueller 부부가 닉스돌프Nixdorf에서 분리독립하며 그들의 이름을 따 창업한 '컴퓨터 테크닉 뮐러Computer Technik Mueller, CTM'였다. 회사가 1972년에 작은 크기의 '중급' 컴퓨터를 경영 관리용으로 설계하기 시작했을 때, 뮐러 부부는 헬무트의 설득으로 새롭게 설비를 갖춘 나의 창고 작업장에 방문했다. 나의 작품들을 둘러본 후 우리가 작업 중이던 베가 물건을 마음에 들어하며 그들은 말했다. "시작합시다!" 오토 뮐러는 새로운 컴퓨터를 위한 레이아웃과 사용 시나리오, 주변장치들에 관해 설명했다. 당시에 CTM이 슈가르트Shugart 같은 실리콘밸리의 회사들로부터 공급받던 주변장치들은 대단히 큰 하드디스크, 테이프 저장장치, 데이지Daisy사의 천공 카드 리더기와 프린터, 64KB 메모리의 가로 세로 16인치의 자기 디스크 등이었다. 뮐러는 또한 이 컴퓨터가 유럽 최초의 클라이언트-서버 구조를 채용할 것이라는 사실을 강조했다.

CTM의 경쟁 상대는 매우 각진 판형 디자인의 닉스돌프를 제외하곤 거의 없었다. IBM이나 버로스Burroughs 같은 미국 기업들은 당시 인기를 끌던 냉장고 크기의 장치들에 매달려 있었다. CTM의 장치가 사무환경에 잘 맞아야 한다는 데 우리의 의견은 모아졌고, 몇 개의 모형을 빠르게 만들었다. 우리는 점심을 먹으며 세 단위로 구성되는 디자인을 하기로 결정했다. 중앙처리장치를 탑재하는 스탠딩 박스, 사용자를 위한 키보드와 프린터를 갖춘 탁상 같은 유닛, 추가적 기능을 위해 바닥에 놓을 수 있는 작은 주변장치 박스로 이루어진 디자인이었다. 2주 안에 첫 번째 스케치가 준비되었고, CTM 직원들은—뮐러 부부가 위층에 살던 임대 주택의 아래층에서 작업했는데— 디자인을 매우 마음에 들어 했다. 우리는 듀라썸Duratherm이라는 가구 공급 회사에서 만든 열성형 플라스틱 패널로 감싼 강관 구조를 디자인했다. 우선 나는 네 개의 장치를 창고 작업실에서 만들어, 1973년 5월 세계에서 가장 큰 IT 무

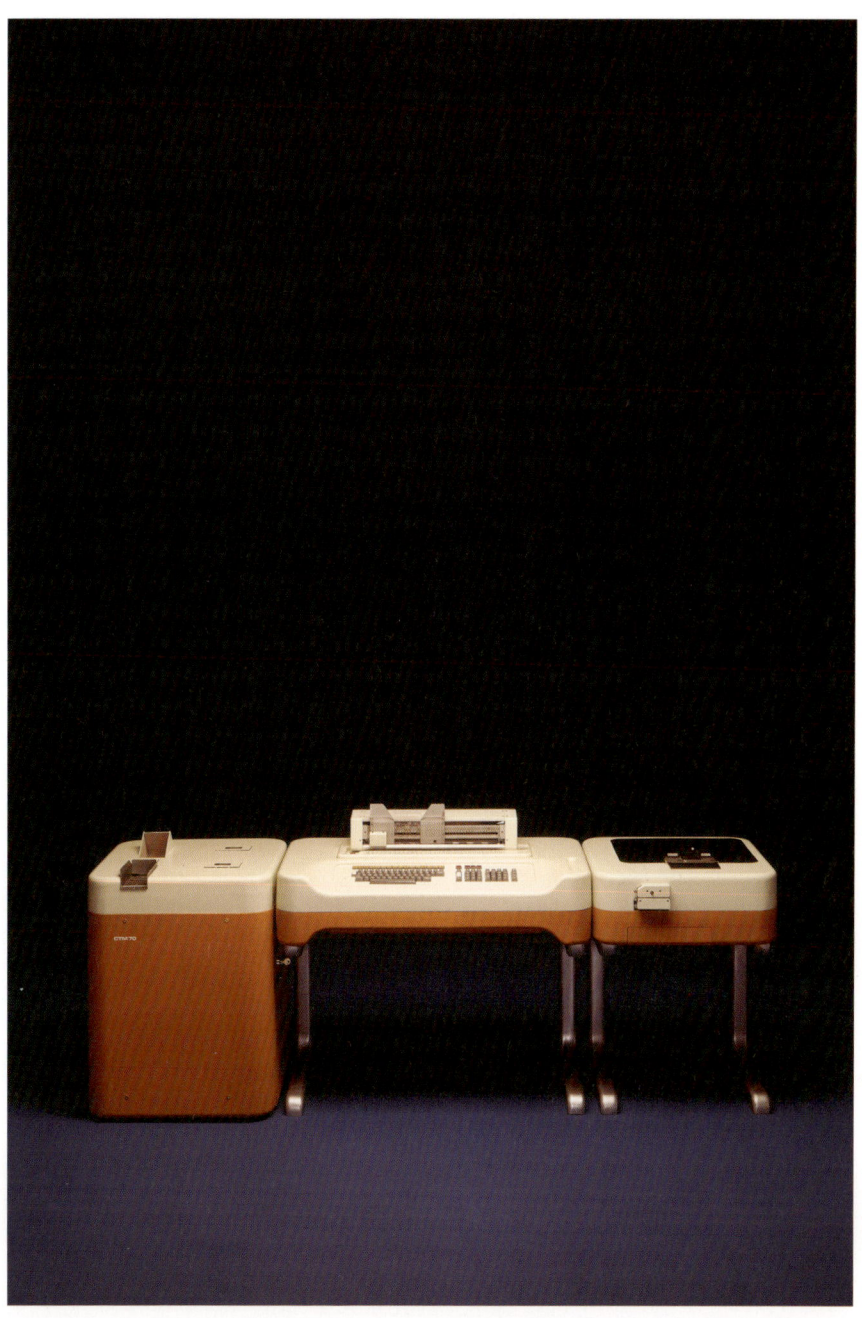

↑ CTM 70, 1972. 사진: 디트마르 헤네카

역 전시회들 중 하나인 하노버 체빗CeBit 박람회로 바로 가져갔다. 체빗의 우리 부스는 아주 작았지만 방문객들로 붐볐고, CTM 70 시스템은 성공했다. 매출은 가파르게 증가했고 제품은 수백만 달러짜리 사업으로 성장했다.

회사가 성장함에 따라 자본 수요도 늘어나게 되었다. 1976년 뮐러 부부는 그들 사업의 대부분을, 트라이엄프Triumph사를 또한 소유하고 있었던 딜 데이터 시스템즈Diehl Data Systems에 팔았다. 재정적 여유가 더해지자 우리는 두 번째 CTM 시리즈를—베가 텔레비전 때 했던 것과 유사한—발포 구조체로 디자인했고 시각적 디스플레이 출력장치를 더했다. 1978년에 우리는 젖혀지는 모니터가 달린 최초의 단일 데스크톱 단말기를 디자인했다. CTM은 독일과 유럽 시장에서 두각을 나타내는 주요 주자가 되었다.

프로그와 CTM의 제휴는 내가 애플과의 계약을 교섭하면서 막을 내렸다. 나는 동업자로 수년 동안 CTM 관련 업무를 해오다가 독립하기로 결심한 게오르크 슈프렝에게 그 일을 넘겼다. 뮐러 부부는 이미 CTM을 떠나 하이퍼스톤Hyperstone을 창업했기 때문에, 나는 더욱 홀가분하게 그런 결정을 할 수 있었다. 하

CTM 70-2, 1976, 사진: 게르트 슈프렝

이퍼스톤은 휴대 장치용 마이크로 컨트롤러를 개발하는 회사로, 히타치와 긴밀한 협력관계였다. 1992년 일제 뮐러는 독일의 첫 번째 여성 최고경영자이자 기업가로서 바덴-뷔르템베르크Baden-Wuerttemberg 연방주의 루돌프 에베를레 상Rudolf Eberle Award 을 수상했다.

내게 CTM은 즐거운 경험이었고, 그 가파른 학습곡선은 애플과의 사업에 도전할 수 있도록 준비시켜주었다. 다수의 디자인상을 수상한 CTM의 디자인은 큰 파급력을 갖고 실리콘밸리를 거쳐 전 세계로 복제되었다. 일본식 사고방식으로 본다면, 이것은 대단한 찬사였다.

↑ CTM 70 네트워크스테이션. 사진: 게르트 슈프렝

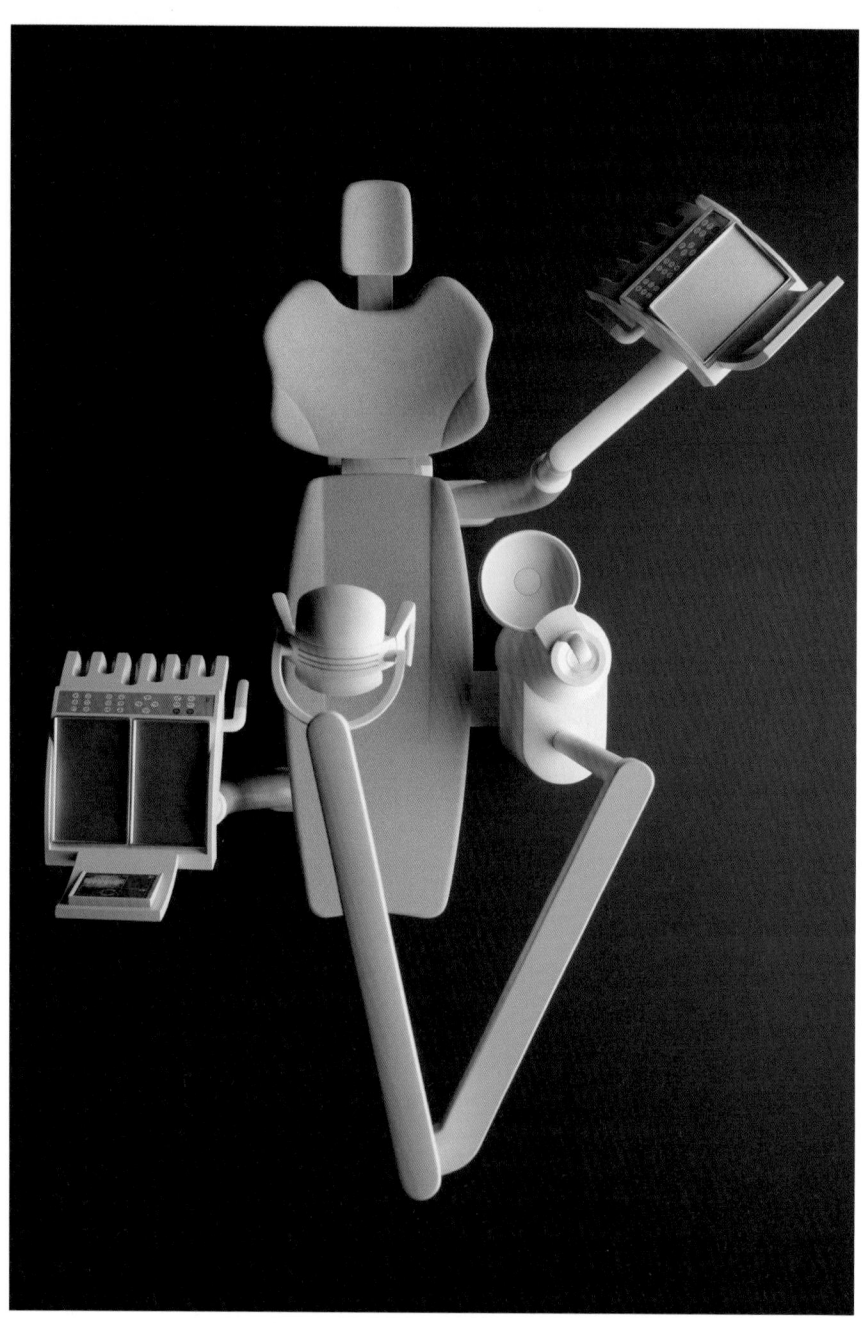

카보 에스테티카, 1050. 사진: 디트마르 헤네카

카보

"내가 돈이 많기 때문에 급료를 많이 주는 것이 아니라, 급료를 많이 주기 때문에 돈이 많은 것이다." 로버트 보쉬

첫 번째 베가 제품이 출시되었을 때, 마르틴 자우페Martin Saupe로부터 한 통의 전화를 받았다. 그는 비베라흐Biberach에 있는 독일 가족경영 치과기기 회사인 카보Kaltenbach & Voigt, KaVo의 최고기술책임자였는데, 공기압 드릴을 포함해 고급 전기 치과기기들을 공동 발명하였다. 마르틴은 내게 새로운 치과용 조명에 관한 기획을 부탁했다. 과거에도 그가 디자이너와 일한 경험이 있다는 것을 단번에 알아챌 수 있었는데, 이것이 전적으로 희소식만은 아니었다. 공장을 견학하면서 기계 장비와 공정 및 직원들의 뛰어난 수준에 놀랐다. 하지만 전시실과 연구개발 부서를 둘러보았을 때, 출시 제품이나 개발 제품의 한결같이 무지막지한 디자인에는 적잖게 놀랐다.

나의 숙모인 빌헬미네 에슬링거Wilhelmine Esslinger는 치과의사였다. 그래서 나는 치과의사가 겪는 육체적·감정적 고충들을 알고 있었다. 누구도 치과 방문을 달가워하지 않지만 환자는 잠시 동안 머무르는 반면 치과의사는 전체 업무 시간을 그곳에서 보내야 한다. 나는 차를 몰아 집으로 가는 중에 의사와 환자 모두에게 보다 인체공학적이고 감동적인 통합 개념으로 전체 치과 시스템을 만들겠다고 결심했다.

프로그의 창고 작업실에서 우리는 작업에 착수했다. 나는 스케치하고 축소 모형을 만들어본 후, 폼을 이용해 1대 1로 모양들을 연구했다. 일주일이 지난 후, 나는 1대 1의 치료도구 폼 모형과 1/5의 시스템 모형을 가지고 비베라흐로 다시 갔다. 실제 크기의 디자인을 설명하는 멋진 슬라이드 쇼도 준비했다. 마르틴 자우페는 우리의 작업을 마음에 들어 했지만 그렇게 몰두하는 것 같지는 않았다. 그가 사무실 벽장의 문을 열었을 때, 즉시 그가 왜 열의가 없었는지 이해할 수 있었다. 거기엔 결코 제품화하지 않을 것 같은 약 스무 개의 치과기기 축소 모형이 쌓여 있는, 진정 디자인의 묘지가 있었다. 나는 자우페에게 디자인이 회사의 전략을 정의해야 한다

고 설명하며, 최고경영자를 만나고 싶다고 말했다. 그의 회사 디자인을 위해 지난 7일간 밤낮으로 동업자들과 작업했기 때문에 정당한 요구라고 생각했다. 자우페가 최고경영자이자 회사 설립자의 아들인 카를 칼텐바흐 Karl Kaltenbach에게 전화했을 때, 마침 그는 재무책임자를 만나고 있었다. 그 둘은 내게 '10분'을 주었다.

칼텐바흐는 내 슬라이드 중 첫 부분을 보고 벌떡 일어나 말했다. "이것이 바로 내가 항상 원하던 것이오." 그는 모형들을 본 후 마르틴 자우페에게 우리의 디자인 개념으로 새로운 치과 시스템 제품라인을 개발하라고 지시했다. 우리는 프로그의 로열티를 판매 이익의 1%로 하고 4만 마르크의 착수금을 받기로 합의했다. 작업이 시작되면서, 아이디어를 보탠 회사 개발자나 판매 담당자들의 솔직한 흥분을 보는 것은 믿을 수 없이 즐거운 일이었다. 생산부 직원들의 지지 또한 대단했다. 그 결과물은 베스트셀러가 된 초기 에스테티카 Estetica 1040 시스템이었는데, 카보를 치과시스템과 치과용 의자 분야에서 세계적 선두 주자로 만들어주었다.

판매량은 처음 추산했던 것보다 스무 배 정도 더 많았기 때문에, 해당 로열티는 순이익으로 따지면 심지어 소니, 비통 및 애플로부터 받게 될 수수료와 비교해도 프로그 최대의 경제적 성공이었다. 프로그는 수익의 일부를 기초 연구와 블루 스카이 개념들에 재투자하여, 예를 들면 카보의 의료용 플라스틱으로 만든 여성 느낌의 기기 디자인 같은 더 성공적인 제품들로 이어갈 수 있었다. 마르틴 자우페가 카보를 떠나고 최고기술책임자가 된 하이너 친서 Heiner Zinser의 지휘 아래 우리는 내가 아직도 전체 치과 산업계에서 최고라고 여기는 제품들을 만들었다. 최고경영자들인 카를 칼텐바흐와 위르겐 호프마이스터 Juergen Hoffmeister(두 번째 소유자 가족 출신)는 늘 우리의 작업에 지대한 관심을 보였으며 디자인을 회사의 주요한 성공 요인으로 보게 되었다.

2004년 소유주 일가가 카보를 다나허 기업에 매각하기로 결정했을 때, 하이너 친서는 퇴진하여 대형 산업체에 첨단 기계부품들을 공급하는 소규모의 전문회사를 인수했다. 미국식 경영 방식으로 회사가 바뀌면서 프로그와 카보의 협력 관계도 시들해졌다. 디자인의 지위가 더 이상 정점에 있지 않고 생산그룹으로 강등되었기 때문이다.

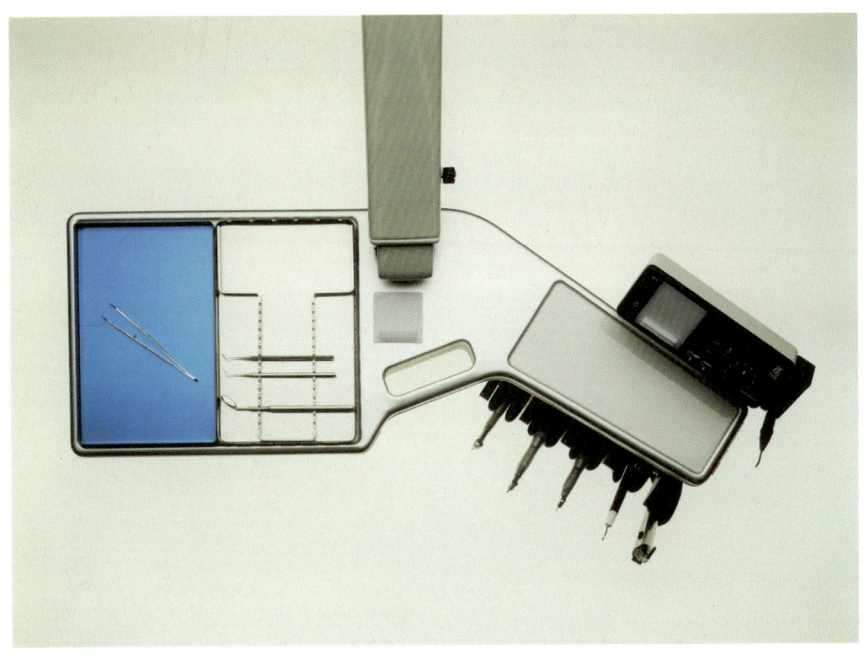

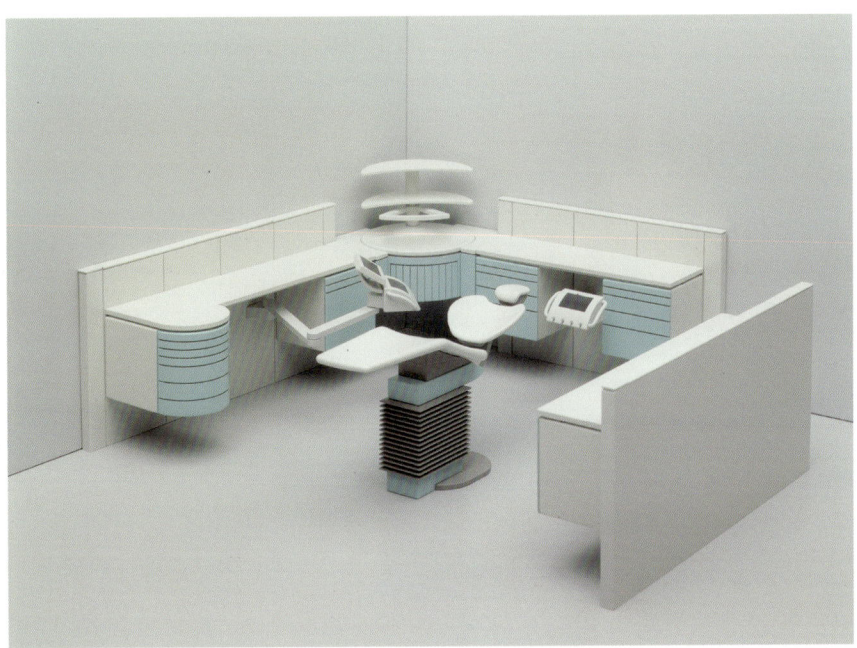

상: 카보 에스테티카 1040, 1971. 하: 카보 작업환경 연구, 1999. 사진: 디트마르 헤네카

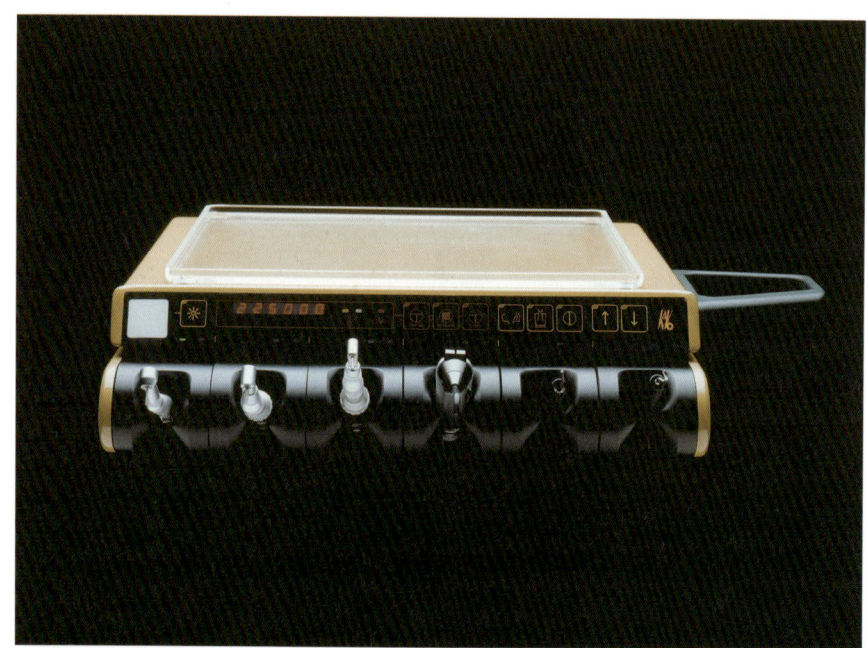
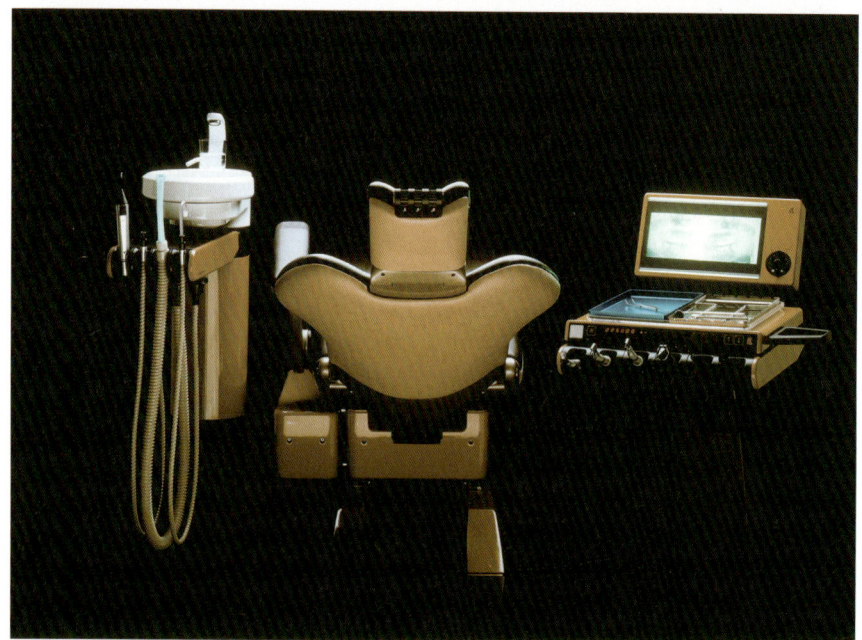

카보 레지 치과시스템, 1978. 사진: 디트마르 헤네카

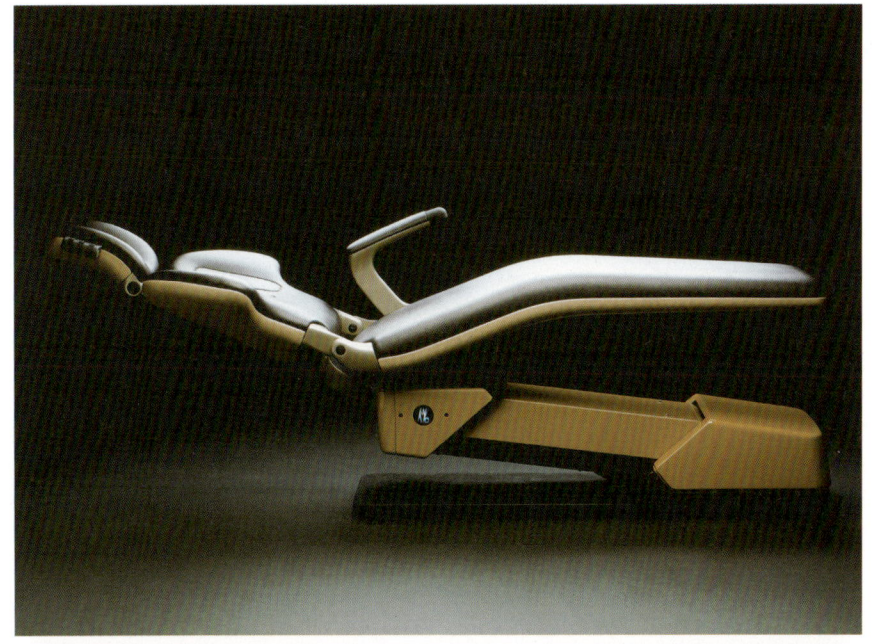

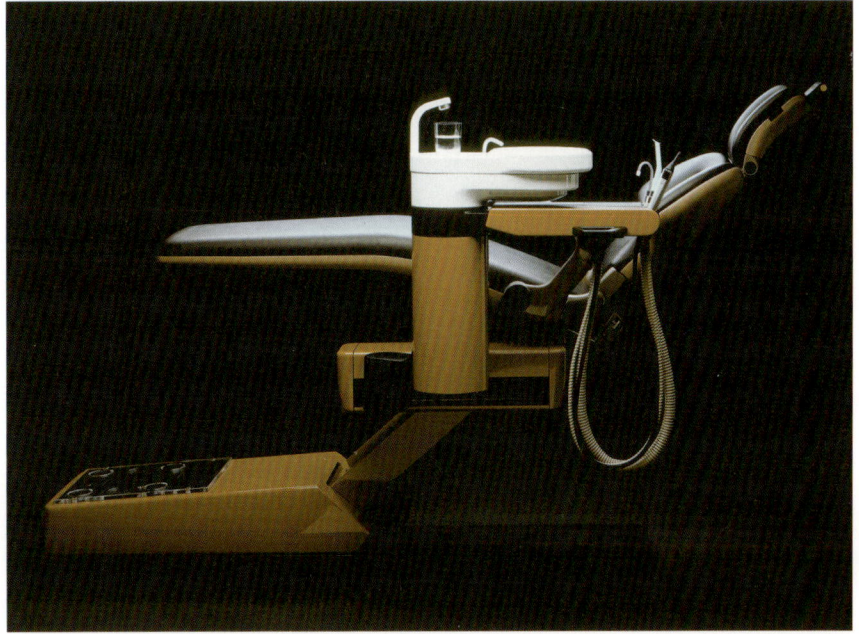

↑ 카보 레지와 시에스타 의자, 1978, 사진: 디트마르 헤네카

상: 카보 치과용 조명, 1976. 하: 카보 에스테티카-3 치과시스템, 1993. 사진: 디트마르 헤네카

↑ 상: 카보 스파이더, 생체공학연구. 하: 카보 카파, 치과시스템

프로그와 카보의 1971년 계약은 단지 타자기로 친 반쪽 분량의 계약서가 전부였음을 강조하고 싶다. 긍정적인 에너지와 신뢰로 함께 일하고 혁신의 위험을 진정으로 즐긴다면, 성공은 자연스러운 결과다. 카보 사람들과 함께 일하며 너무도 많은 것을 배우게 되었다. 그렇기 때문에 영원히 그들에게 감사할 것이다.

한스그로헤와 V&B

"할리우드는 피카소의 욕실과 같다." 캔디스 버겐

욕실은 친숙하면서도 수많은 금기로 둘러싸인 매우 개인적인 공간이다. 프로그가 욕실을 보다 매력 있고 활기찬 공간으로 바꾸는 과제를 맡게 된 것은, 1972년 샤워기와 수도꼭지를 생산하는 한스그로헤Hansgrohe와 1979년 세면대, 변기, 욕조, 가구 및 타일을 생산하는 V&BVilleroy & Boch와 협력 작업을 합의했을 때였다. 이런 회사 제품들은 물과 화장용품, 빛을—프로그가 제품 디자인에 반영한 요소들을—중심으로 매우 기초적인 사용자경험을 제공한다.

한스그로헤

한스그로헤는 블랙포레스트의 중심에 있는 나의 아버지의 고향, 실타흐에 위치해 있다. 1972년 초, 당시 최고경영자인 클라우스 그로헤Klaus Grohe(창업자의 아들)의 전화를 받았다. 디자인 문제가 있는데 내가 기본적으로 '지역인'이니까 들러서 상담하고 싶다는 내용이었다. 한 시간 뒤에 그와 함께 온 두 명의 엔지니어는—보통, 소프트, 마사지—세 가지 종류로 물분사가 가능한 회전 샤워헤드가 장착된 손잡이 샤워기의 시제품 하나를 보여주었다. 회사는 이 새로운 제품으로 워터 픽Water Pic사의 마사지 샤워기와 경쟁하겠다는 생각이었다. 하지만 클라우스와 그의 팀이 보여준 디자인은 아무래도 벗은 몸에 가까이 대고 싶지 않게 보였고, 멜라민 수지로 만들어진 시제품은 돌덩이처럼 무거웠다.

우리들은 프로그의 창고 작업실로 내려가서 두 시간 만에 몇 개의 멋진 개념을 만들었다. 하지만 어떤 것은 남성 생식기처럼 보였으므로 제외했다. 디자인 개발 중 직면하게 된 커다란 문제는, 단지 샤워헤드가 어떻게 보일지에 관한 것뿐만 아니라 기술적인 문제들도 있었다. 샤워헤드는 온갖 다양한 수준과 종류의 수중 화학성분에 노출되는데, 어떤 것은 매우 심하게 금속을 부식시키고 파괴하거나 샤워헤드의 회전 부분을 막아버린다. 또한 최소량의 물로 최대의 샤워 효과를 주는 샤워

↑ 한스그로헤 트리벨 샤워헤드, 1972. 사진: 디트마르 헤네카

↑ 상: 한스그로헤 주니어 수도꼭지, 1981. 하: 한스그로헤 트리벨 샤워헤드, 1972. 사진: 디트마르 헤네카

헤드를 디자인해야 했다. 3차원 대상의 디자인이므로 그런 제품의 제조에 적합한 반자동화 장치를 찾을 필요가 있었다. 작업 인건비가 너무 많이 들기 때문에 품질검사와 최종 포장에만 인력을 사용하기로 했다. 다른 말로 하면, 우리의 과제는 감각적이고 에로틱한—하지만 외설은 아닌—시각적 의미론뿐만 아니라 생산도 최적화하도록 샤워기를 디자인하는 일이었다.

우리는 한스그로헤의 기술자들과 협력하여 기존 사출성형기계를 결합해 개조한 조립장치를 가지고 있는 작은 규모의 회사를 발견했다. 그 회사는 우리 프로젝트를 위해 한 걸음 더 나아기 보유하고 있던 기기들을 결합해 매우 복합적인 로봇 조립장치를 만들었다. 이렇게 최종적으로 완성된 장치를 가지고, 한스그로헤는 샤워헤드를 구성하는 아홉 개의 플라스틱 부품을 사출하여—다양한 색의 외장과 검은색의 분사구를 조합한—완전한 샤워헤드 세트를 바로 조립할 수 있었다. 다음 단계에서 샤워헤드는 중합의 편차를 최소화하도록, 그 장치에서 같은 재료로 동시에 사출된 손잡이에 수동으로 결합되었다. 한스그로헤는 이 손잡이 샤워기를 프로젝트명 그대로 '트리벨Tribel'이라고 불렀는데, 독일 알레만 방언으로 돌아가는 장치라는 뜻이다.

결과는 선풍적이었다. 새로운 장치는 일반적인 손잡이 샤워기의 생산가보다 50% 이상 쌌기 때문에 소매가격 면에서 훨씬 유리했다. 디자인은 물론 급진적이었지만 그 점이 오히려 강점이 되었다. 필적할 만한 경쟁자가 없었으므로 판매량은 모든 예상치를 초과했다. 오늘날까지 2,500만 개 이상의 트리벨 샤워헤드가 사용되고 있다. 수년 안에 한스그로헤는 욕실 생활양식 분야에서 세계적인 선두 주자가 되었다. 나의 이전 동업자인 안드레아스 하우크는 필립 스탁과 함께 아직 한스그로헤에서 일하고 있다.

V&B

V&B의 뿌리는 250년 전에 니콜라 빌레로이Nicolas Villeroy와 프랑수아 보흐François Boch가 프랑스-독일 국경지대에 설립한 도자기 회사 시대로 거슬러 올라간다. 그들의 가족은 여전히 다수의 지분을 가지고 있다. 프로그가 한스그로헤와 칼데바이

Kaldewei 및 다른 욕실 고정설비 회사들과의 작업으로 명성을 얻게 된 후, V&B 이사인 볼프 슈미트Wolf Schmidt가 원한 것은 '생활공간으로서의 욕실'이라는 새로운 개념이었다. 우리는 도자기로 만든 세면대, 변기, 욕조, 가구, 타일을 위한 몇 개의 제품 라인을 만들었다. 그중 매그넘Magnum 라인은 가장 크게 성공했고, V&B는 제니스Zenith 라인을 논쟁의 여지가 없는 선도적 디자인으로 생각했다.

    프로그는 제니스 라인에 새로운 제조 기술을 적용해 기술적 제한을 극복할 수 있었다. 점토 반죽을 석고틀에 굳힌 후 깎아내 형상을 만들면 물이 빠져나가며 세라믹 공동이 생기는 문제가 있는데, 이런 방법 대신 저속 사출성형으로 고른 형상을 만드는 새로운 방법을 사용했다. 이 방법을 사용해 보다 정교한 모양이 가능하고, 교체가 쉽고, 구울 때 전체적으로 세라믹의 수축률 통제를 쉽게 할 수 있었다. 우린 또한 다양한 재료가 섞인 세면대를 디자인했는데 이로써, 제니스 세면대가 보여주듯, 쓸 수 있는 도자기 재료의 '범위'가 훨씬 더 유연해졌다. 당연히 V&B는 우리의 디자인을 알리기 위해 새로운 대중 소통과 광고캠페인이 필요하게 되었고, 헬무트 뉴튼Helmut Newton을 사진작가로 고용하였다. 이런 식으로 제품의 개발뿐만 아니라 판매에도 관여하며 작업하는 것은 환상적인 경험이었다. 헬무트 뉴튼은 실제로 '매그넘'이라는 이름에서 영감을 얻었다. 그의 사진 중 한 장면엔, 한 여자가 방금 연인의 남편을 쏜 0.44구경 매그넘을 들고 있다……

V&B 세면대, 1987, 사진: 디트마르 헤네카

상: V&B 매그넘 시리즈, 1986. 사진: 헬무트 뉴튼. 하: 한스그로헤 수도꼭지, 1980. 사진: 빅터 고이코

↑ 루이비통 세미소프트, 1982. 사진: 빅터 고이코

루이비통

"유행은 사라지지만 스타일은 남는다." 코코 샤넬

1976년부터 우리가 루이비통을 위해 했던 작업들은 지금 이 회사의 제품라인에서 거의 눈에 띄지 않는다. 우리가 강조했던 선명한 색감만이 유일하게 살아남은 듯하다. 물론 거기엔 이유가 있다. 대부분 우리 디자인은 비통을 프랑스의 전통적인 수하물 가방 제조업자Malletier에서 개성적이고 고급스러운 브랜드 이미지로 변모시킬 스타일 개념을 찾는 중에 만들어진 실험적 생각들이었다. 이상하게 들릴지도 모르겠지만, 만일 한 제품라인의 제품들이 '어느 것 하나 비슷하지 않은데' 한결같이 고품질과 강한 브랜드 스토리를 발산하고 있다면 제품들은 그 라인 안에서 서로 잘 어울리는 것이며 브랜드의 모든 제품라인 사이에서도 어울린다는 사실을 우리는 알게 되었다. 그래서 프로그는 비통과 작업 중에 어떤 생활양식, 패션, 혹은 예술의 유행도 좇으려 하지 않았다.

우리는 또한 케블러Kevlar® 같은 신소재들과 패턴-지향 레이저 절삭기술을 포함한 새로운 제조 기술들을 연구했다. 《프로그》에서도 설명했듯이, 나는 비통 최고경영자인 앙리 라카미에Henri Racamier, 나중에 프로그에도 합류한 디자이너이자 훌륭한 프로젝트 매니저인 필리프 르그랑Philippe Legrand과 직접 작업했다. 다음은 10년 동안 우리가 개발한 세 가지 프로젝트의 내용이다.

챌린지|Challenge

이 프로젝트는 우리의 비통에 관한 모든 초기 연구를 반영하고 있으며, 결과적으로 프랑스 항공 산업에서 개척된 공정과 케블러 판으로 제작되는 최고급 여행용 가방 시리즈가 되었다. 이 시리즈의 가방은 무척 튼튼했다. 그러나 작은 수리를 하는 데도 과도한 비용이 든다는 문제가 있었다. 이 제품라인의 가장 멋진 세부사항은 특수한 열쇠와 손수 정할 수 있는 키 패턴을 가진 맞춤형 잠금장치였다.

↑ 루이비통 챌린지, 연구, 1976

⇧ 루이비통 챌린지, 1976. 사진: 디트마르 헤네카

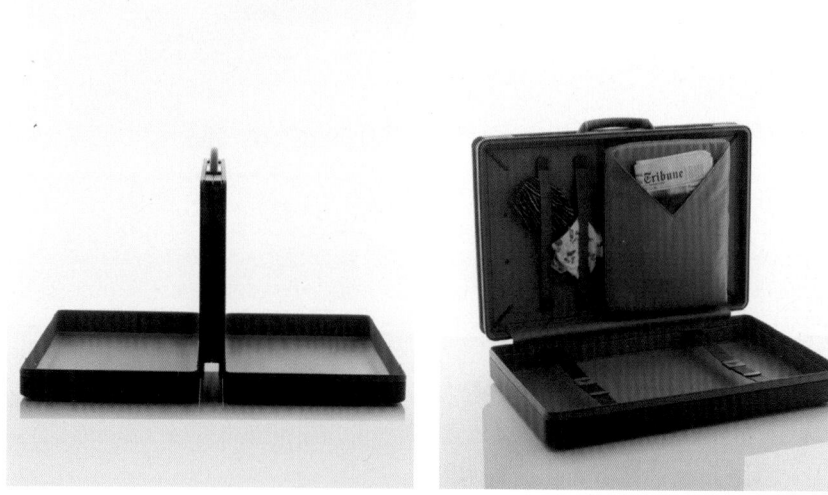

↑ 루이비통 보이저, 1985

세미소프트 SemiSoft

이 프로젝트를 시작으로, 비통은 합판 동체에 부드러운 외장을 씌워 만든 여행용 가방을 생산하는 반-연질 제품라인을 성공적으로 구축할 수 있었다. 우리는 다시 케블러 소재를 사용하여 발포 구조체 틀을 만들어, 외장을 연결하는 역할과 충격완화 기능도 할 수 있게 했다. 모서리는 시각적 처리를 했고, 가방 같은 다른 비통의 제품에 맞춤형으로 디자인된 잠금장치와 지퍼를 사용했다.

보이저 Voyager

이것은 진정 혁신적인 프로젝트였다. 중심 틀을 감싸는 외장을 다양한 측면 덮개와 외피의 선택적 조합으로 구성할 수 있고, 다리바퀴나 손잡이 같은 부속품들은 틀 주변의 사용자가 원하는 곳 어디에나 장착할 수 있었다. 펼치거나 흐트러트릴 필요를 최소화하는 내부 구성 디자인으로, 여행자가 가방의 내용물을 쉽게 빼거나 넣을 수 있도록 했다. 국제항공운송협회 International Air Transport Association의 테스트 드럼에서 '최상'으로 검증된 모양을 채용했고, 루이비통 컵(미국 요트 예선 대회)과 공동 상표로 출시되는 제품들의 새로운 스타일을 반영하는 색깔들을 사용했다.

제품 생산 준비가 막 끝났을 때, 얄궂게도 루이비통/모엣 헤네시 Louis Vuitton/Moet Hennessy, LVMH는 베르나르 아르노 Bernard Arnault에게 인수되었다. 그는 디올 Dior과 다른 패션 브랜드들을 합병하여 LVMH에 호화 제국을 건설하겠다고 결심했다. 하지만 그는 또한 비통 고유의 명품 매장 전략을 확장하여 파리의 마르소 Marceau 거리에서 제1호 매장의 전통을 이어갔다.

애플 IIC, 1983, 휘트니 미국예술박물관, 뉴욕. 사진: 빅터 고이코

애플

"나는 애플의 디자인이 컴퓨터업계에서 최고일 뿐 아니라 전 세계에서 최고이길 원한다." 스티브 잡스, 1982

애플 설립 후 6년째를 맞이하던 해인 1982년, 공동 창업자이자 회장인 스티브 잡스는 28세였다. 위대한 디자인에 대해 직관적이고 열광적인 태도를 가졌던 스티브는 회사가 위기에 처해 있다는 것을 깨닫고 있었다. 수명을 다하고 있는 애플 IIe를 제외하면, 회사의 제품들은 IBM의 PC에 뒤처지고 있었다. 제품들의 디자인 또한 형편없었는데, 애플 III와 곧 출시될 애플 리사Lisa가 특히 더 그랬다. 이전 최고경영자인 마이클 스콧Michael Scott은 모니터나 기억장치 같은 보조 장치들조차도 제품라인별로 분리해 '사업 분과들'을 만들었다. 분과엔 별도의 디자인 책임자가 있어 각자 원하는 대로 제품라인을 개발했다. 결과적으로, 애플 제품들 사이엔 공통 디자인 언어나 전체를 통합하는 방식이 거의 없었다. 본질적으로, 나쁜 디자인은 애플이 시달리고 있는 기업병의 증상인 동시에 원인이었다. 이런 단절된 접근 방식을 끝내겠다는 스티브의 바람으로 태어난 전략적 디자인 프로젝트는, 애플이라는 상표와 제품라인들에 혁명을 일으켜 회사의 미래를 향한 궤도를 변화시키고 결과적으로 가전과 통신기술에 대한 세상의 사고방식과 사용법을 다시 정의했다.

프로젝트의 발상은 리처드슨 스미스Richardson Smith 디자인 회사(후에 피치Fitch에 합병됨)의 제록스Xerox를 위한 작업에서 영감을 얻었다. 이 작업에서 디자이너들과 제록스의 다양한 부서는 함께 회사 전체를 통해 시행할 수 있는 상위의 단일 '디자인 언어'를 만들었다. 애플 II의 디자이너이자 매킨토시Macintosh 부서의 디자인 책임자인 제리 마녹Jerry Manock과 애플 II 부서의 디자인 책임자인 롭 겜멜Rob Gemmell은 본사로 세계적 디자이너들을 초청해, 면담 후 선정된 상위 두 후보의 경쟁 무대를 만들기로 계획했다. 최종 선정 디자인을 새로운 디자인 언어의 근간으로 채택한다는 구상이었다. 하지만 당시에는 이것이 금전보다 디자인 기반 전략과 혁신을 우선해 세계적 성공을 거두는 기업으로 애플을 변혁하는 과정이었다는 것을 아무도 몰랐다.

상: 애플 스노화이트 1, '소니 스타일', 1982. 하: 애플 스노화이트 2, '아메리카나', 1982

상: 애플 스노화이트 1, '워크벤치', 1982. 하: 애플 스노화이트 2, '애플 II', 1982

상: 애플 스노화이트 1, '슬레이트', 1982. 하: 애플 스노화이트 2, '매킨토시 연구', 1982

상: 애플 스노화이트 2, '매킨토시 연구', 1982. 하: 애플 스노화이트 2, '맥북', 1982

백설공주, 개구리를 만나다*

1982년 초 나는 캘리포니아 쿠퍼티노에서 스티브 잡스를 만났다. 매우 탄탄한(그리고 충분한 투자를 받는) 디자인 및 제품기획센터와 연구개발부서들을 갖춘 소니와 비교하면, 애플은 이제 걸음마 수준이었다. 그러나 스티브 잡스와의 만남은 내 삶과 경력을 완전히 바꿔놓는 사건이었다. 우리들은 우선 내가 했던 작업에 관해 이야기를 나누었는데, 스티브를 특히 사로잡은 것은 모두 세계적인 성공을 거둔 제품들이 된 소니를 위한 프로그 디자인들이었다. 이어서 그는 애플이 디자인을 통해 무엇을 얻고자 하는지 말했다. "맥의 판매량을 백만 대 이상으로 올리고자 합니다." 이것은 그 회사가 출하한 애플 II의 열 배 이상 되는 숫자였다. 나는 좋은 디자인만 가지고는 그만한 숫자에 이를 수 없음을 설명했다.

나는 스티브의 목표에 부합하는 몇가지 의견들을 다음과 같이 제시했다. 우선, 애플에는 디자인뿐만 아니라 공학기술, 제3자 동업자관계, 제조 및 물류의 완전히 다른 시스템이 필요하다. 또한 부족한 세계적 수준의 기계 공학기술 부분을 보완하려면, 소니, 캐논, 삼성 및 아시아의 다른 가전 기업들을 개발과 제조의 파트너로 활용해야 한다. 더욱 중요한 것은 최고경영자에게 직접 보고할 수 있는 단일 디자인 팀이 필요하다는 것과, 어떤 실질적 제품을 개발하기 훨씬 앞서 디자인이 애플의 전략적 계획에 참여해야 한다는 점이다. 이런 시스템으로 애플은 새로운 기술과 소비 동향을 수년 앞서 예상할 수 있게 되어, 근시안의 임기응변식 개발을 피할 수 있을 것이라고 설명했다.

프로그가 아직 그 경쟁의 최종우승자가 된 것은 아니었지만, 스티브는 애플에 대한 나의 의견들을 받아들였다. 그는 경쟁이 끝나면 디자인이 애플의 상층으로 올라서고 그에게 직접 보고하게 될 것이라고, 또한 프로그가 경쟁에서 최종 선정된다면 나를 애플의 자문역과 디자인 경영자가 되도록 임명하겠다고 약속했다. 결국 스티브는 이 약속을 끝까지 지켰다. 물론 이런 보장은 동기부여가 되고 동시에 고무적인 일이긴 하지만, 내가 맞서야 할 도전의 위험부담을 높인다는 것도 알고 있었다. 애플의 부서 책임자나 디자이너들은 이런 구조조정에 순순히 응하진 않을 것이다. 스티브는 말했다. "그것이 이제부터 당신이 맡아야 할 일입니다." 그렇게 나의 일은 시작되었다.

제1기: 디자인 유전자를 찾아서

모든 디자인 프로젝트는 현황을 조사하고, 어떤 것이 아직은 존재하지 않지만 가능성이 있는지 탐구하는 연구와 함께 시작한다. 우리가 스노화이트 프로젝트Snow White Project에 착수했을 때, 아직은 디자인 방식에 컴퓨터가 거의 활용되고 있지 않았지만 컴퓨터 관련 기술들은 급속히 발전하고 있었다. 성능은 향상되는 반면 물리적 크기는 줄어들고 있었고, 수익성은—'전문가용' 대 '소비자용' 가격정책 덕분에—여전히 높았다. 개인용 컴퓨터가 걸음마 수준에 있을 때, 애플은 컴퓨터 전문가들은 물론 모든 사람을 매료시킨 제록스 파크Xerox Parc의 비트맵 방식의 사용자 인터페이스를 갖추어 우위를 점하고 있었다. 하지만 대부분 애플 제품의 구조설계는 초보적이었고 생산비는 터무니없이 높았다. 독일이나 일본에서 사용하는 발달된 전자 제품 생산방식들을 활용한다면 외장 비용을 70%에서 90%까지 낮출 수 있을 것이라고 예상했다. 그래서 우리가 소니 제품에 사용했던 바로 그 기술적으로 급진적인 디자인 방식을 애플 제품에도 적용하기로 했다. 결국 도료 없이 세계 정상급의 고품질 표면을 만들 수 있는 케이스-생산 기술을 사용하여 환경적으로 바람직하면서도 훨씬 좋은 디자인 제품을 만들 수 있었다.

      기술 시장에 우리의 새로운 접근방식과 일치하는 선례가 없었기 때문에 명확한 인구통계학적 시장 데이터를 얻을 수 없었다. 우리는 산업적으로 대량 생산되는 일반 소비자용 첫 번째 인공지능 장치라는 컴퓨터에 대한 새로운 패러다임을 만들어야 했다. 이런 새로운 장치의 '얼굴' 디자인에 관한 구상을 하면서 애플의 디자인이 태평양 연안지역의 역사에 뿌리를 두어야 한다고 생각했기 때문에, 특히 미국 원주민의 설화들을 조사했다. 탐색을 통해, 기하학적인 나바호 모래 그림들과, 그 다음엔 돌에 새긴 모양이 가끔 우주 비행사와 닮아 보이는 아즈텍 유물들을 찾게 되었다. 우리는 이런 이미지들에서 영감을 얻어 디스플레이 화면을 얼굴 모양으로 바꾸고 애플 컴퓨터를 작은 사람처럼 보이도록 디자인하였다.

      스티브 및 애플의 다른 중역들과 많은 대화를 한 끝에, 우리는 심화 탐구를 위한 세 가지 개념 방향을 정했다.

- **개념 1**은 '소니 스타일'로서 한마디로 "만일 소니라면 어떤 컴퓨터를 만들 것인가"였다. 나는 소니와 분쟁을 일으킬 수도 있는 이런 생각이 달갑지 않았지만 스티브는 고집했다. 그는 소니의 단순하지만 멋진 디자인 언어가 좋은 표준이라고 생각했다. 당시 소니는 첨단기술 가전제품을 더 똑똑하게, 더 작게, 더 이동성 있게 만드는 분야의 선두 주자였다.
- **개념 2**는 '아메리카나'를 표방했고 첨단기술 디자인과 고전적 미국 디자인, 특히, 스튜드베이커Studebaker나 다른 자동차 회사들을 위한 레이먼드 로위의 유선형 디자인, 일렉트로룩스의 가전기기류, 게스테트너Gestetner의 사무용품 및 (당연히) 코카콜라 병과 같은 스타일을 재결합시켰다.
- **개념 3**을 정하는 것은 내게 맡겨졌다. 가능한 한 급진적이어야 하고 그래서 가장 도전적인 것이다. 개념 1과 2가 증명된 양식으로 잘 정립되어 있던 반면, 나에게 주어진 개념 3은 미지의 목적지를 탐험하는 티켓이었다. 어쩌면 이것이 세 개념 중의 승자가 될 수도 있을 것이다.

개념 1을 가지고 일하는 것은 쉬웠다. 내가 소니 디자인의 전략을 '알았기' 때문이다. 그들의 전략을 그대로 베끼기보다는, 애플이 좀 더 적은 수의 부품으로 다양한 제품을 만들 수 있도록 모듈식 시스템을 개념화하는 출발점으로 이용했다. 그러나 이 개념의 단점은 조립 비용이 많이 들면서도, 결과가 간단히 말해 썩 좋지 않았다는 것이었다. 분명 좋은 모양을 만드는 것은 우리가 해결할 과제의 한 측면일 뿐이었다.

개념 2 작업의 시작은 좋았고 빠르게 결과물을 얻었다. 그러나 이 개념의 복고-미래 지향 방식은 충분히 혁신적인 것이 아니었다. 우리는 몇 개의 아름다운 모양을 디자인할 수 있었지만 개념적 내용은 거의 담을 수가 없었는데, 전반적으로 이 개념으로는 단지 우리가 추구하는 새로운 의미론을 반영할 수 없었기 때문이다. 나는 유선형 디자인이 복고라고 보기엔 너무 신식인 것이 아닐까 하는 의구심이 들었다. 개념 2의 매력은 이해하고 있었다. 사람들은 순전히 혁신적인 것은 바로 거부하지만 늘 무언가 익숙한 듯한 어떤 새로운 것을 찾기 마련이다. 그럼에도 불구하고 개념 2에 들어 있는 우리의 의도는 통하지 않았고 그래서 우리는 다음 개념으로 옮겨갔다.

개념 3은 혁명을 창조하고 실현하는 절호의 기회였고 나는 빠져들었다. 베가와 소니 같은 전자제품 기업과 일한 경험 덕분에, 몸을 편한 수준 이상으로 스트레칭해야 하듯 자신을 닦달해야 한다는 것을 알고 있었다. 올리베티를 위한 마리오 벨리니와 에토레 소트사스의 작품들을 들여다보는 것은 도움이 되지 않았다. 그들의 과도하게 표현된 디자인과 엘리트주의 양식은 우리가 노리는 대중에겐 호소력이 없을 것이기 때문이었다. 스티브 잡스는 디터 람스의 브라운을 위한 디자인을 좋아했고 나도 디터의 절제된 디자인 방식을 높이 평가하지만, 당시 현실엔 조금은 배타적이지 않나 생각했다. 사실 애플은 '컴퓨터 회사'가 아니라, 막 시작된 새로운 패러다임인 아이와 노인 및 그 사이의 모든 소비자를 위한 인공지능 제품들을 대표해야 했다. 과거 내가 해왔던 작업방식은 이 프로젝트에 도움이 되지 않았다.

올바른 방향을 잡기 위해 앤디 헤르츠펠트Andy Hertzfeld와 빌 앳킨슨Bill Atkinson 같은 프로그래머들과 어울렸던 시간이 도움이 되었다. 그들은 화면엔 단지 선과 추상적인 코드로만 보이는 소프트웨어를 거의 시적 표현으로 설명해주었다. 그 선들이 나의 작업에 핵심적 영감을 주었다. 두 번째의 영감은, 모니터에서 CPU에 이르기까지 모든 덩치 큰 물리적 기술들은 결국 우아한 모양의 '판Slate'에게 자리를 내주게 될 것이라는 빌의 선견지명으로부터 얻었다. 그래서 '모서리 없이' 흐르듯 이어지는 '선과 판'이 개념 3의 시각적 유전자가 되었다. 그리고 색깔은 백색이나 가능한 한 백색에 가까운 것이어야 했다.

상: 애플 스노화이트 1, '리사 워크스테이션', 1982. 하: 애플 스노화이트 2, '평면 화면 워크스테이션', 1982

상: 애플 스노화이트 2, '맥과 애플 II', 1982. 하: 애플 스노화이트 2, '워크벤치와 뮤직 맥', 1982

상: 애플 스노화이트 1, '모듈식 맥', 1982. 하: 애플 스노화이트 2, '태블릿 맥', 1982

↑ 애플 IIC, 1983

 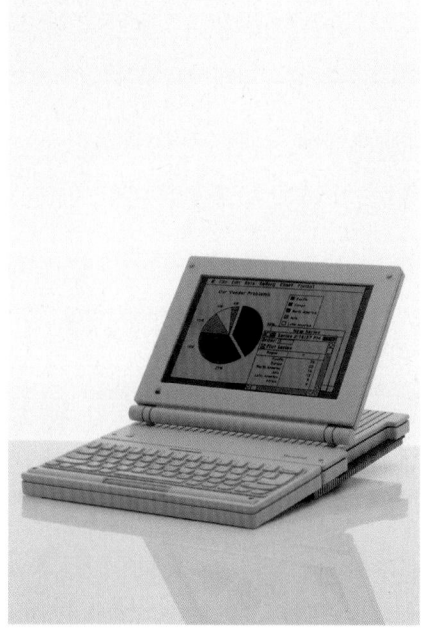

상: 애플 스노화이트 3, '애플 II', 1984. 하: 애플 스노화이트 3, '맥북', 1984

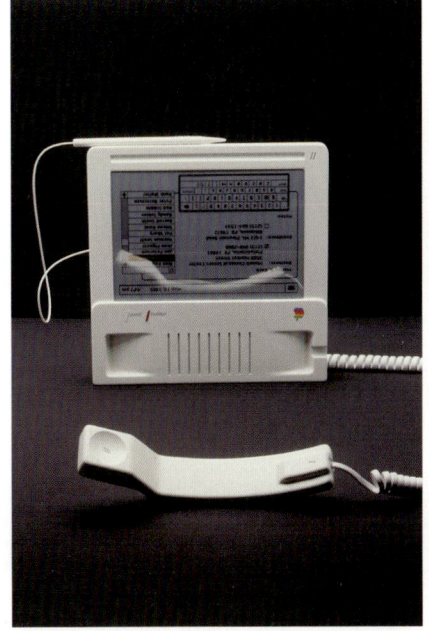

↑ 애플 스노화이트 3, '맥폰', 1984

제2기: 스노화이트 디자인 언어

우리는 첫 번째 모형 세트를 캘리포니아로 보냈고, 모든 애플 팀과 토론 끝에 '선, 판, 곡선'으로 — 우리가 '스노화이트'라고 명명한 디자인 언어인 — 개념 3을 진행하기로 합의했다. 또한 개념의 상징 요소들과 시각적 처리에 관해 다음과 같이 간략한 설명을 준비했다.

- **판:** 최초 구상의 특징적 형상과 최소의 표면 질감을 갖고 원재료에 도색하지 않으며, 가능한 한 작은 부피/크기를 치지함. (모니터 등) 필요한 경우 최소한의 모서리만 사용.
- 가능한 한 대칭성 유지.
- **선:** 앞에서 뒤쪽 방향으로 폭 2밀리, 깊이 2밀리의 얇은 선들을 10밀리 간격으로 배열, 전면과 후면에 각각 30밀리, 4~10밀리 깊이의 오목한 가로선.
- **색:** 흰색을 바탕으로 대비색을 쓰는 경우엔 부드러운 올리브 그레이(1984년 말에는 대비색으로 '플래티넘Platinum'이라고 불리는 밝은 회색을 사용하게 되었다).
- **상표:** 단독 애플 로고 표장을 매끄럽게 상감. 제품 이름은 암회색으로 패드인쇄. 글자체는 아드리안 프루티거Adrian Frutiger의 유니버스 장사체Univers condensed italic와 가라몬드 장체Garamond condensed.

기술 동향에 관한 주제로 애플의 경영진, 기술자들과의 토론이 끝난 뒤에, 빌 앳킨슨은 내게 다가와 평면 화면과 터치 인터페이스, 전화기와 통합된 컴퓨터 같은 차세대 발전 전망을 프로젝트에 포함하면 어떻겠냐고 부추겼다. 독일에 돌아와 프로그는 다시 작업을 계속했고, 나는 빌의 의견을 참고해 스노화이트 프로젝트를 기본적 요구사항 이상으로 진행하며 미래에는 가능할 새로운 제품들도 개념화했다. 빌은 심지어 우리의 작업 기간에 유럽 휴가를 맞추어 블랙포레스트 스튜디오에서 보냈다. 이 결과로, 무선 휴대 폴더-폰, 터치패드 컴퓨터 및 키보드 크기의 화면과 터치 인터페이스로 구성된 노트북 컴퓨터 등, 아마도 세계 최초의 개념들이 탄생했다. 1983년 마지막 정회 시간에 스티브가 맥 팀원들에게 맥 노트북 모형을 '우리가 만들 차세대 매킨토시'라고 소개했을 때 사람들은 불신으로 기가 막혀했다. 그러나 나는 이런 작업이 매우 중요하다는 것을 알고 있었다. 전기-전자 디자인업계에 몸담은 10년 넘는 시간 동안 나는 많은 기술과 기업의 흥망을 목격했으므로, 컴퓨터 상자, 키보드, 마우스, 모니터를 뛰어넘는 애플의 디자인 전략이 필요하다는 것을 확신하고 있었다.

우린 최종 발표를 위해 애플의 마리아니Mariani 빌딩에 있는 방을 전시실로 꾸몄다. 현재의 기준으로 본다 해도 내가 기억하는 한 가장 훌륭한 발표들 중 하나였다. 스티브 잡스는 열광했고 그 자리에 참관해 슬라이드 쇼와 모형들을 보고 개념 토론을 경청하던 애플 이사회 임원들도 마찬가지였다. 프로그가 최종 선정되었고, 모든 애플 제품의 디자인을 책임지며 애플과의 연간 2백만 달러 계약이 상으로 주어지는 것으로 우리의 성공은 완성되었다. 나는 비록 자문역이긴 하지만 — 스티브가 애초에 약속했듯 — 디자인 경영자로 지명되었다. 이제 진짜 일이 시작되려 하고 있었다.

스티브 잡스는 우리의 협력 작업을 통해 자신의 새로운 이미지를 구축했을 뿐만 아니라 세계 최초의 디지털 가전 기업으로서 애플이 나아갈 새로운 방향을 얻게 되었다. 더불어 스티브는 제품과 그것이 시장에 미치는 효과에 대해 더욱 깊이 이해하게 되었다. 그는 다른 색 없이 흰색으로 표현되며 단순히 겹쳐져 만들어지는 형상이라는 신개념을 포용했다. 사실 그해 연말인 1983년 아스펜 디자인 컨퍼런스 연설에서, 스티브는 심지어 그가 추종하던 소니의 '어두운 금속 도색'을 비난했다. 스티브는 흑백이 분명한 사람이었다. 그런 직선적이고 속박되지 않은 성향과 더불어, 더 나은 길을 경청하고 실제로 방향을 바꿀 줄 아는 독특한 능력이 그를 발전을 향한 이상적인 파트너가 되게 하였다.

제3기: 스노화이트의 착수

나는 비록 스티브 잡스의 전폭적인 지원을 받고 있었지만, 애플 디자이너들 대부분은 여전히 자신들이 디자인을 책임진다고 생각하며 나와 공조하길 거부하고 있었다. 애플 II의 실패와 시작하는 리사의 참담한 실적을 본다면 아직도 회사는 위기 상황이라고 생각했기 때문에 나는 그런 직업적 규율이 없는 상태를 용납할 수 없었다. 그러므로 조금도 물러서지 않았다. 우리의 교착상태의 결과로—제리 마녹을 포함한—몇몇 디자이너는 애플을 떠났고, 내가 아직도 감사하고 있는 롭 겜멜을 포함한 몇몇 다른 디자이너는 퇴사하거나 부서 이동을 강요당했다. 애플의 새로운 최고경영자인 존 스컬리John Sculley 또한 이런 상황에 도움이 되지 않았다. 그는 어떤 분쟁에 대해서도 한결같은 반응이었는데, 완전히 사무적인 목소리로 이렇게 물었다. "이게 개인적인 문제인가요 아니면 사업적인 문제인가요?" 당연히 모두 사업적인 문제가 아니고 무엇이겠는가? 그런 면에서 나는 스티브 잡스에게 무척 감사했고, 최고를 위해 헌신하는 것으로 그에게 보답하리라 다짐했다. 그가 세계 최고의 디자인을 원한다면 얻게 되리라. 그렇게 간단한 것이었다.

애플 IIc의 '기발한' 디자인을 1984년 〈타임〉지가 올해의 디자인으로 선정했을 때, 스티브의 비전은 대단한 수의 판매실적 이상으로 입증되었다. 하지만 불행히도 그해 애플의 전반적 실적은 좋지 않았다. 매킨토시 판매량은 수준 이하의 디자인과 존 스컬리가 1,900달러에서 2,500달러까지 점진적으로 올려놓아 큰 폭으로 상승한 가격 탓에 기대수준을 훨씬 밑돌았다. 그러므로 애플 IIc의 성공에도 불구하고 우리는 앉아서 숨 돌릴 틈이 없었다. 이제 우리는 계속해서 스노화이트 디자인을 애플의 다른 제품라인에도 적용해야 했다.

다음으로 우리는 애플 프린터와 애플 II 데스크톱 라인을 최종적으로 다시 디자인하는 데 관심을 돌렸다. 캐논과의 밀접한 제휴 아래 레이저 기록 장치를 가지고 중대한 혁신을 단행했다. 당시 표준이었던 보기 흉한 '도트 매트릭스' 인쇄 방식을 대체하기 위해, 스티브는 베를린에 있는 베르톨트Berthold 활자 주조소의 식자-품질 서체에 대한 사용권을 취득했다. 애플의 개발자들은 안티-에일리어스 기술Anti-Alias Technology을 더욱 개선하여 포스트스크립트Postscript 프로그래밍이 데스크톱 출판의 새로운 표준이 되게 하였다.

애플의 차세대 제품개발이 깊이 진행될수록, 우리는 스노화이트 디자인 언어가 세부적인 면에서 조금은 너무 약하거나 너무 복잡하다고 느끼게 되었다. 디자인의 경쟁력을 높이기 위해, 디자인 언어를 소형 제품이나 신기술에도 적용할 수 있도록 확장하고 그 세부사항들을 다듬었다. 우리는 '전시용'으로, 전화기(AT&T와 공동작업)와 TV와 연결가능한 맥 및 디지털 전자 분야의 발전으로 미래엔 가능한 음악/영상 재생기 같은 일련의 제품들을 만들었다. 스티브의 주장으로 '검은 무연탄 색Black-Anthracite'이 제품 색상들에 포함되었다.

우리의 스노화이트 2 기획은 매우 극적이었고, 후일 조너선 아이브가 이 디자인을 다시 채택해 아이팟과 잇따른 애플 제품들에 적용했을 때 증명되었듯, 어쩌면 시대를 초월한 것이었다. 스노화이트 2 디자인 언어는 우선 CPU, 키보드, 마우스, 커넥터, 케이블과 프린터(도쿄 일렉트로닉스 제조)로 구성된 애플 II GS 라인에 전적으로 적용되었다. 애플 II GS는 경제적으로 크게 성공하여 애플에 활력을 불어넣어 주었지만, 공교롭게도 애플 II 라인의 최후가 되었다. 맥이 회사를 지탱할 만큼 충분히 팔리지 않았기 때문이었다. 돌이켜보면, 애플 II GS 라인이 길었던 여행의 종착지였다는 것은 매우 다행스러운 일이다.

다음으로 우리는 모두가 사용할 수 있는 멋지고 친근한 디지털 기기의 최첨단 공급처로 애플을 자리매김하게 할, 차세대의 작고 '터무니없이 훌륭한' 맥을—일명 빅맥과 베이비맥을—만들기로 결심했다. 일반적인 CRT 모니터의 값싸 보이는 외양을 바꾸기 위해 도시바와 함께 CRT 전면을 새롭게 작업했고, 평면 화면 기술 또한 살펴보았다. 맥을 가능한 한 작게 하려고 무선 키보드와 마우스를 실험했다. 베이비맥을 개발하는 동안 스티브는 유명한 앨런 케이Allan Kay를 팀원으로 새롭게 영입했다. 소프트웨어 팀의 작업과 수전 케어Susan Kare의 사용자 인터페이스 작업이 대단히 진전되고 있었기 때문에, 나는 베이비맥이 애플 전체에서 가장 위대한 제품들 중 하나가 될 것이라고 생각했다. 그러나 운명은 나와 스티브의 편이 아니었다. 스티브는 존 스컬리와의 권력투쟁에서 졌고 애플에서 쫓겨났다. 그렇게 내게 베이비맥은 한 번도 생산되지 않은 가장 훌륭한 디자인이 되었다. 스티브가 떠나면서 애플은 영혼을 잃었고, 그로부터 12년이 지나 스티브가 복귀한 1997년에 비로소 다시 그 영혼을 되찾았다.

↑ 애플 스노화이트 3, '조나단 맥', 1982

↑ 애플 베이비맥, 1985

↑ 애플 ll GS 시스템, 1985, 사진: 디트마르 헤네카

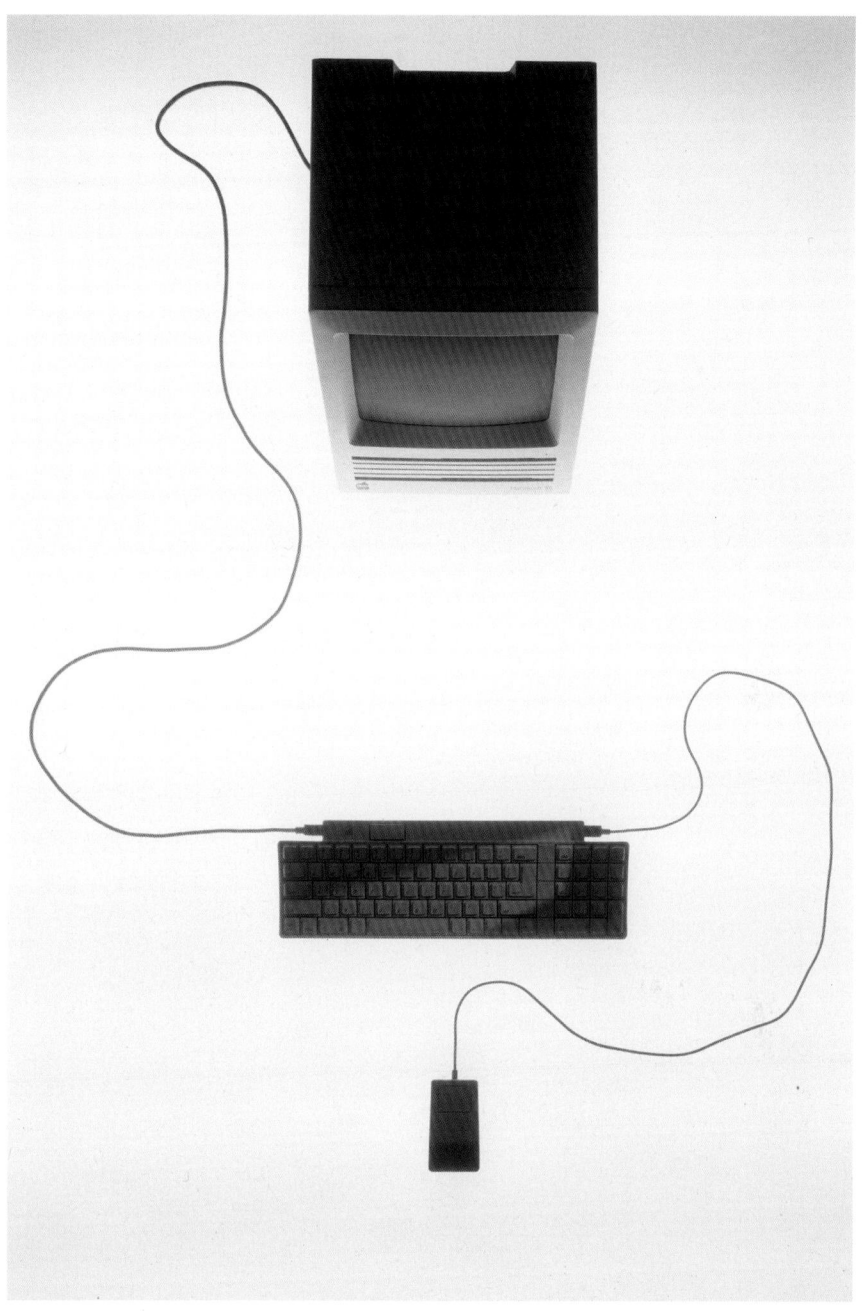

↑ 애플 매킨토시 SE, 1983. 사진: 디트마르 헤네카

5장 전략적 디자인에 관한 프루그 고찰

애플 매킨토시 SE, 1983, 사진: 디트마르 헤네카

넥스트

"내가 상상했던 웹은 아직 우리에게 오지 않았다. 미래는 과거보다 훨씬 크다."
팀 버너스리

애플에서 쫓겨난 스티브 잡스는 몇 명의 애플 출신 친구와 고등교육용 컴퓨터인 고성능의 '똑똑한 장치'를 전문적으로 생산하는 회사 넥스트NeXT를 차렸다. 넥스트의 운영체제는 유닉스 기반이었고 하드웨어는 애플의 차세대 버전인 CISCCycle Instruction Set Computing 명령체계를 가진 모토롤라 6800 계열 마이크로프로세서였다. CISC 기술은 RISCReduced Instruction Set Computing 명령체계의 썬 마이크로시스템즈의 SPARC 같은 신세대 칩들만큼 강력하진 않았지만, 그래픽 언어로 프로그램하기엔 보다 용이했다. 넥스트의 CPU는 CISC 칩을 사용하기 때문에 처리속도 면에서 썬의 솔라리스 운영체제에 비해 매우 느렸지만, 넥스트 스텝NeXT STEP 그래픽 운영체제는 편리성과 다중작업, 견고한 성능 면에서 월등했다. 이런 이유로 팀 버너스리Tim Berners-Lee는 유럽입자물리연구소CERN에서 넥스트로 최초의 인터넷 코드를 작성했다. 이 장치는 현재 실리콘밸리에 있는 마운틴뷰 컴퓨터 역사박물관에 전시되고 있다.

스티브가 떠났어도 프로그-애플 제휴는 계속되었기 때문에, 나는 넥스트의 일을 맡으려 하지 않았다. 하지만 애플이 압박전술로 계약을 깨기 시작하면서, 나는 프로그가 아닌 개인 자격으로 넥스트와 작업하겠다고 결심했다. 실제로 애플은 그 결정에 일조했는데, 매우 정중하게 나와의 작업을 양해해달라고 보낸 스티브의 편지에 대해 애플이 어처구니없게 대응했기 때문이었다. 애플은 스티브의 요청을 거절했고, 회사의 '사냥개'인 리치 조단Rich Jordan을 내 꽁무니에 붙였다. 그럼에도 불구하고 어느 토요일 아침, 나와 스티브 그리고 함께 온 넥스트의 기술설계 자문인 데이비드 켈리David Kelley는 모여 개발 중인 개념을 의논할 수 있었다. 대형 컴퓨터 같은 회로기판을 가진 CPU의 레이아웃은 대단히 멋있었다.

이미 스티브는 런던 근거지의 디자인 회사에 연구 의뢰를 했지만, 넥스트 장치를 커다란 사람 머리 모양으로 한다는 그들의 디자인 개념은 조금 기묘

↑ 넥스트 큐브, 1986, 샌프란시스코 현대미술관. 사진: 디트마르 헤네카

했다. 약간의 토론과 내 쪽에서의 몇 개의 스케치를 보여준 후 우리는 방향을 정했다. 그래서 집으로 돌아와 부엌에서 일을 하기 시작해, 일요일 저녁까지는 주요 디자인을 스티브에게 가져가 보여줬는데 그는 완전히 흥분했다. 중앙처리장치를 담고 있는 본체는 입방체로 하고, CRT의 목과 전자 부품들을 포함한 모니터는 겹쳐진 판형 구조로 한쪽 판은 화면과 함께 사용자를 향하고 다른 쪽 판은 후면을 향하게 된다. 소니가 모니터 설계와 생산을 맡을 것이기 때문에, 값싸고 우스꽝스럽게 보이는 당시 모니터의 '전형적' 한계에 얽매일 필요는 없었다. 모니터 지지대는 데이비드 켈리의 장인 기술로 매우 멋지게 만들어졌다. 그 다음 나는 독일의 한 친구가 소유한 모형 작업실에 가서 하나는 화강암 색으로 또 하나는 검은 무연탄 색으로 세부적인 큐브의 모형들을 만들었다. 당연히 스티브는 검은색 쪽을 좋아했다. 마지막으로 나는 폴 랜드Paul Rand가 만든 큐브 로고를 3D로 바꾸었다. 두 달 만에 마지막 기술설계를 위한 디자인 준비가 끝났다.

     그 어느 것보다 넥스트 때의 경험이 그립다. 작은 세팅 속에서 스티브와 함께 일한다는 것은 환상적이었고 함께한 과정들은 완벽했다. 나중에 스티브가 애플로 복귀한 후, 넥스트는 맥 운영체제를 통해서만 살아남게 되었다. 그리고 이상하게도 그 디자인은 약간 괴상해졌다. 그래서 나는 그것이 애플의 '아쿠아Aqua' 디자인으로 바뀌었을 때 …… 그리고 나의 넥스트 스톡옵션이 애플 주식으로 바뀌었을 때 매우 행복했다.

↑ 넥스트 큐브, 초기 모델, 1986

↑ 상: 넥스트 스테이션, 1988. 하: 넥스트 컴퓨터 보드, 1977

↑ 넥스트 모니터, 초기 모델, 1986

⇧ 넥스트 큐브, 화강암 색 연구, 1986. 사진: 디트마르 헤네카

5장 전략적 디자인에 관한 프루그 고찰

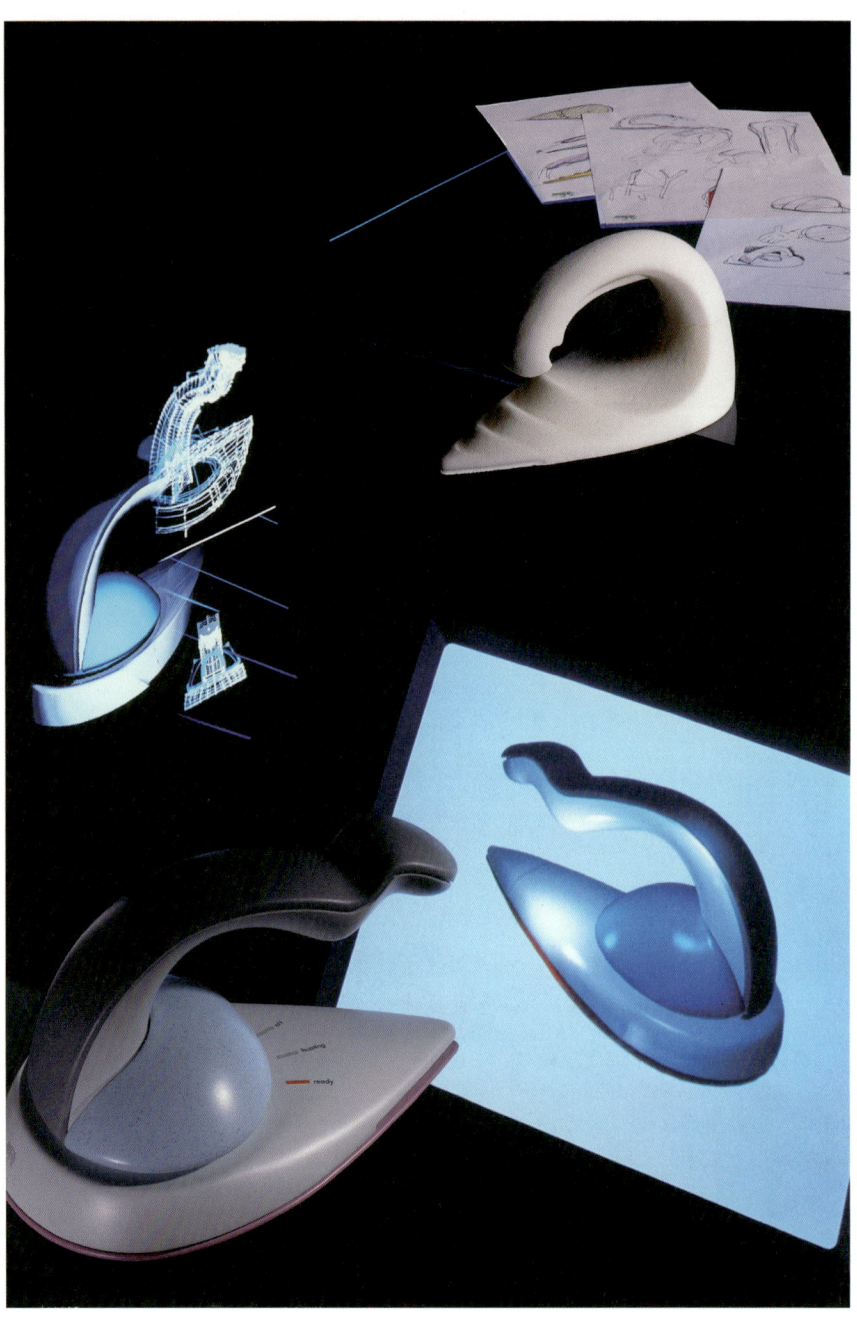

헬렌 햄린 재단: 무선 다리미, 1986

헬렌 햄린 재단

"노년의 약자들을 위한 자린 없다." 베티 데이비스

1986년 디자인을 통해 노인의 생활개선을 돕는 재단¹을 시작한 헬렌 햄린Helen Hamlyn이 프로그를 찾았다. 헬렌은 노인에게 희망과 긍정적인 환경을 제공하고자 몇몇의 디자이너와 디자인 업체에 동참을 요청하고 있었다. 프로그는 전혀 노인에게 맞추어져 있지 않았던 세 가지 품목을 새로운 환경에 맞게 디자인하기로 했다.

- **침대**: 침대에서 일어나기 불편한 노인들을 위해 우아하고 낙천적인 스타일과 안전한 인체공학적 디자인이 결합된 높이-조절가능 침대라는 개념을 만들었다. 침대의 조절 손잡이는 실용과 장식의 기능을 겸비하고 부드러운 색깔의 침대 캐노피는 유쾌한 분위기를 만든다.
- **무선 다리미**: 시력과 거동이 불편한 노인들에게 무거운 물건은 다루기 어렵고, 전선은 위험하다. 그래서 정확히 잡아야 할 곳을 안내하는 손잡이가 달린 무선 다리미를 디자인하기로 했다. 다림판에 내장된 유도코일이 다리미로 에너지를 전달한다.
- **회전가능 TV**: 이 개념은 1968년 독일 코미디 영화인 〈Zur Sache, Schaetzchen〉의 남자 주인공이 TV를 90도 기울여 옆으로 누워서 보는 장면에서 영감을 얻었다. 우리는 이 발상을 확장해, TV의 회전을 리모컨에 달린 원반으로 제어하거나 음성에 반응케 했다. 리모컨 버튼은 물결모양의 센서로 박혀 있어 쉽게 구별할 수 있다.

많은 디자이너가 헬렌의 프로젝트에 참여해 육체적 한계의 극복을 위한 진지한 장치들을 만들었는데, 대개 정형외과 장치들과 비슷한 디자인이었다. 반면, 우리가 출품한 제품들은 다채롭고 유쾌할 뿐만 아니라 기능적이라는 점에서 극명한 차별성을 보였다. 단순히 기능성만을 높인 것이 아니라 기술 혁신 방법을 사용했기 때문에, 우리 제품들은 런던의 노인들에게 큰 호응을 얻었다. 그것은 "형태는 감정을 따른다"라는 프로그의 원칙이 가져다준 또 한 번의 승리였다.

↑ 헬렌 햄린 재단, 회전 리모컨, 1986. 사진: 디트마르 헤네카

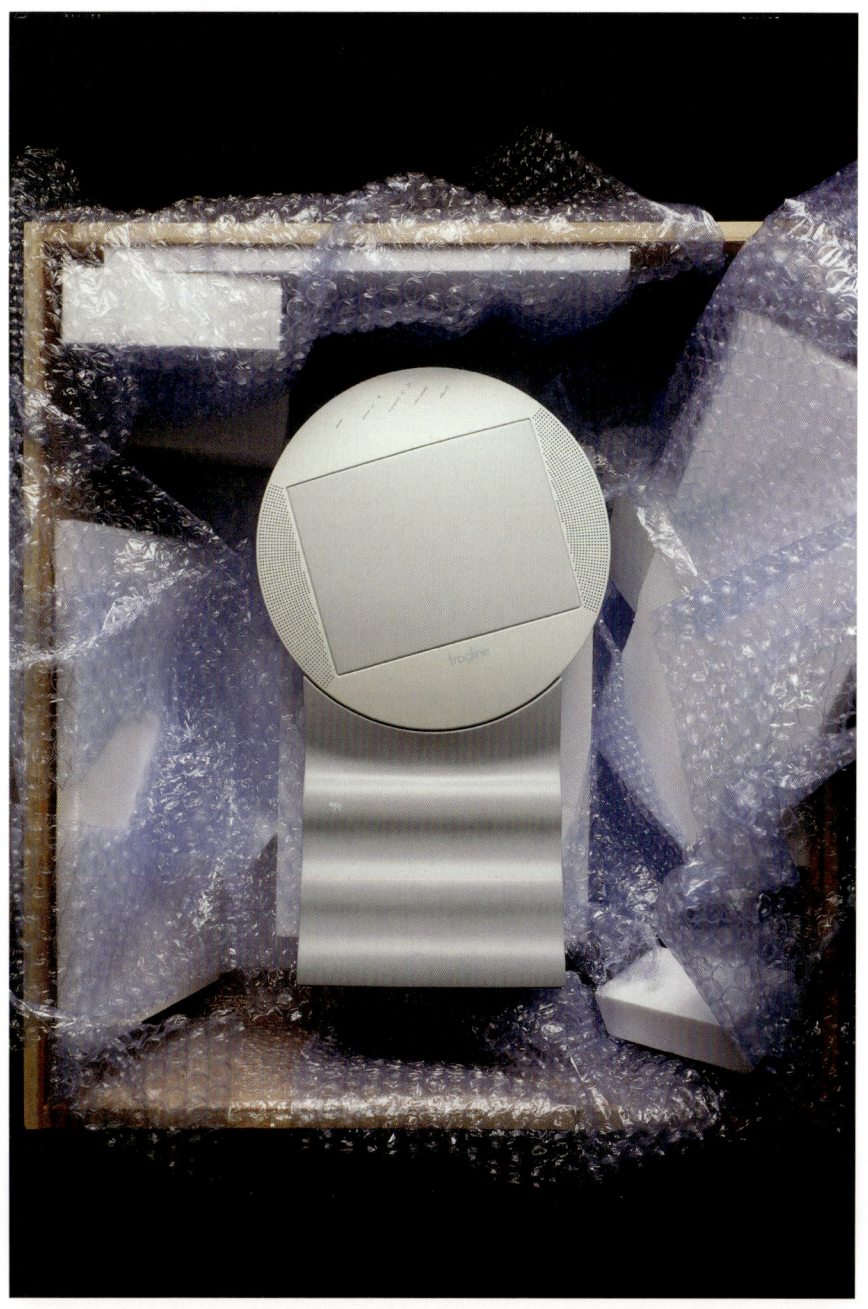

↑ 헬렌 햄린 재단, 회전가능 TV, 1986, 사진: 디트마르 헤네카

↑ 헬렌 햄린 재단, 인체공학 침대, 1986, 사진: 디트마르 헤네카

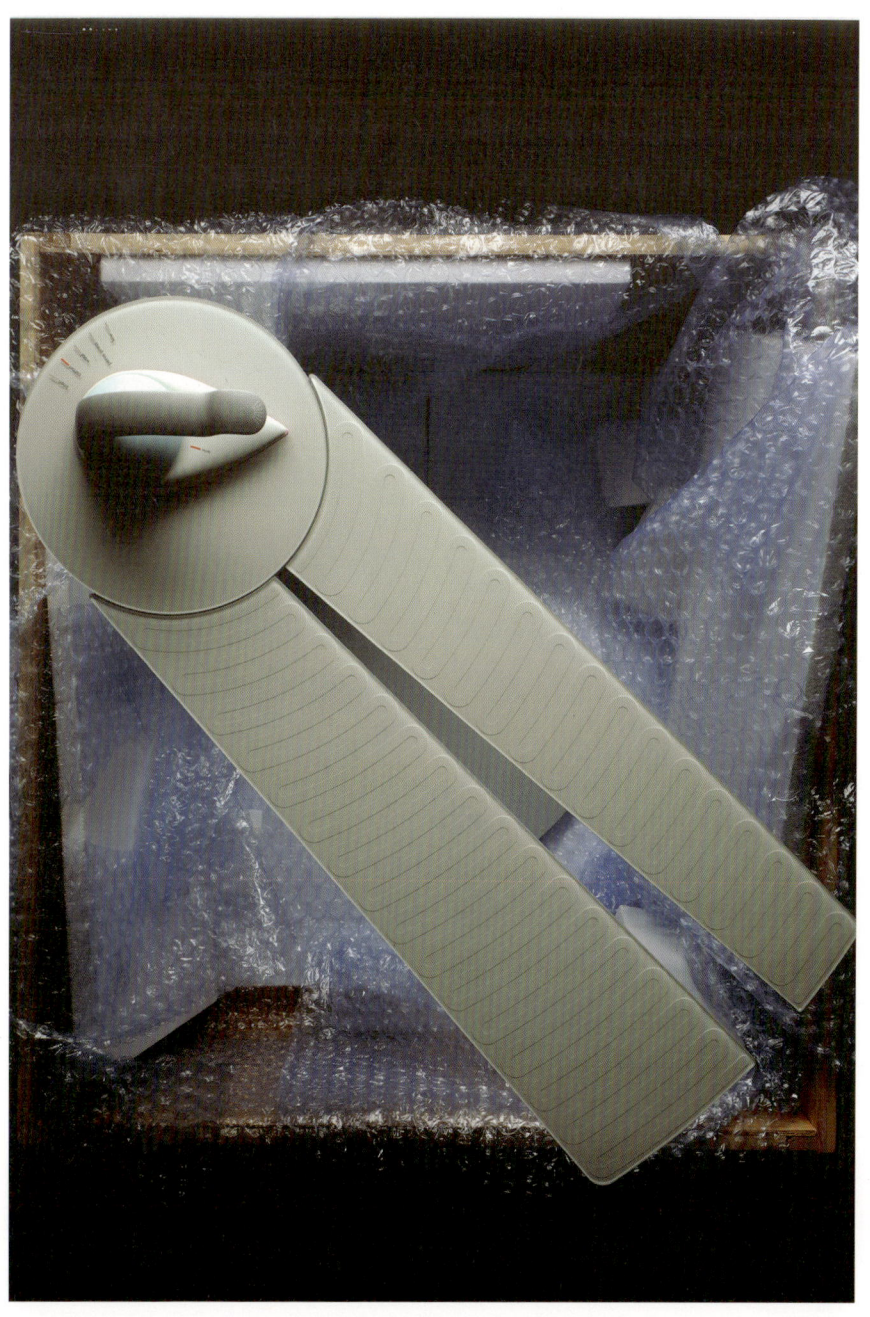

↑ 헬렌 햄린 재단, 무선 다리미, 1986, 밀워키 현대미술관. 사진: 디트마르 헤네카

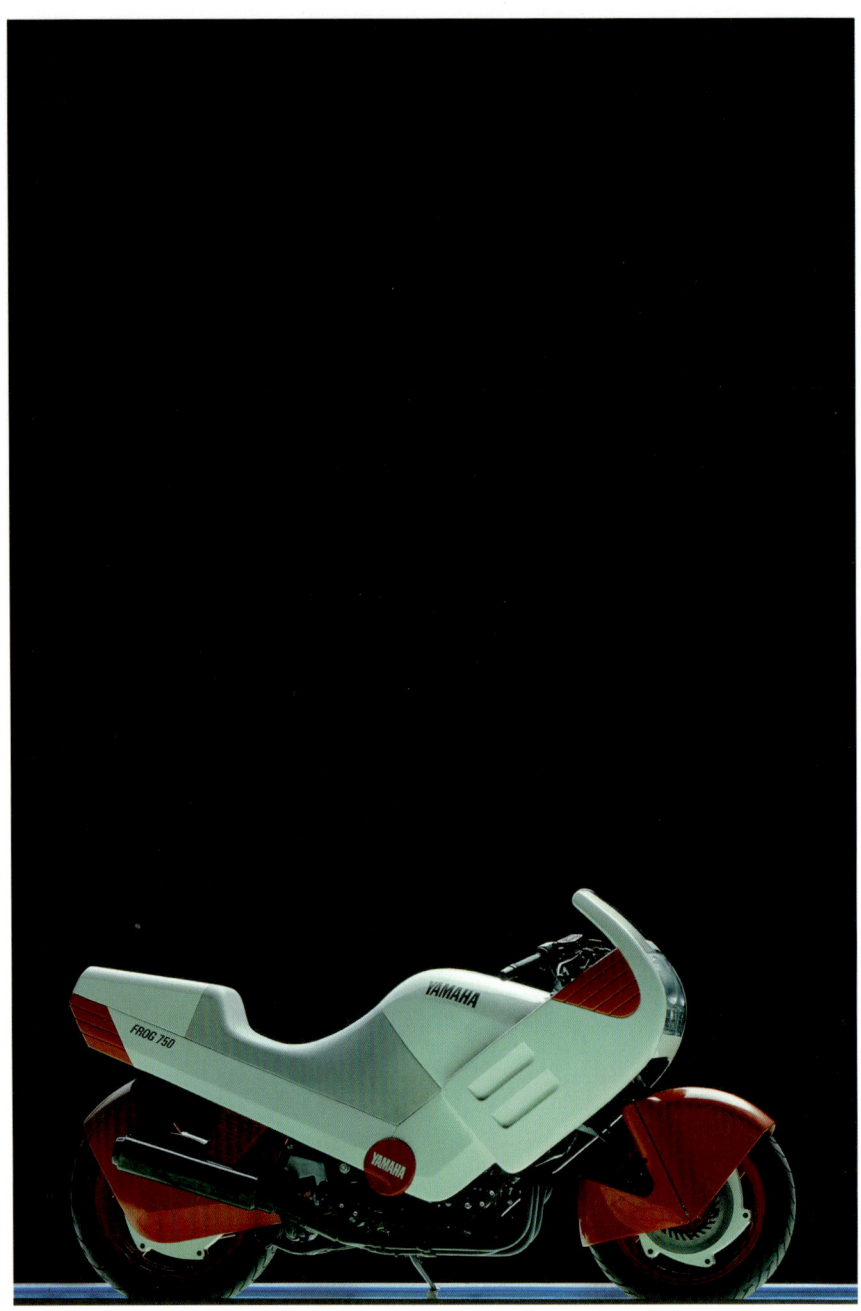

야마하, 프로그 750 연구, 1986, 샌프란시스코 현대미술관. 사진: 디트마르 헤네카

야마하

"최고의 안전은 두려움 속에 있다." 윌리엄 셰익스피어

야마하 프로그 FZ 750 프로젝트는, 1986년 매우 위험한 오토바이에 관한 캘리포니아 규제법 제정과 독일 오토바이 잡지 〈모토라트MOTORRAD〉의 더욱 안전하고 아름다운 오토바이에 대한 공모에서부터 시작됐다(잡지 편집자와 캘리포니아 의원 모두는 결정적 원흉으로 야마하 FZ 750을 지목했다). 나는 〈모토라트〉 경연에 참가하기로 결심했고, 어떻게 그 소식을 들었는지 야마하 USA는 기꺼이 협력하겠다는 말을 전해왔다.

우리는 1대 2.5의 비율로 폼 모형(〈모토라트〉 표지에 실리게 된다)을 연구한 후, 야마하 USA의 지원 속에 FZ 750을 토대로 1대 1 시제품을 디자인했다. 나중엔 일본에서 들여온 ― 실린더 헤드에 피스톤과 구멍이 없어 운행불능이므로 캘리포니아에서도 합법적인 ― 실물 FZ 750을 가지고 작업했다. 복고-미래적 디자인 언어를 만드는 것 외에, 독일 보쿰 대학교의 안전성 연구를 참조해 운전자 측면추락방지 차체와 안전성 강화 좌석/탱크 등을 채용했다. 많은 사고가 오토바이 진행 방향에 자동차가 끼어 들어올 때 발생하므로 측면시야도 확장했다. 지금은 업계 표준이 된 이중 전조등과 탄소섬유 코어로 경량의 림을 만들어 바퀴 무게를 줄이는 디자인을 포함했는데, 당시엔 기술적으로도 매우 도전적인 제안이었다.

독일 프로그 스튜디오에서 완성한 시제품을 일본 야마하 본사가 있는 하마마쓰에 선적해 보냈다. 그들은 매우 좋아했지만 제작 결정은 하지 않았고, 다만 디자인의 출판은 허락해 주었다. 세계적 반응은 폭발적이었다. 혼다로부터 가장 큰 찬사가 날아왔다. 혼다 디자인 팀은 그들의 허리케인Hurricane 디자인을 프로그 FZ 750에 헌정하고 심지어 내게 한 대를 증정품으로 보냈다.

현재 대부분의 사람이 디트마르 헤네카의 아름다운 사진 덕분에 프로그 FZ 750을 알고 있다. 프로그 FZ 750은 수년 동안 샌프란시스코 프로그 사무소 로비의 명물로 주목받더니 지금은 샌프란시스코 현대미술관에서 예술의 '작위'를 받아 한층 고상하게 인정받고 있다.

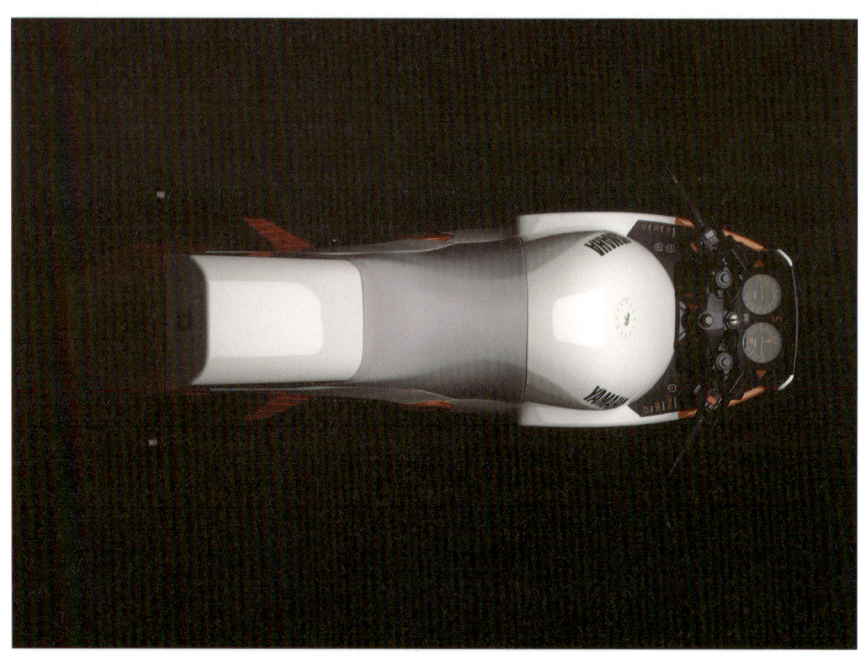

↑ 야마하, 프로그 750 연구, 1986. 사진: 디트마르 헤네카

↑ 야마하, 프로그 750 연구, 1986. 사진: 디트마르 헤네카

올림푸스

"이봐요, 나는 지식인이 아니라 단지 사진을 찍을 뿐입니다." 헬무트 뉴튼

사진 촬영은 내가 가진 열정들 중 하나다. 나는 사진을 공부했고 친구인 디트마르 헤네카에게 많은 것을 배웠다. 그리고 다행스럽게도 쓰고 싶은 모든 카메라를 구매할 만큼 충분한 여유가 있었다. 내가 미녹스 35밀리 카메라의 재설계 작업을 마친 후에, 올림푸스는 꿈같은 프로젝트를 프로그에 맡겼다. 과학 현미경은 물론 디지털 카메라를 위한 새로운 패러다임을 디자인하는 일이었다. 프로그는, 프로젝트의 디자인 유전자는 일본인의 단순성 원칙과 도구의 완벽한 사용에 기초해야 한다고 올림푸스를 확신시켰다.

리옴1

필름에서 디지털 기술로 옮겨가면서, 휴대용 카메라는 필름 통을 담을 몸체의 형상과 광학렌즈 뒤편에서 필름을 감기 위한 기계장치가 필요치 않게 되었다. 디지털 촬영에서 고정적으로 필요한 것은 렌즈 뒤에 위치하는 센서 칩과 렌즈 자체 및 카메라를 조작하기 위해 필요한 요소들뿐이다. 사람들은 필름 카메라 사용에 익숙해져 있기 때문에, 우리가 디자인하는—리옴1LiOM1이라고 명명한—카메라가 필름 카메라와 유사한 사용자경험을 갖게 하고 싶었다. 예를 들어 오늘날 부가적인 버튼으로 강화된 자동차의 운전대를 생각해보라. 새로운 기능들을 갖고 있지만 여전히 운전대 모양이다.

리옴2

연구 조사를 통해 우리는 사람들이 판-모양의 물건을 쥐는 것을 선호한다는 것을 알게 되었다. 그래서 보다 감각적인 패션을 강조한 리옴2LiOM2 디자인에서는 렌즈와 더불어 판형을 더욱 과장했다. 또한 카메라를 최첨단 장신구처럼 보이게 하는 목 끈을 제공했다. 리옴2를 본 사람들의 반응은 열광적이었다. 하지만 올림푸스 경영진은

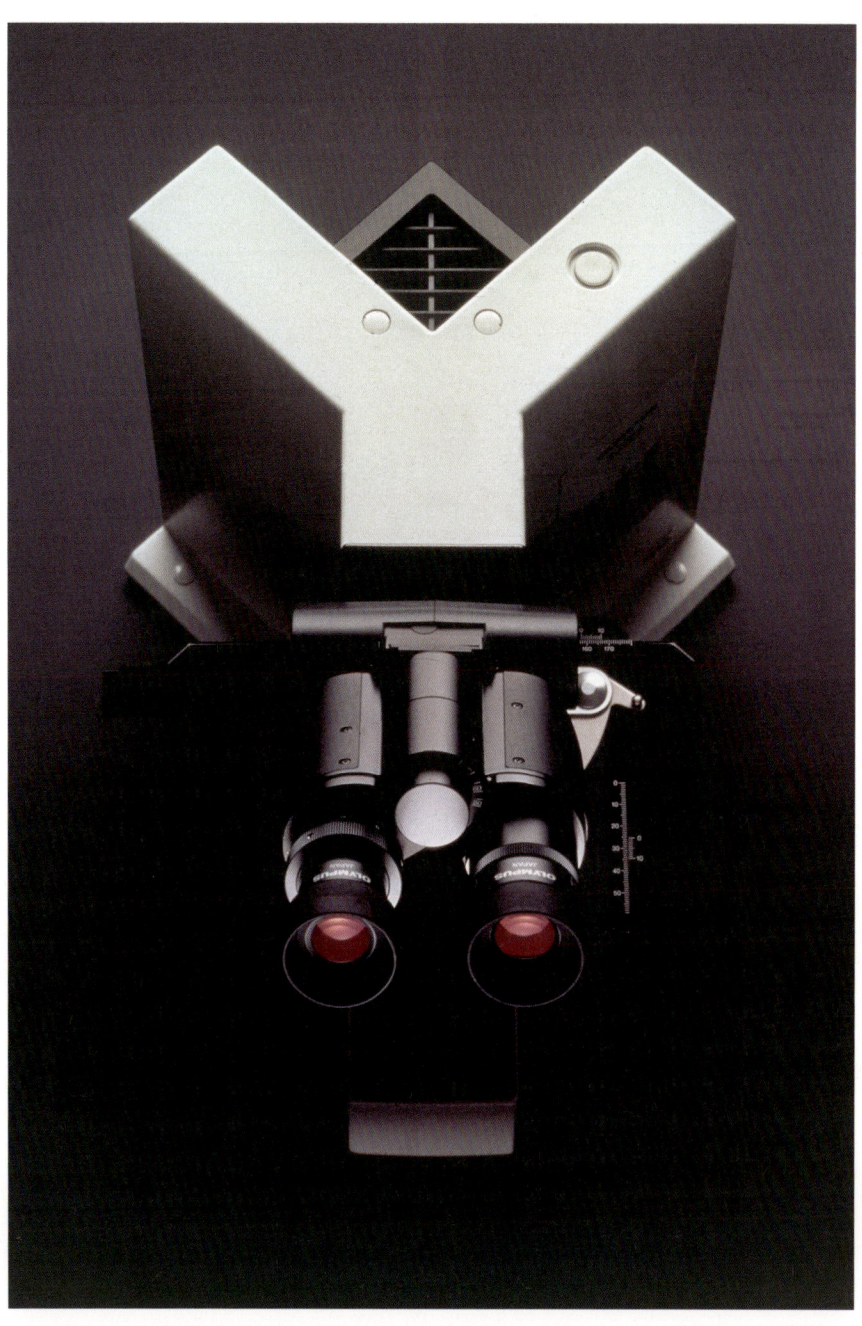

↑ 올림푸스 과학현미경, 1988

5장 전략적 디자인에 관한 프로듀그 고찰

↑ 올림푸스 리옴 디지털 카메라, 1988

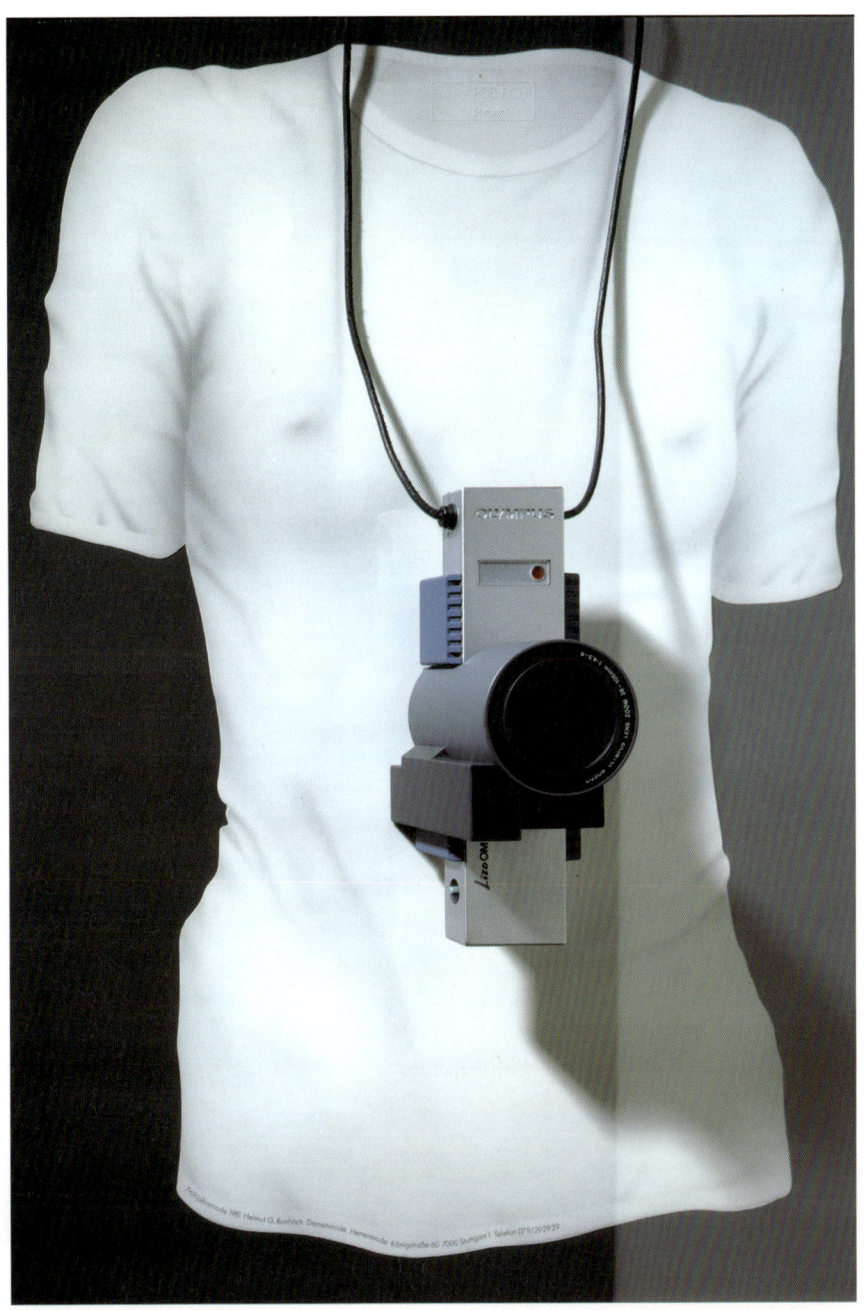

↑ 올림푸스 리옴2 디지털 카메라, 1988

그 디자인을 실행할 용기가 없었다. 우리가 리옴2 디자인을 발표하자 삼성이 비웃는 건지 찬사하는 건지 모를 개념의 유사제품을 출시했지만 복제품은 매우 나빴다.

올림푸스 현미경

현미경을 디자인하려 한다면 스스로 현미경을 사용해보고 그 다음엔 '미시-세계'로 뛰어들어야 한다. 렌즈 아래 무엇을 놓든 간에 현미경이 보여주는 세계는 무척 아름답고 복잡하고 기묘해 매번 나를 놀라게 했다. 올림푸스 현미경 프로젝트의 사용자 테스트를 통해, 현미경 구조를 변경해 접근성과 사용성을 개선해야 한다는 점이 명확해졌다. 최종적으로, 우리는 현미경을 수직의 Y-형 구조로 만들어 제어장치에 최적으로 접근할 수 있고 안정성도 좋아지게 했다. 또한 배후에 환기 시스템을 설치하여 램프가 발생시키는 열기에 사용자가 지장받지 않도록 했다. 마지막으로 기계적 조작장치의 모든 요소를 다시 만들어 개선했다. 올림푸스 현미경은 거의 순식간에 시장의 성공을 이뤄냈고 많은 디자인상을 받았다.

루프트한자

"날아가는 꿈을 꾼다는 것은 당신이 인생을 바르게 살고 있다는 것을 의미한다." 더그 코플랜드

40년 이상 일하면서 비행기를 타고 간 거리는 족히 수백만 마일은 될 것이다. 가끔은 회의를 위해 독일에서 북극을 경유해 도쿄로 갔다가 돌아오거나, 홍콩을 들렀다 오는 여행을 한 달 동안에 세 번이나 하곤 했다. 비행기를 내 집처럼 편안히 느끼며, 잠이 오지 않거나 독서를 하지 않을 때면 창밖을 보는 것을 매우 즐긴다. 이카로스의 꿈이 아직 내 안에 살아 있다. 독일 태생이어서 루프트한자를 좋아하지만 안전성 때문이었지 디자인 때문은 아니었다. 기내 장식은 독일 사무실처럼 보였다. 회색의 지루한 모습이다. 1993년 나는 루프트한자의 승객 업무 담당 부사장인 헴조 클라인Hemjoe Klein의 연락을 받았다. 그는 캘리포니아에서 제작된 나와 프로그에 관한 TV 스페셜을 보고, 우리가 루프트한자에 대한 호감을 보다 높여줄 수 있을 거라고 생각했다. 우리는 클라인을 만나 항공사의 이미지를 개선하기 위해 필요한 것에 관해 의논했다. 때마침 루프트한자는 프랑크푸르트의 터미널 1의 개조와 뮌헨 공항과 뉴욕 JFK 공항에 각각 새로운 터미널의 임대를 결정하고 있었다. 그것은 이 프로젝트를 통해 공항 환경을 새로 만들 기회를 가진다는 것을 뜻했다. 게다가 루프트한자는 새 비행기들을 에어버스Airbus에 대량으로 주문한 상태였기 때문에, 우리는 그것들 내부를 처음부터 디자인할 수 있게 될 것이다. 루프트한자는 또한 보잉 비행기 편대, 특히 747기종을 개장할 계획이었다(흥미롭게도, 당시 루프트한자 중고 비행기의 주요 구매처였던 사우스웨스트 항공사의 최상급은 아직 737기종이었다). 그렇게 루프트한자를 위한 프로그의 작업이 시작되었다. 다음은 1997년 이후로 계속 사용 중인 작업의 핵심 요소들이다.

• **디자인 유전자:** 루프트한자는 동맹국(미국, 영국, 프랑스)이 독일에게 새로운 항공사를

루프트한자, 프랑크푸르트 공항, 게이트, 1994

만들 수 있도록 승인했던 때인 1953년에 공식적으로 설립되었지만 루프트한자가 실제 설립된 해는 1919년이었다. 당연히 우리는 어떤 나치 시대와의 연관도 배제해야 했기에—독일에서 개발된 나치 이전의 마지막 비행기인— 융커스 JU 52Junkers JU 52를 유전적 상징으로 삼았다. 포드 트리스타Ford Tristar처럼 JU 52의 동체와 날개는 주름진 금속판으로 덮여 있어, 무게는 줄이면서 안정성을 더했다(항공역학은 주름진 금속판을 과거의 것으로 밀어냈지만, 우린 여전히 그것이 전하는 감성적 메시지가 마음에 들었다). 매우 사랑받았던 JU 52를 기초로, 우리의 새로운 디자인 유전자는 매끈한 유선형보다는 구불구불한 곡선, 파형 및 기계적 의미론의 요소들에 의해 정의되었다.

- **공항:** 승객과 항공사 간의 육체적 상호작용이 주로 집중되는 곳은 접수대다. 물론 자가-체크인 창구도 디자인했지만, 우리는 루프트한자 접수대에서 승객들이 기능적 만족과 감성적 매력 양쪽 모두를 경험할 수 있게 하고 싶었다. 접수대 디자인의 세부 내용들에 집중해 설명하진 않겠지만, 직원들 입장에선 승객의 접수대 앞 위치가 가장 중요한 문제다. 이 문제를 우리는 파형 디자인으로 해결했는데, 오목한 쪽에는 스테인리스강으로 만든 서는 자리를, 그리고 볼록한 쪽에는 상표 이미지가 달린 '방패'를 만들어 좌우 접수대에 서 있는 승객들이 서로 쾌적한 거리를 유지할 수 있게 했다. 공항의 대합실과 라운지를 새로 디자인하는 것은 프로그의 작업 중에서도 특히 재미있는 부분이었다. 뉴욕 출신 건축가인 마이클 맥도널Michael MacDonnel의 도움으로 아메리칸 데코American Deco의 디자인 요소들을 사용해 JU 52 개념을 낙천적인 느낌을 주는 실내장식으로 바꿀 수 있었다.

- **비행기 실내장식:** 비행기 실내장식에는 두 개의 주요한 요소가 있다. 공간과 좌석이다. 중량과 안전 문제로 재료가 결정되기 때문에 공간을 가지고 할 수 있는 일은 제한적이었지만, 좌석의 경우는 여지가 많았다. 일등석 좌석은 특별한 도전이었는데, 75도로 기울어지는 기존 의자의 작동 구조를 이용해야만 했기 때문이었다. 그래서 등받이와 발판을 90도로 움직이도록 수정해 수평의 침대가 되도록 만들었다. 모양은 곡선미와 쾌적함을 갖추었고, 팔걸이는 승객의 소지품을 담는 통과 결합됐다.

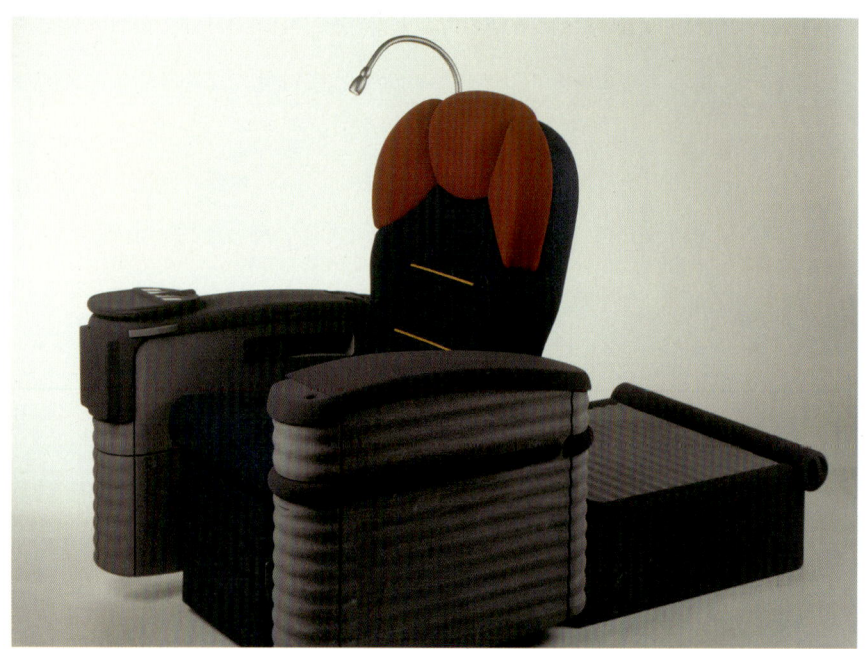

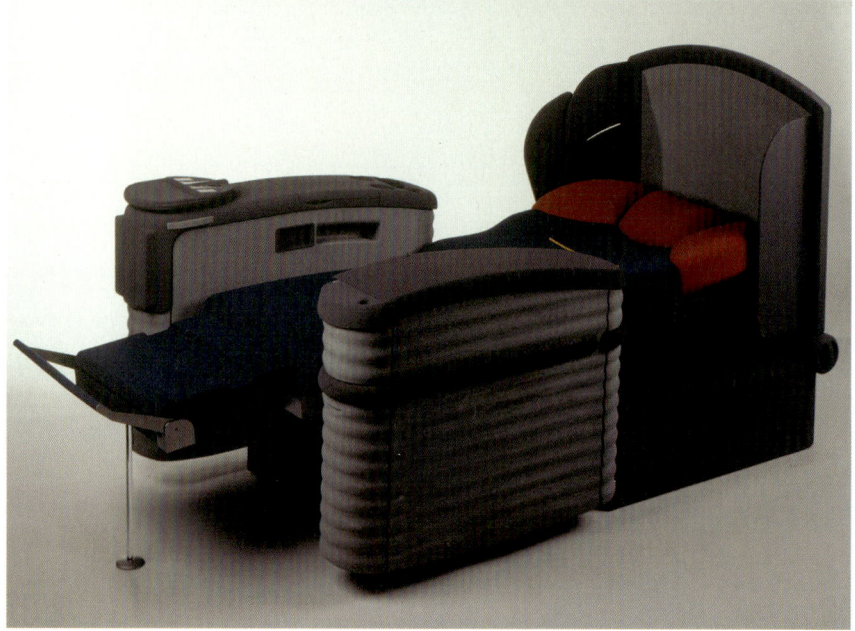

↑ 루프트한자, 일등석 수면 좌석, 1994

↑ 루프트한자, 프랑크푸르트 공항, 라운지, 1994

단단한 표면들은 가볍고 주름진 플라스틱으로 만들어져 비행기에 JU 52의 감성을 더해주었다. 나는 우리 프로그가 디자인한 좌석에 앉아 15년 이상 비행을 하고 있지만 여전히 싫증나지 않는다. 그러나 그런 날이 오래가지는 않을 것이다. 새로운 비행기는 싱가포르 항공사나 에미리트 항공사의 것들과 비슷한 새로운 좌석 디자인을 채용할 것이기 때문이다(하지만 비행기가 응접실 같아 보이는 것이 딱히 좋은 것만은 아니다).

↑ 루프트한자, 프랑크푸르트 공항, 터널과 표지판, 1994

SAP, 로고와 기업통합 이미지, 2000

SAP

"사무용 소프트웨어를 개발하던 초기부터, 나는 항상 디자인은 사용자와 함께해야 한다고 믿고 있었다." 하소 플래트너

독일 소프트웨어 기업인 SAP는 기업 소프트웨어(전사적 자원 관리 또는 ERP)의 세계적 선두 주자지만, 15년 전의 SAP는 훌륭한 디자인과는 거리가 멀었다. SAP는 독자적 운영체제ABAP를 가지고 있었고, R/3이라는 응용프로그램은 5만 개 이상의 화면들로 구성돼 있었다. 경비 보고서 작업을 위해 데이터를 지정하려면 종종 활성 입력필드와 동떨어진 별도의 8개 화면으로 이동해야 했다. 그래픽은 회색 바탕에 회색이었다.

1990년대 중반에 회사는 성장하고 있었지만, 공동 창업자 겸 최고 경영자인 하소 플래트너Hasso Plattner는 '소프트웨어처럼 일하는 사람'을 요구할 게 아니라 '사람처럼 일하는 소프트웨어'를 만들 중대한 기획의 필요성을 느끼고 있었다. 소프트웨어 디자인 책임자인 마티아스 페링Matthias Vering은 프로그에 재설계 지원을 요청했다.[2] 독일 발도르프Waldorf의 SAP 본사와 텍사스 오스틴의 프로그에서 SAP의 디자이너인 라이프 옌젠-피스토리우스Lief Jensen-Pistorius, 피어 힐거스Peer Hilgers와 몇 번의 실무 회의를 거쳐, 우리는 프로그의 마크 롤스턴Mark Rolston과 콜린 콜을 프로젝트의 핵심 디자이너로 지명했다. 이들이 대처한 문제는 외양뿐만 아니라 인터페이스와 관습이었다. SAP 프로그램의 기능들은 논리적 작업 흐름보다는 가장 프로그램하기 쉬운 방식으로 짜여 있었다. 또한 당시 R/3의 활성 입력필드는 고정되어 이동할 수 없었다. 그래서 작업은 두 단계로 나뉘어 진행됐다. 첫 번째 단계로, 화면상 메뉴에 대한 빠른 접근성을 위해 그래픽 시스템의 사용성을 개선했다. 또한 이전 버전의 모든 '구화면' 내용을 메모리에 불러들여 새 버전 화면을 채우는 방식으로 디자인해, 단일 화면에—가령 경비 보고서에 있는 것 같은—복수의 화면을 통합할 수 있었다.

첫 번째 단계의 결과는 대단했다. 만하임Mannheim 대학교에서 시험해본 결과, 새로운 그래픽 시스템으로 실수는 73%까지, 처음 사용자의 R/3 학습 시간은 82%까지 줄었다. 또한 기업 로고와 부수 물품 및 온라인 디자인 커뮤니티

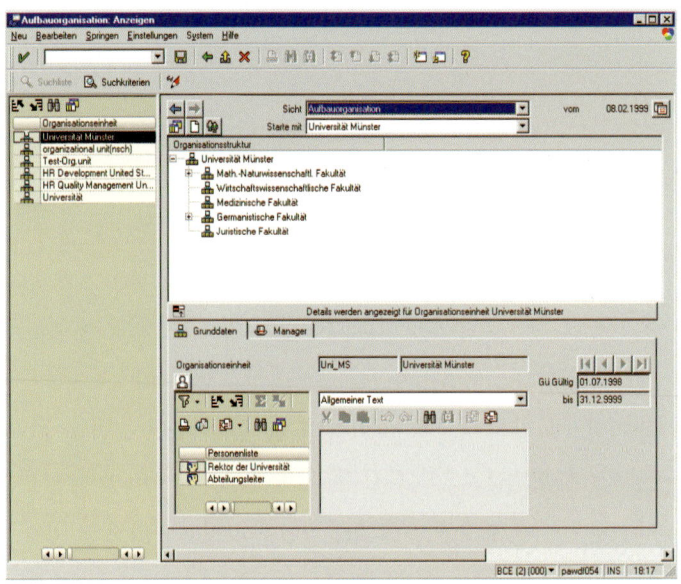

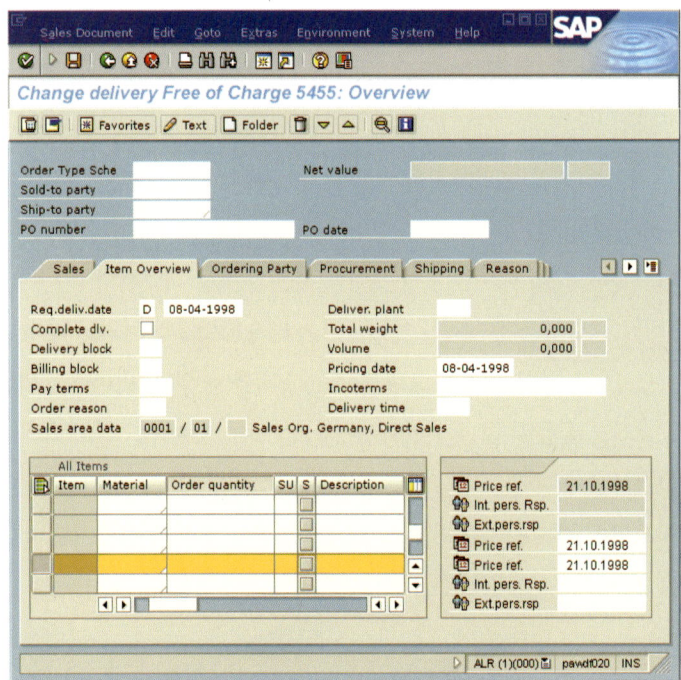

상: SAP. R/3 소프트웨어 '이전', 1989. 하: SAP. R/3 소프트웨어 '프로그 작업', 1999

www.sapdesignguild.org를 새롭게 디자인했다. 재택 개발자와 제3개발자가 함께 하는 새로운 응용프로그램 개발이 온라인 디자인 조직을 통해 지원되고 가속되었다.

두 번째 단계는, R/3의 응용프로그램들을 온라인으로 다운받아 기능성과 사용성 및 접근성의 확장을 촉진하는 포털 사이트인 mysap.com의 개발과 디자인이었다. 프로그는 부족한 SAP의 포털 사이트 운영기술 보완을 위해 미국-이스라엘계 회사 톱티어TopTier를 발굴해 스카우트했다. 이 회사는 프로젝트의 사업 파트너로 참여했다가 후일 SAP에 합병됐다. 톱티어 창업자인 샤이 아가시Shai Agassi는 최고기술책임자로 합류했지만, 대기업 환경에 적응하려 하지 않았기에 결국 1년 후엔 떠났다. 신제품들은 SAP를 크게 성장시켰고 새로운 시장도 열어주었다. SAP의 내부 조직은 이런 변화의 도전을 다루는 데 애를 먹었고, 하소는 내게 임시 최고판매책임자 직을 맡겼다. 나는 오길비 앤 매더Ogilvy & Mather와 협력해 한층 감성적인 광고전략을 폈다: "최고는 SAP를 쓴다," 그래서 "포르쉐는 SAP를 쓴다." 1년 후 고용된 소니의 마티 홈리시Marty Homlish는 SAP의 고객 대응전략을 더욱 크게 개선했다.³

↑ SAP, R/3 소프트웨어 '프로그 작업', 1999

↑ 듀얼 CD 플레이어, 1994

듀얼

"성공은 열정을 잃지 않고 거듭된 실패를 겪는 것으로 이루어진다." 윈스턴 처칠

1995년경 프로그는 — 당시 독일 대형 매장인 카르슈타트Karstadt의 경영진이었던 — 볼프강 몸버거Wolfgang Momberger로부터 듀얼Dual이라는 상표의 재출시를 도와달라는 요청을 받았다. 듀얼 회사는 한때 비닐 레코드 턴테이블 제조업계의 세계적 선두주자였지만 1982년에 도산했고, 듀얼 상표는 이후에 '여기저기 떠돌다가' 마침내 카르슈타트에 인수되었다. 이 도전은 비록 경제적 성공을 거두지는 못했지만 역사적으로 의미가 있는데, 융합적 해결 방식을 적용했다는 사실과 소매업자가 소비가전 상표의 전체 사용자경험을 디자인하고자 했던 보기 드문 사례였기 때문이다. 프로젝트에 관여한 모두가 건전한 전략(애초에 카르슈타트는 듀얼을 독점적인 매장 상표로 이용한다는 전략을 정해놓고 있었다)과 프로젝트 운영의 중요성을 배우게 되었다. 하지만 처음부터 카르슈타트와 프로그는 모두 너무 낙관적이었고 이런 복잡한 도전의 현실에서 부딪치게 될 서로에 대한 준비 없이 미지의 영역으로 뛰어들었다.

카르슈타트의 경영진은 계속해서 '제품 조달'만 생각했고, 경영 전략팀은 제품개발의 추가적인 복잡성을 이해하지 못했다. 유럽이나 아시아의 제조자 디자인 생산업자들과 일하려면 팀워크를 가지고 함께 목표를 정해 작업에 착수할 수 있도록 동업자로서 존중하는 파트너십이 필요하다. 반면에, 계속되는 가격 협상은 — 전형적으로 프로젝트를 '종료'시키며 — 그런 중요한 관계를 망치기 마련이다. 한번은 이런 경우가 있었다. 어떤 한국 회사와 기적적으로 함께 연 축하 만찬이 건배와 멋진 분위기 속에 잘 마무리되고 있었다. …… 적어도 카르슈타트의 경영자가 다음과 같이 말하기 전까진 말이다. "이제 가격에 대해 다시 얘기해봅시다." 카르슈타트의 경영진은 또한 재고관리표를 토대로 너무 공격적인 수익 계획을 세웠다. 그들은 "제품이 많을수록 수익은 증가한다"고 믿었다. 그래서 제품라인들은 우후죽순처럼 늘어났지만, 이들에 들어가는 제조 기술과 장비 및 재고금융의 개발 예산은 더 이상 현실을 반영하지 못했다. 프로그 쪽의 디자인 측면은 문제가 되지 않았지만, 프로젝트를 위

상: 듀얼 TV 세트, 1994. 하: 듀얼 붐박스, 1994

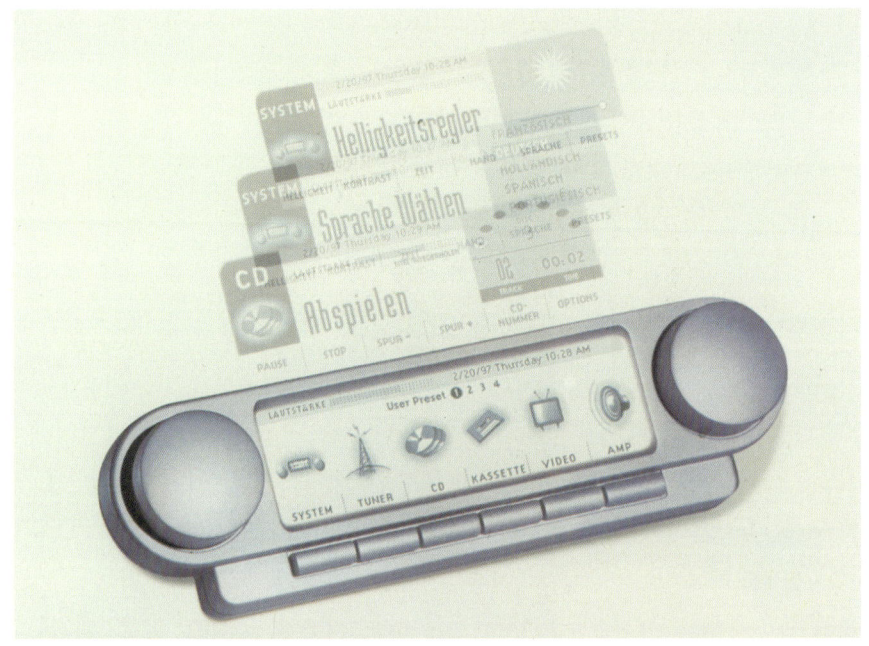

상: 듀얼 분리형 소프트웨어 사용자 인터페이스, 1994. 하: 듀얼 디지털 오디오 시스템, 1994

한 제조 기술과 물류유통 상황은 당혹스러웠다. 공백을 메우려, 특히 기계공학과 소프트웨어 개발부문에서 외부의 자문들을 고용하였는데, 그것이 프로젝트의 운영을 더욱 복잡하게 했을 뿐만 아니라 관리를 더욱 힘들게 했다. 결과는 부분적으로 무가치했고 자금의 낭비였다.

그래도 몇 개의 획기적인 제품이 있었는데, 가장 주목할 만한 것은 박스형 휴대용 디지털 카세트Boom Box와 세계 최초 소프트웨어로 작동하는 하이파이 시스템이었다. 심지어 애플이 첫 번째 오디오 겸용 비디오 제품을 출시하기도 전에, 이 제품들은 융합기술이란 무엇인지 보여주고 정의하였다. 게다가 시스템의 하드웨어와 소프트웨어는 개별적 단위로 장착되어 있어 프리앰프의 앞에 끼우거나 떼어내이 리모컨으로 사용할 수 있었다. 물리적 사용자 인터페이스는 두 개의 다이얼과 몇 개의 누르는 버튼을 가진 고전적인 카오디오 개념을 채용했다. 디지털 사용자 인터페이스는 생생한 아이콘으로 표시되어 작동하므로 사용자가 매뉴얼을 익히지 않아도 이해할 수 있게 했다. 이 제품들은 복고-미래 지향적인 상표 디자인과 제품, 생태환경을 고려한 포장기법, 강력한 기능을 발휘하는 프로그램 등을 특징으로 많은 경쟁 제품 사이에서 선두 주자가 되었다.

듀얼 하이파이 시스템은 전략의 불충분한 준비와 운영상의 오류가 없었다면 그렇게 대단치는 않아도 회사를 탄탄히 하는 건실한 성공이 될 수도 있었다. 그러나 카르슈타트는 매출이 늘지 않자 듀얼 상표를 2004년에 팔아치웠고, 지금은 뮌헨의 DGC GmbH의 소유가 되었다. 다른 대다수의 경우가 그렇듯 적은 게 더 많은 것이었는지도 모른다.

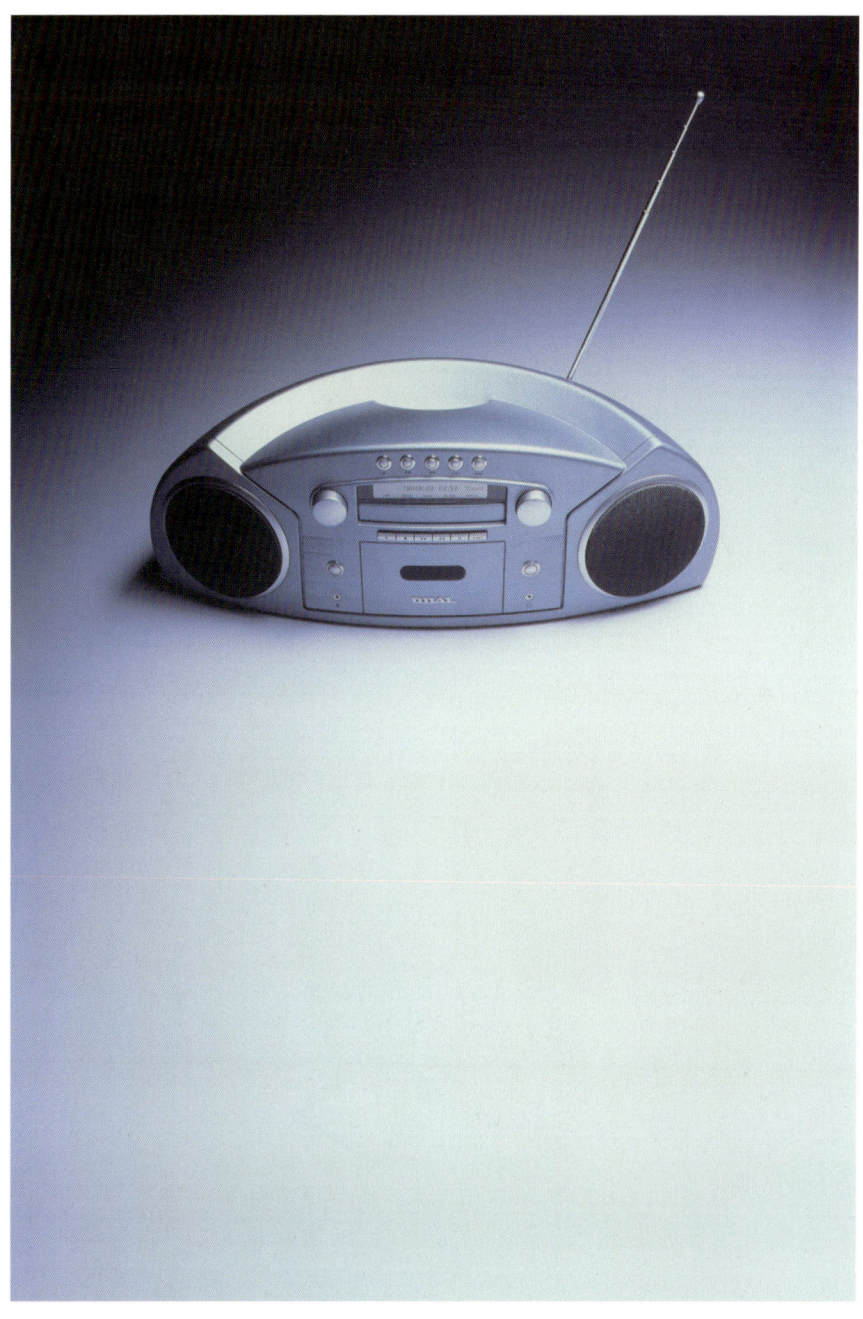

⇧ 듀얼의 가장 많이 팔린 붐박스, 1995

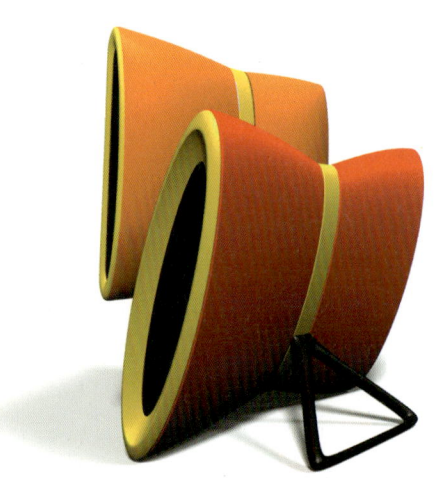

↑ 디즈니 PC 연구, 2003

디즈니

"당신이 꿈꿨던 일이 이루어집니다." 월트 디즈니

어린 소년 시절, 처음 디즈니 잡지를 붙들고 본 순간부터 나는 디즈니의 팬이 되었다. 도널드와 미키 같은 만화도 좋았지만, 가장 매력을 느꼈던 것은 잡지의 중앙 섹션에 자리한 월트 디즈니가 그린 '미래 세상'에 대한 전망이었다. 거기에 그려진 모노레일을, 자동화 부엌을, 비행 자동차를 사랑했다. 내게 아이들이 생긴 후에도 우리 가족은 애너하임의 디즈니랜드에 가는 일을—아이들이 어렸을 때, 건실한 결혼 생활의 증명인 양—의례처럼 지켰고, 우리는 디즈니 영화를 보았고 디즈니 매장에서 쇼핑했다. 하지만 나는 한 번도 디즈니를 첨단기술과 연결해 생각해보지 않았기에 2000년 디즈니 본사로부터의 전화는 전혀 예상치 못한 일이었다.

전화를 한 사람은 인근 상권에 대한 디즈니 상표사용권 담당 책임자인 사이먼 메이Simon May였다. 사이먼은, 디즈니가 이미 유모차, 의복, 아기 장신구 등 타당한 사업 분야로 확장했고, 가족과 아이를 위한 가전 분야에도 도전하려 하지만 아직 디즈니 상표를 구축하고 대표할 디자인 보유 회사를 찾지 못하고 있다고 설명했다. 그는 '최첨단의 디즈니 디자인 유전자'를 가지고 제3자 제조업자와 제품을 개발해 소매점에 납품할 수 있는 상표 사용권자를 찾고 있었다. 그는 아이데오를 포함해 다른 디자인 회사들과도 상담했지만, 프로그의 업계 경험과 네트워크는 물론, 특히 소매업자와 함께 디자인해본 경험에 끌려 우리에게 기회를 주었다. '디즈니 CE' 팀은 디즈니 소비생활제품 분야 부사장인 해리 돌먼Harry Dolman이 주도했고, 사이먼 메이가 사용권 관리, 밥 베이컨Bob Bacon이 생산 관리를 맡았다. 신속한 의사결정을 위해 우리는 최고경영진과 직접 소통할 수 있었다.

작업은—세계 최고 수준의 창조적 팀인—디즈니 이매지니어링 Disney Imagineering과 크리스 그린Chris Green을 책임 디자이너로 하는 프로그 팀의 공동 연구조사부터 시작했다. 제품은 놀이와 기능 양쪽 모두에 균형을 맞추어야 하므로, 우리는 디자인 언어가 디즈니 캐릭터와 연결되도록 했다. 다음으로 아시아로 날

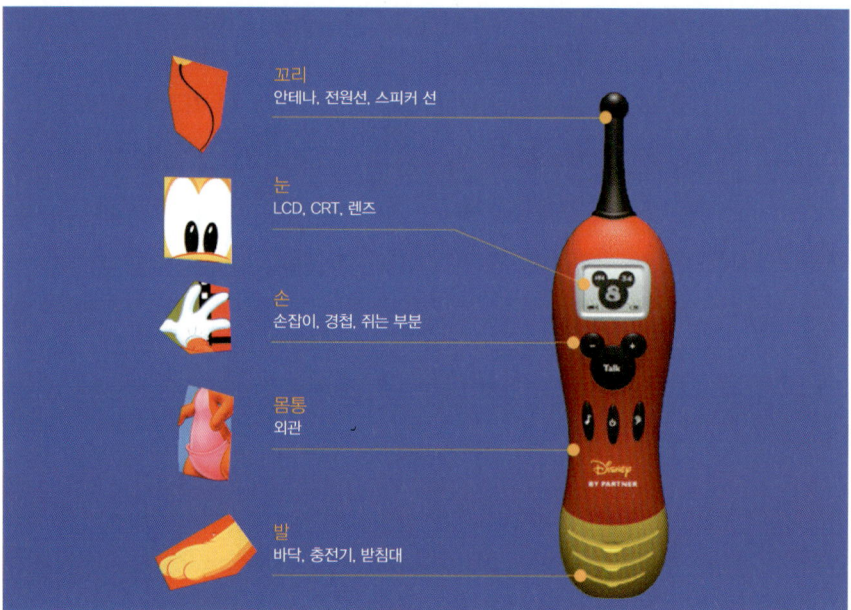

상: 디즈니 캐릭터들, 2002. 하: 디즈니 디자인 언어, 2002

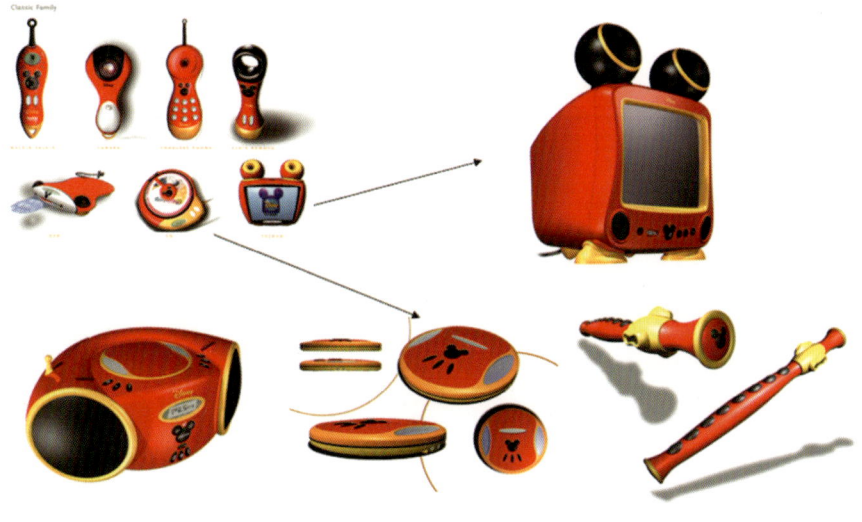

↑ 디즈니 연구, 2003

아가 필립스, 삼성, 파나소닉을 포함하는 제조업자들과 만났다. 이 회사들의 경영진은 모두 우리 계획을 반겼지만, 나는 그들의 기업구조 속에서 이런 프로그램은 실현 불가능하다고 보았다. 다음으로 베스트 바이Best Buy, 타겟 스토어즈Target Stores, 서킷 시티Circuit City 등의 소매업자들의 이야기를 들었다. 이들은 개념은 반겼지만 실현 가능성 없을 것 같은 저가를 제시하며 소니 제품보다 더 높은 이윤을 원했다. 마지막으로 아이들과 부모들을 만났다. 이들도 역시 아이디어는 좋아했지만 제품의 품질도 좋아야 하고 무엇보다 쉽게 사용할 수 있어야 할 거라고 말했다. 우리는 이런 모든 조사를 한 후 본사로 돌아와 분석하고 생각했다.

    우리는 소니와 삼성, 필립스 같은 브랜드 기업들에 납품하는 아시아의 제조자 디자인 생산업자들과 직접 제품을 개발하기로 했다. 그래도 여전히 가격을 낮추어야 했지만 가능할 것 같았다. 왜냐하면 제품의 구매 주체인 아이들과 부모들은 과도한 기능들보다는 단순한 것을 선호하기 때문이다. 예를 들면 우리는 CD 플레이어에서 어린 사용자를 실상은 성가시게 할 뿐인 셔플기능을 없앴다. 결과적으로 재료비를 소니 제품보다 약 5달러 절감했다.

    우리는 또한 디즈니와 프로그의 공동 로열티를 위해 평균 8% 가량의 별도의 여유를 확보해야만 했다. 그 여유를 공급망에서 뽑아내는 수밖에 없었는데, 소비자가 디즈니 상표라고 30%를 추가로 지불하려 하지 않을 거라는 소매업자들의 의견 때문이었다. 예를 들어 TV 세트의 소매가격이 100달러라고 할 때, 재료비는 35달러가 아니라 25달러인 제품을 디자인해야 하고, 공급업자(미대륙 지역의 메모렉스Memorex와 유럽 지역의 메디온Medion)에게 별도로 3%를 지급해야 하며, 마케팅 예산을 변수에 넣어야 한다. 시제품 테스트를 마친 후에, 매장, 공장, 그리고 포장과 마케팅 광고 자료를 담당할 디즈니 사이를 왕복했다.

    그리고 우리는 성공했다. 제품들은 출시 후 2년 만에 연간 2억 달러의 매출을 창출하며 순식간에 성공을 이뤘다. 성공은 생각지도 않았던 횡재 같은 것이었다. 사업모델이 자리를 잡게 되자 디즈니는 이 사업을 새로운 소비생활제품 사업부서로 지정했고, 여기에 내가 아끼는 동료였던—전 프로그 기술 및 혁신 부사장인—크리스 헤덜리Chris Heatherly를 책임자로 앉혔다.

↑ 디즈니 KIDZ 컴퓨터, 2004

5장 전략적 디자인에 관한 프로그 고찰

샤프

"다른 누구보다도 혁신가들을 혁신해야만 한다." 게리 하멜

어떻게 애플의 아이폰과 경쟁할 수 있겠는가? 할 수 없다! 프로그의 샤프를 위한 작업은 '사용자-즐거움'을 구현하는 독자적인 길을 택했다. 이 작업은 당연히 구글 안드로이드 스마트폰용 운영체제의 어수선하고 복잡한 공간 탓에 특히 쉬운 일이 아니었다. 목표는 공간을 정돈하여 정리와 사용이 손쉬운 Feel_UX라는 새로운 이동전화 사용자-경험 모델을 만드는 것이었다. 지금까지 구글 관련 이동 단말기 제조업체들은 단지 별도의 시각적 계층을 안드로이드 플랫폼 위에 입히는 것으로 차별화했다. 그러나 프로그 팀은 껍데기 이상으로 신중히 사용자경험 기능들을 정돈해, 초보자를 위해 직관적이면서도 취향대로 꾸미기를 선호하는 고급 사용자를 위해 유연성 있는 새로운 기기를 만들었다. 개인설정방법과 사용법을 간단하지만 똑똑하게 개선했다. 예를 들면, 이전에는 개인 자료의 보호가 주목적이었던 화면잠금기능을 재설계하여 사진이나 음악 또는 주식 시세 같은 사용자가 가장 즐겨 찾는 콘텐츠에 더 빨리 접근할 수 있게 하였다. 프로그 팀은 또한 쉽게 프로그램할 수 있는 기능들에 매달리는 대신 현실 상황을 분석했다: 덜 클릭할수록 더 좋은 것이다.

프로그의 소프트웨어 혁신 부사장인 폴 퓨Paul Pugh는 "매장에 가보면, 안드로이드 모델들을 서로 구별하기 매우 어렵다. 모두가 모양도 상호작용도 비슷하다. 결정적으로 첫인상을 좋게 남기려면 특별한 화면 경험을 주어야 한다"고 주장했다. 혁신적 사용자경험으로, 날씨의 패턴에 맞춰 역동적으로 변하며 시각 정보를 사용자에게 실시간으로 전하는 날씨 애니메이션기능을 추가적으로 포함했다. 사용자가 쉽게 응용프로그램, 위젯, 바로가기 등을 관리할 수 있도록 시작프로그램이 효율적인 홈 공간으로 이동되었다. 다른 안드로이드 전화기들은 주로 얼리어답터나 기술애호가들에게 호소하는 강렬한 테크노-룩을 하고 있었다. 반면 우리 팀은 다양한 범위의 사용자 취향을 만족시키기 위해, 조명 효과를 준 색깔을 도입하고 더욱 부드럽고 편리한 직관적 인터페이스look-and-feel를 선택했다. 급진적으로 최소주의

를 지향하는 Feel_UX의 시각적 디자인은 관례를 따르지 않고, 그야말로 전체 안드로이드 사용자경험을 철저히 재고했다: Feel_UX의 화면은 통상 위젯과 아이콘으로 구성된 데스크톱 스타일에서 더 높은 수준으로 올려야 하고, 응용프로그램의 목록을 별도로 띄우는 방식은 전화기의 가장 유용하고 흔히 사용하는 기능들에는 불필요한 장애가 된다. 연구결과에 의하면 대부분의 사용자는 위젯(작은 응용프로그램)과 바로가기를 구별하지 못한다. Feel_UX에는 위젯 전용 화면이 있어 위젯들을 페이지 어디에나 쉽게 놓을 수 있으며, 페이지는 무한하기 때문에 단지 새로 설치한 응용프로그램의 자리 마련을 위해 사용자가 홈 화면을 다시 정렬할 필요가 없다. 폴 퓨는 덧붙인다. "경쟁사의 단말기들에는 없는 안드로이드만의 조금은 독특한 특징이 위젯이라고 생각했다. 그래서 위젯에 전용 공간을 주는 것으로 일종의 찬사를 하고 싶었다.

↑ 샤프 Feel UX, 2012

우리는 안드로이드의 가장 좋은 점을 취해서 돋보이도록 했다." 일본인은 단순한 것을 이상적이라고 생각한다. 그래서 Feel_UX의 의도는, 처음으로 피처폰에서 스마트폰으로 업그레이드하려는 사람들을 포함해, 가능한 한 넓은 범위의 고객에게 다가가는 것이었다. 그러나 그것이 초보자용 전화기로 한정되어야 한다는 뜻은 아니다. 샤프는 방사선을 감지할 수 있는 팬톤 5Pantone 5에서 도코모의 제타, AU의 세리Serie, 소프트뱅크의 Xx 등과 같은 프리미엄급 아쿠오스 폰Aquos Phone까지 일련의 일곱 개 기종을 출시했다.

1996년 이후 프로그의 디지털 디자인 팀의 책임자들인 마크 롤스턴과 콜린 콜이 주도한 이 프로젝트는, 가시저 결과와 빠른 성공 외에도 프로그의 세계를 가로지르는 공동작업 팀워크의 훌륭한 모범 사례다. 샤프는 일본 히로시마에 위치해 있고, 책임 디자인 팀은 텍사스 오스틴에, 지원 디자인 팀은 인도/방갈로르와 우크라이나/키예프에 있었다. 이런 공동작업 덕분에 프로그와 샤프는 엄청난 양의 멋진 개념, 세밀한 디자인, 생산재 관리, 동작 연구, 디자인 세분화 등의 일을—첫 개념에서부터 시장에 내놓을 준비가 된 단말기까지 9개월이라는—기록적인 시간 안에 해낼 수 있었다. 프로그의 하향식 수직 구조는 충실한 디자인을 매우 정확한 기술로 구현할 수 있게 했다.

프로그 광고 캠페인

"번트하지 마라. 홈런을 노려라. 불멸의 기업을 지향하라." 데이비드 오길비

프로그가 이룬 업적을 살펴본다면, 우리가 벌였던 대담한 광고 캠페인을 빼놓을 수 없다. 그것은 창조적 디자인 회사가 취해야 할 소통 방법을 변화시켰을 뿐만 아니라, 캠페인의 대상인 디자이너와 기업 양쪽 모두에게 영감을 주는 수단으로 작용했다. 당연히, 그때 당시 조그만 회사가 수십만 달러를 쓴다는 것은 약간 정신 나간 짓이었지만, 이 캠페인이 게임의 양상을 바꾸었다. 프로그의 작업을 세계가 주목했고 다른 디자인 회사들도 우리를 따라 할 수밖에 없었으며, 우리는 최고 기업들과 최고 재능들 양쪽 모두를 불러 모을 수 있었다. 캠페인은 또한 우리로 하여금 어쩔 도리 없이 절대적으로 최첨단 작품을 만들어 앞서가게 하는 계기가 되었다. 그럼 이 캠페인은 왜 그리고 어떻게 시작되었던 것일까?

1969년 내가 회사를 시작할 당시에, 디자이너는 사업가의 일을 할 수 없었다. 아무리 대단한 사람이었어도, 디터 람스처럼 브라운에 고용되어 일하거나 마리오 벨리니나 조 콜롬보Joe Colombo처럼 밀라노에서 상당히 작은 스튜디오를 하고 있었다. 그리고 미국에서 디자인은 단지 제품에 차별성을 주는 진부한 공식처럼 돼 버렸고 헨리 드레이퍼스 디자인Henry Dreyfuss Design같이 아무리 대형 스튜디오라 해도 미국이라는 기업의 방식에 따랐다. 그들의 작품이 좋긴 하지만 혁신적이지는 않았음을 의미한다. 독일의 스타 디자이너로 — 매우 멋지고 가끔은 논란이 일만한 개념을 만들어낸 — 루이지 꼴라니Luigi Colani는 자기 홍보의 대가였지만, 그의 명성에 걸맞은 탄탄한 디자인 회사를 세우는 데엔 실패했다. 의미 있는 디자인 회사를 세우려면, 전형적으로 다섯에서 열다섯 명이 의기투합으로 만들었다가 자의식 충돌로 흩어지고 마는 디자인 회사가 아니라, 각 개인을 초월하는 브랜드 구축이 중요하다는 사실을 깨닫게 되었다. 디터 모테의 베가 캠페인 역시 내게 커다란 자극을 주었다: 경쟁자들 중 가장 작은 경쟁자였음에도 불구하고, 베가는 숭배의 대상이 되었고 경쟁자들을 제치고 성장했다. 정말로 나는 늘 세계적으로 의미 있는 디자인 회사를 세우겠다

Eldorado.

↑ 프로그 광고: 엘도라도, 페터 포크트, 베가 3020

는 꿈을 꾸고 있었다. 베가, 소니, 한스그로헤, 카보, 비통 등 프리미엄급 고객들과 상당히 좋은 성과를 낸 후, 나는 세계를 향한 여정(정신 나간 소리처럼 들리겠지만……)의 초석을 세우기로 결심했다. 우리는 천천히 독일 〈폼Form〉 잡지의 뒤표지부터 시작했는데 첫 광고는 썩 대단치는 않았다. 너무 많은 것을 보여주려 했고 사진은 보통이었으며 전달하려는 메시지는 혼란스러웠다. 나의 고객들이 그랬던 것처럼 모든 합리성에 반하여 행동하기로 결심했다. 최고만을 고집하는 것! 디자인은 시각적 요소가 강한 것이므로 세계 최고의 사진가들을 초빙해 사람들이 나의 작품 안에 담긴 철학을 이해할 수 있도록 해석하게 했다. 프로그 디자인은 고작 다섯 명으로 이뤄진 독일 블랙포레스트의 작은 회사였기에, 당연히 조금은 비상식적인 일이었다. 그러나 때마침 우리의 수익이 매우 높았기에 최적의 기회라고 생각했다. 약간의 불안정한 출발을 했지만 후에 나는 몇몇의 진정한 거장을 불러올 수 있었다. 완전한 해석의 자유와 원하는 최고의 보수를—사진 한 장당 오늘날 돈으로 따져 8만 달러까지—지불하자는 것이 나의 생각이었다. 그러자 헬무트 뉴턴, 디트마르 헤네카, 한스 한센, 빅터 고이코 같은 스타들이 시각적 마법을 펼치기 시작했다. 세계적 광고 디자이너인 스위스의 우르스 슈베르츠만Urs Schwerzmann과도 계약했다. 지면의 위치는 내부 페이지에 비해 가격이 배가 들었지만 뒤표지만을 고집했고, 또한 항상 우선 구매 조건으로 장기계약했다. 몇 년이 지나고 미국 프로그 스튜디오를 설립한 후에는, 독일의 〈폼〉과 〈디자인 리포트Design Report〉, 영국의 〈디자인Design〉, 미국의 〈ID 매거진ID Magazine〉, 호주의 〈디자인Design〉, 일본의 〈액시스 매거진AXIS Magazine〉 등 당시 거의 모든 좋은 디자인 잡지의 뒤표지를 할당받았다. 일관성 또한 매우 중요한 것이었다. 광고의 디자인은 20년 동안 변하지 않고 계속되었고, 마침내 세계적 수준의 사진작가들이 프로그와 일하고 싶어 했다. 성과는 바로 최고 인재들, 최고 고객들을 프로그 디자인에 불러들이고 또한 프로그 디자인을 세계적 선두 주자로 확고히 했다는 것이다. 그렇다, 우리는 많은 돈을 투자했지만 환상적인 보상을 받았다: 그 캠페인이 없었다면, 특히나 인터넷 이전 시기에 프로그가 독보적인 존재감을 얻는 일도, 우월한 브랜드 가치를 세우는 일도 없었을 것이다.

The American Dream.

프로그 광고: 아메리칸 드림, 헬무트 뉴튼, V&B

프로그 주니어

"오래된 연못,

　　　개구리 뛰어든다.

　　　　　물소리 퐁당!"

마쓰오 바쇼

젊은 디자이너들을 지도하는 것은 늘 프로그의 우선순위였다. 다른 회사들과 우리의 경쟁사들이 언제나 5년의 직업적 경력을 요구했던 반면, 우리는 이들을 졸업하자마자 고용하기 시작했다. 자신의 명성을 만들어낸 수많은 디자이너에게 프로그는 직업 인생의 첫 번째 장이었다. 그 이름들을 약간만 언급한다면, 퓨즈프로젝트의 로스 러브그로브, 스티븐 피어트Stephen Peart, 허비 파이퍼Herbie Pfeiffer, 이브 베하Yves Behar, 피닉스 디자인의 안드레아스 하우크, 톰 쇤헤어Tom Schoenherr, 제너럴 모터스의 디자인 책임자인 프리드헬름 엥글러Friedhelm Engler, 뮌헨 공과대학교 교수인 프리츠 프렝클러Fritz Frenkler, 슈베비슈 그뮌트 디자인대학의 교수인 지그마르 빌노이어Sigmar Willnauer, 필라델피아 예술대학교의 조교수인 앤서니 귀도Anthony Guido 등이 있다.

　　그러므로 우리가 '프로그 주니어' 프로그램을 1984년에 시작한 것은 매우 당연한 일이었다. 우리는 해마다 미국과 유럽의 두 디자인학교에 프로그램 참여를 청한 후, 작업 방문, 세미나, 워크숍을 통해 강사진을 지원했다. 프로젝트의 주제는 학교에 맡겼고 학기말에 우린 각 학교에서 세 명의 수상자를 뽑아 프로그가 뒤표지에 광고하는 디자인 잡지에 그 이름들을 실었다. 더불어 프로그는 최우수 수상작을 광고 디자인해 미국 〈ID 매거진〉뿐만 아니라 독일 〈폼〉 잡지에 프로그의 비용으로 게재했다. 작품의 질이 좋았기 때문에, 우린 세계 곳곳의 일반 잡지나 신문을 통해서도 많은 대중적 호응을 얻을 수 있었다. 수상자들 중 몇몇은—폴 몽고메리Paul Montgomery, 댄 스터지스Dan Sturgess처럼—프로그에 취직했고, 몇몇은 나중에 프로그의 총괄 관리자 중 하나가 된 토머스 블레이Thomas Bley나 포르쉐의 박스터Boxter를 만든 핵심 디자이너가 된 그랜트 라슨Grant Larsen처럼 빠르게 성공했다.

↑ 폴 몽고메리 디지털 카메라, 프로그 주니어, 1988

하지만 프로그 주니어는 10년 이상 지난 후 예상치 못한 문제를 만났다: 더 이상 디자인학교는 충분히 많지 않으며, 월드와이드웹의 등장으로 학생들은 스스로 홍보할 수 있는 다른 기회도 가지고 있다. 그래도 프로그의 창조적 지도자들은 객원 강의 또는 워크숍을 위해 디자인학교나 대학교에 방문하여 젊은 인재들의 지도를 계속해왔고 앞으로도 그럴 것이다.

---

1 현재는— 펭귄 서적의 출판인이자 2001년에 사망한 남편의 이름을 기려— 폴 햄린 재단Paul Hamlyn Foundation이 되었으며 어린 장애인들을 위한 봉사에 중점을 두고 있다.
2 1996년, 프로그는 텍사스 오스틴에 있는 버추얼 스튜디오라는 회사를 인수해서 디지털 디자인 분야로 사업을 확장했다. 그 회사의 동업자들 중, 마크 롤스턴과 콜린 콜은 현재 프로그의 글로벌 리더십 팀원이다. 우리의 첫 번째 '디지털' 고객은 마이크로소프트였다(프로그는 윈도우 XP의 사용자 인터페이스 개발을 도왔다). 다음으로 SAP의 R/3은 우리의 첫 번째 전략적 소프트웨어 사용자 인터페이스 프로젝트였다. 프로그는 SAP와의 협력 작업을 바탕으로 융합 디자인 분야로 도약할 수 있었고, 후에 이 분야의 세계적인 선두 주자가 되었다.
3 마티 홈리시는 2011년 4월부터 HP의 부사장 겸 최고마케팅책임자가 되었다.

6장 미래 디자인 리더 육성

"지도자는 태어나는 것이 아니라 만들어진다."
워렌 G. 베니스 (4명의 미국 대통령을 위한 자문역)

세상을 변화시키려면 우선 세상의 사람들을 변화시켜야 한다. 개인적 차원의 변화라면 어려울지라도 못할 것은 아니다. 그러나 타인을 변화시키는 일은 그가 어리거나 재능이 있거나 또는 동기가 있다면 모르지만 거의 불가능하다. 그런 변화의 잠재력을 활용하기 위해—어쩌면 잠재력에 걸린 제어를 풀어주기 위해—나는 디자인 및 사업 분야에서 젊고 창의적인 사람을 유능하고 책임감 있는 지도자로 훈련시키는 교육 사업에 열정을 가지고 몸담고 있다.

나의 첫 번째 교육 경험은 1989년부터 1994년까지였는데, 당시 독일 고향의 주지사가 예술 및 미디어 센터인 ZKM과 연결된 카를스루에 조형대학에서 10명의 설립 교수 중 하나가 되어줄 것을 요청했다. 하인리히 크로츠Heinrich Klotz가 이끌던 ZKM은 디지털 예술품과 미디어 설비를 소장한 첫 번째 박물관이었다. 나는 대학의 학생들에게 융합 개념이 결합된 디자인 방식을 소개하겠다는 비전을 가지고 있었는데, 이는 물리적 특성과 가상적 특성을 함께 가진 제품을 디자인하도록 가르친다는 것을 뜻한다. 또한 진보적인 울름 조형대학과 바우하우스의 이상과 방법을 디지털 시대에 맞게 재정의하는 데 기여하고 싶었다.

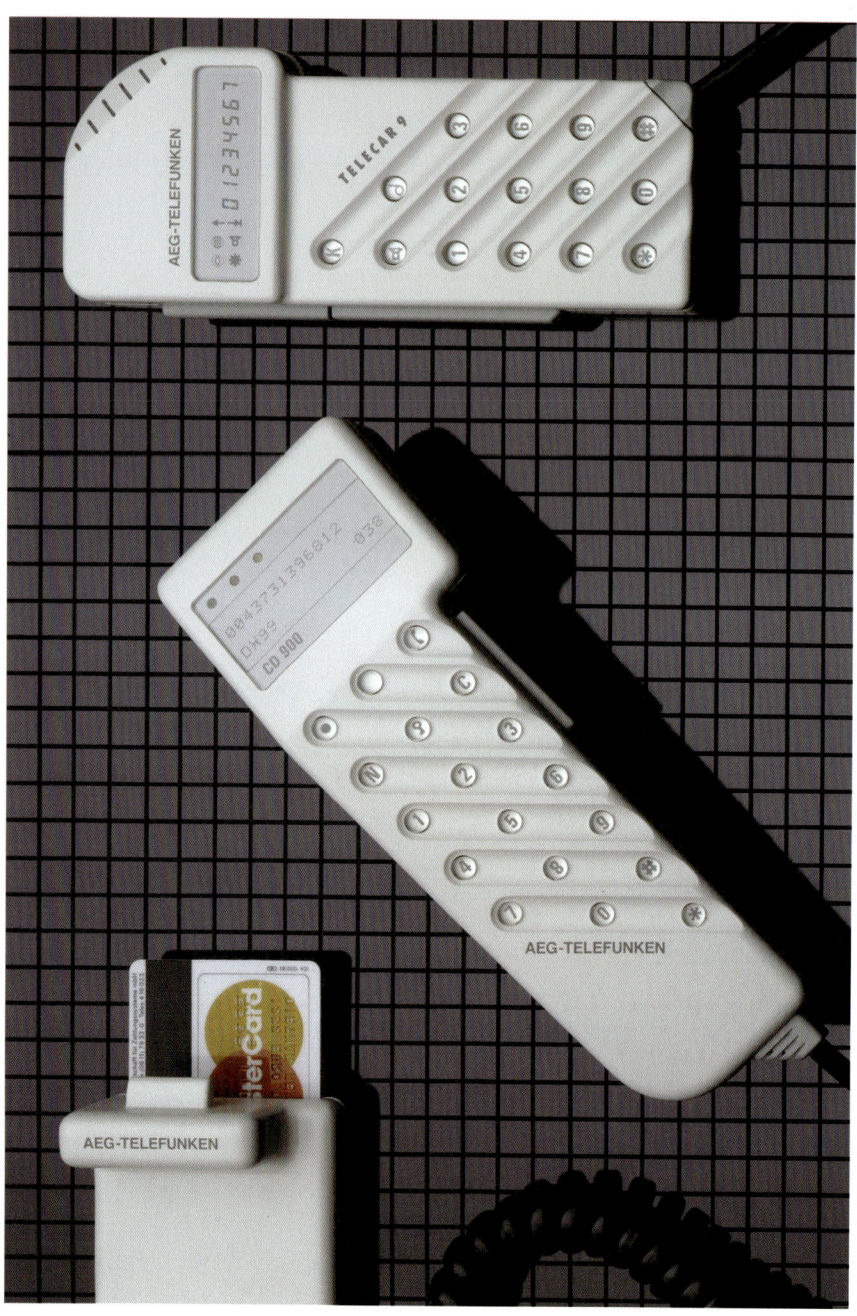

AEG 휴대전화, 1984. 사진: 디트마르 헤네카

신설 대학이었기 때문에 내 강좌의 학생 수는 매우 적었다. 하지만 엘리트 교육에는 교사의 세심한 주의와 집중적인 지도가 필요하다고 믿고 있기 때문에, 강좌는 계속 소규모로 유지했다. 강좌는 매우 성공적이었다. 통합 디지털 미디어 공간을 위한 디지털 인터페이스 디자인으로 국제적 상들을 쓸어모았다. 학생들은 세상을 변화시킬 만반의 준비와 각오를 갖추게 되었고, 계속해서 성공적인 경력을 쌓아나갔다. 그중 몇몇은 대기업 디자인 부서의 책임자가 되거나 스스로 디자인 회사의 창업자가 되어 지도자가 되었다.

강좌는 내게도 배움의 기간이었다. 학생들이 장래에 프로그 같은 회사에서 전문적인 고객을 대상으로 디자인할 수 있으려면, 배경과 교육 및 관심이 다른 사람들과 소통하는 능력을 개발하고 사교술을 기르도록 교육해야 한다는 것을 알게 되었다. 또한 학생들이 장래의 발전된 과학과 기술을 활용하게 될 직업의 미래에도 대처할 준비가 되어 있어야 한다는 것을 깨닫게 되었다.

첫 번째 교직을 통해 얻은 경험을 바탕으로, 나는 새로운 비전의 디자인 교육을 개발하기 시작했고 이어지는 모든 작업 속에서 계속해서 탐구하고 정의했다. 이번 장에서 소개하는 것은 이런 나의 노력 중에 얻은 경험에 관한 이야기다. 나의 교육적 접근방법의 형성과정에 관해, 그리고 그런 교육과정을 통해(서만) 더 나은, 더 지속가능한 미래를 만들 수 있는 능력을 가진 새로운 세대의 디자인 지도자들을—혁신적인 디자이너와 기업가 및 사업에 밝은 협력자들을—육성할 수 있다는 나의 신념을 갖게 된 과정에 관해 이야기하고자 한다.

과거를 통한 미래 예상

과학과 기술이 전례 없는 가속도로 발전하는 지금, 미래의 경향을 이해하기 위해 학생들은 과거를 돌아볼 줄 알아야 한다. 다음 5년 동안의 발전을 예상하고 발전의 양상을 전망하고자 한다면, 지난 20년에서 30년 동안에 일어난 발전을 살펴봐야 한다고 학생들에게 가르쳤다. 어떤 과정이나 방식을 사용하든, 디자인을 배우는 현재의 학생들이 미래를 계획하고 모의실험을 하고 디자인하려면 역사를 통해서 배워야 한다. 그리고 이런 원칙은 과학과 기술에만 국한되는 것이 아니라 사회 경향에도 적용되며, 특히 생태적 지속성에도 적용된다.

석사과정 ID2 개발

나의 두 번째 교직은 2005년에 시작되었는데, 초창기 프로그 동료인 로스 러브그로브가 빈 응용미술대학교 석사과정 ID2의 교수였던 때였다. 인간공학과 생태환경적 디자인에 초점을 둔 ID2의 교육과정에 대한 대학의 지원이 부족함에 좌절하여 로스가 겨우 한 학기 만에 사임했기에, 대학은 내게 객원 교수로 와달라고 부탁했다. 이후에 대학은 장기 교수직을 맡아주기를 원했는데, 이것이 약간은 특별한 모험 과제였다. 당시 빈 응용미술대학교의 디자인 분야는 어떤 국제적인 명성도 없었고 ID2의 내부 상황은 엉망이었다. 출석하는 학생도 없었고 스튜디오는 잡동사니와 고장난 장비들로 가득했다. 빈에 거주하던 다른 교수들은 절망스러운 대학의 지원 팀을 떠나 스스로 자신의 팀을 운영하느라 거의 학교에 나오지 않았다. 오스트리아 시민의 세금으로 학생당 거의 3만 달러가 지원됨에도 불구하고, 기본적으로 모형공작 같은 디자인 과목의 기술적 지원에 가용할 만한 자금이 없었다. 바꿔 말하면, 상황은 틀림없는 악몽이었다.

나는 이런 험난한 상황에 낙담하지 않았다. 프로그 운영 역할을 조금씩 줄여가기 시작했으며, 개방적이지만 절제된 교육을 받는다면 창조적 인간 누구라도 성공할 수 있다는 것을 이 새로운 교직을 통해 증명할 절호의 기회라 믿고 있었다. 캘리포니아에 거주하며 왕복해야 하는 학기당 네 번의 2주짜리 강의가 전부였기 때문에, 이런 기념비적인 과제를 성취하려면 교사와 학생 간 새로운 종류의 디지털 상호작용이 필요하다는 것을 알게 되었다. 가족에게 양해를 구하고, 스테판 치넬, 니콜라스 힙, 마르티나 피네더, 마티아스 페퍼 그리고 나중에 합류한 피터 크노블로흐로 구성한 지원 팀과 몇 번의 집중적인 토론을 한 후에, 우리는 변화의 여행을 떠날 준비를 마쳤다.

과제 개발: 융합적, 사회적, 지속가능한 디자인

팀은 새로운 과제를 정의하는 것부터 시작했다. 오스트리아에서 디자인(개념과 분야 모두)은 대다수 다른 나라들에서도 그렇듯 미술공예라는 뿌리에 깊숙이 연결되어 있다. 목수가 실내장식 디자이너로, 재단사가 패션 디자이너로, 인쇄 식자공은 그래픽 디자

제니스 데이터 시스템 랩톱, 1994. 사진: 디트마르 헤네카

이너로, 금속가공사 또는 은세공사가 산업 디자이너로 기능할 수 있었다. 그러므로 우리의 과제는 학생들이 현재의 디자인업계에서 두각을 나타내고 디자인을 마땅한 미래의 모습으로 변화시킬 수 있도록 교육방식을 갱신하는 일이었다. 그것은—구현 방식이 물리적이거나 가상적이거나 상관없이—융합적이고 전략적인 디자인을 가르쳐야 한다는 뜻이다. 그런 교육모델을 위한 발판을 마련하기 위해 우리는 다음과 같은 과제 선언문을 만들었다.

"디자인이 마주한 총괄적 과제는, 가능한 한 적은 수의 원자와 전산 비트를 사용해 쓸모 있고 예술적이며 정신적 가치를 고취할 물리적 혹은 가상적 객체를 만들어야 하는 일이다. 디자인은 기술적 기능이 현대에 와서 역사적이고 형이상학적인 상징으로 변모하여 계승된 것이다. 디자이너가 새롭고 좋은 물건, 기계 장치, 소프트웨어 응용프로그램, 또는 더욱 감동적인 사용자경험 등을 만든다는 것은, 그 결과물에 의미 있는 혁신과 좋은 품질 및 윤리적 행위의 특징이 담긴 상징을 만드는 것과 같다. 사람들은 결과물의 시각적 상징을 인간 기술의 문화적 표현으로 인식하고 역사적으로 전승된 시각적 모양이나 문양과 무의식적으로 연결해 생각할 것이다. 디자인은 그저 유행 양식을 만들 것이 아니라, 지속가능한 혁신과 문화적 개성 및 일관성을 제공함으로써 그리고 정서적이고 사회적인 일체감을 만들어냄으로써, 우리의 산업문화를 발전시켜야 한다."

"디자이너에게는 인간의 욕구와 꿈을 새로운 과학기술 및 사업의 기회들과 연계하여 조정할 사회적 책임이 있으므로, 그들 노력의 결과물은 문화적으로 관련되고 경제적으로 생산적이며 정치적으로 이롭고 생태적으로 지속가능해야 한다. 가속하는 세계화가 가져온 막대한 도전과제인 동시에 새로운 기회들은, 디자이너에게 재능은 물론 새로운 경향을 분별하여 영향력을 발휘할 능력을 갖출 것을 요구한다. 디자이너는 외주Outsourcing 방식을 둘러싼 복잡한 문제들을 능숙히 다루고 불편한 범용 제품들을 과잉생산하는 현재의 방식을 바꾸기 위해 자신의 역량을 발휘해야 한다. 디자이너는 또한 전통적 관습으로부터 유익한 신개념을 만들어 지역과 토착 문화를 돕는 홈-소싱Home-Sourcing의 새로운 방식을 고안해야 한다. 합리성 중심의 사업계에서 유능하고 존경받는 실무 동업자로서 성공하려면, 디자이너 스스로가 창조적인 기업가 또는 경영자가 되어야 한다. 디자인이 궁극적으로 추구해야 할 것은 모든 상업적-기능적 기준들을 초월해 영원에 가까운 문화 관련성과 정신이다."

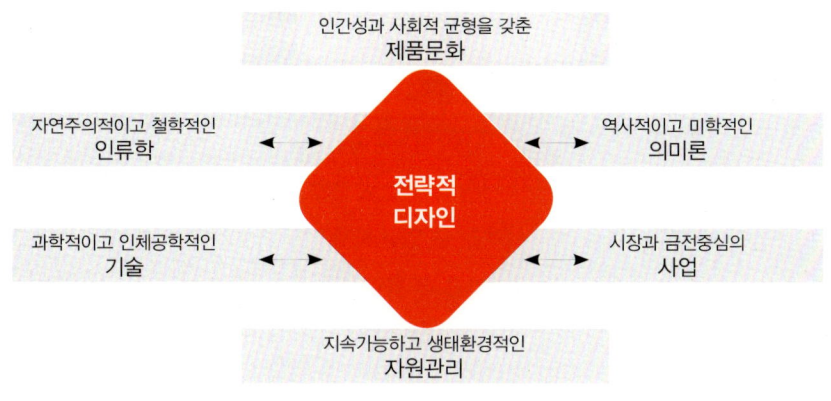

전략적 디자인과 인접하는 학문 및 영향 요소

팀과 주제 및 과정 설정

디자인은 팀 활동이다. 누구도 복잡한 문제를 혼자 풀 수 없으며, 디자이너는 다른 분야의 전문가들과 협력해 작업해야 한다. 그러므로 학생들의 과제는—졸업 과제를 제외하고—3~4명의 팀을 꾸려 공동작업해야 하는 것으로 정해졌다. 팀의 책임자는 최고 학년이 맡고 반드시 신입생을 최소한 한 명씩 팀에 포함하게 했는데, 팀 구성원 간의 교차 학습을 증진시키고 잠재하는 자기 파괴적 성향들을 길들이기 위한 배치였다. 우리는 각 학기가 끝날 무렵 다음 학기 주제들을 학생들에게 할당하여, 최소한 융합성과 사회성 및 지속가능성을 갖춘 의미 있는 연구과제의 구상을 준비할 수 있게 하였다. 학기별 연구과제는 언제나 사회적이며 생태적인 주제들을 포함했는데, 예를 들면 '안전하고 청결한 개인 공간', '인간의 도구', '우리들의 푸른 방주', 또는 단순히 '녹색' 등이었다. 학기 초에 모든 학생에게 요약 발표를 시킨 후, 준-민주주의적인 과정을 거쳐 이들 중 모두 열두 개의 연구과제(팀당 하나의 연구과제)를 선정했다. 팀이 꾸려지면 작업은 바로 그날부터 시작했다. 이런 과정이 학기를 고조된 분위기 속에 시작할 수 있게 했고—학생과 교사—모두를 의욕 넘치게 했다.

우리는 사업 계획부터 설계 제조 및 마케팅까지의 과정들과 보조를 맞추기 위해 학기를 4주짜리 세 개의 단계로 나누었다.

- **발견 단계:** 모든 디자인 과정은 인간 행동, 사회 경향, 시장의 요구 및 과학기술에서 새롭게 부상하는 기회들에 초점이 맞춰진 연구조사로부터 시작되어야 한다. 발견의 단계 동안, 학생들은 자기가 디자인하는 공간에 대해, 그리고 연구과제가 잠재적 사용자들에게 무엇을 성취시켜줄 수 있는지에 대해 올바르게 이해했다. 팀은 이 단계의 마지막에 그들이 알게 된 것을 문서로 정리하고 전체 학급 앞에 발표하여, 발표 기술을 향상시키고 심도 깊은 토론을 촉발시키며 상호 학습을 증진시키는 경험을 얻었다.

- **디자인 단계:** 연구과제 선정 당시의 요약 발표를 기초로 개념적이고 미적인 관념화 단계를 시작했다. 이제 학생들은 모든 실행가능한 선택 사항을 검토해 새로운 구상과 개념들을 만들어야 했다. 학생들은 스케치와 더불어 개념 모형과 사용자 시나리오를 만들었다. 팀들은 이 단계의 마지막에 2~4개의 개념을 전체 학급에 발표하고 토론한 끝에 각 팀의 최선의 개념을 선택했다.

- **정의 단계:** 이 마지막 단계에, 학생들은 일련의 모형과 캐드 렌더링을 만들어 그들이 선택한 디자인 개념을 정제했다. 나는 부임 초기부터 학생들에게 전문가 수준의 모형을 제작하길 기대했으며, 이를 위해 학생들과 기업이 함께하는 워크숍(이번 장의 후반에 언급될 것이다)을 통해 마련한 자금과 워크숍에 참여한 기업들이 지원한 3D 프린터 같은 필요 장비들을 사용했다. 이 단계의 결과물은 상품으로도 이행가능한 독창적 디자인이었다. 디자인의 최종적인 문서화 작업과 발표는, 예를 들면 도면, 렌더링, 모형, 디지털 동화, 시제품 등의 적절한 매개 양식을 사용해야 했다.

현대의 사업과 산업이 세계화하고 있고 디자인은 세계적 네트워크 속에서 이뤄지는 직업이라는, 프로그에서 배운 교훈들을 바로 강좌에 도입했다. 내가 빈에 있지 않을 때, 학생들은 그들의 주간 진전 상황에 대한 보고서를 보안 공유된 웹사이트에 올렸다. 지원 팀이 빈의 월요일 아침까지는 나의 피드백을 받아 전체 학급에 전달했다. 학생들은 내게 전자메일로 질문할 수 있었으며, 나는 어디에서든 즉시 답을 하곤 했다. 나중에는 늘 전화를 이용해 전자메일에 바로 응답하려 했다. 디자인 분야에서 성공하기 위해서는 의사소통 기술이 필수적이라고 생각하는데, 이런 방식의 의사소통 역시 학생들에게 중요한 훈련의 일환이었다. 이런 과정이 처음엔 느렸지만 결국엔 '완벽한 기계'처럼 돌아가게 되었다.

현실 경험을 통한 교육

디자인 학과 학생들에게 대학 교육 안에서 현실적인 시나리오를 가지고 좋은 기업들과 일할 기회를 주고 싶었다. 나의 목표는 학생들이 현실 세계를 직접 경험하도록 하는 것이었다. 이를 통해 학생들은 중요한 인물들을 만나거나, 급료를 받는 수습사원 자리나 첫 직장을 — 심지어는 자신의 디자인 회사를 바로 시작할 기회를 — 얻을 수도 있었다. 나는 기업들에게 약 4만 5,000달러의 기부 모금을 위한 워크숍에 우리 학생들이 참여할 것이라고 말해주었다. 또한 이 강좌는 상업적 디자인 스튜디오를 위한 것이 아니며, 무엇보다 중요한 것은 교육적 의도라는 것을 분명히 했다. 플렉스트로닉스Flextronics, 텔레푼켄Telefunken, 엑스엑스엑스루츠XXXLutz, 아첼릭-베코Arcelik-Beko, 티-모바일T-Mobile 같은 기업들이 이런 조건을 수락했고, 후에 워크숍 과정을 통해 그들 또한 디자인에 대한 접근법을 재고할 수 있었다고 확인해주었다. 모두가 이 실습을 통해 커다란 가치를 발견했다.

학급의 과제는, 어떤 기업과 함께하더라도 같이 일하는 실무진의 마음을 움직이고 새로운 시장 잠재성을 증명하여 새로운 융합적 제품, 서비스 또는 콘텐츠의 구상과 개념을 설득력 있는 기획으로 순조롭게 이행시키는 일이었다. 워크숍은 정규적 학기 연구과제와 병행하여 운영되었다. 워크숍의 핵심에는 프로그에서 개발한 프로그싱크를 수정해 적용한 3일짜리 관념화 과정이 있었다. 학생들은 여섯 팀(학기의 팀들과는 별도로 구성)으로 나뉘어, 발제를 중심으로 — 연관Association, 대안 Alternative 및 도발Provocation — 세 가지 단계로 이뤄진 관념화 과정을 진행했고, 발제는 각 단계를 거치며 더욱 타당성을 갖게 되었다.

  팀들은 매일 6시간씩 진행한 세 가지 단계의 결과를 기업 실무진과 학급 앞에 발표했다. 전체 구성원은 가장 좋은 아이디어를 팀당 3개씩 선택했고, 마지막 세 번째 날에는 팀당 9개씩, 총 54개의 아이디어를 얻었다. 그후 우리는 기업 실무진과 함께 논의하여 이들 중 우수작을 3개에서 6개 선정했다. 학기가 끝날 때까지, 학생들이 아이디어를 전문적인 프레젠테이션으로 전환시키는 동안 우리는 기업과 의견을 주고받았다. 기업이 한 아이디어를 채용해 생산할 것을 결정하면, 우리가 전문적인 스튜디오를 추천하거나 기업이 우리 과정의 졸업생을 고용하는 경우도 있었다.

  세계를 아는 것은 디자이너에게도 나에게도 필수이므로, 모든 디자인 학생은 창조성과 디자인의 중요 거점인 일본과 네덜란드 및 캘리포니아를 방문해야 한다. 그래서 우리는 보통의 학생이라면 용이하지 않았을 테지만 워크숍 덕분에 대부분의 비행과 호텔에 드는 경비를 충당할 수 있었기에 그곳들의 핵심 인물들과 기업들을 방문하는 모험을 시도할 수 있었다. 일본에서 우리는 GK 디자인의 겐지 에쿠안을 만났고, 파나소닉과 토요타의 고등 디자인 스튜디오와 다마 미술대학을 방문했으며, 도쿄 조형대학교에서 후미 마쓰다Fumi Matsuda를, 〈액시스 매거진〉에서 가쓰토시 이시바시Katsutoshi Ishibashi를 만났고, 교토 세이카 대학교, 교토 국제만화박물관 및 야마하를 방문했다. 네덜란드에서는 필립스에서 스테파노 마르차노를 만났고 아인트호벤과 델프트의 공과대학교를 방문했다.

  캘리포니아에서, 우리는 수많은 선진 디자이너와 디자인 스튜디오를 방문할 수 있었다. 캘리포니아 예술대학 샌프란시스코 캠퍼스, 스탠포드 디 스쿨, 카네기 멜론 대학교, 아트센터 디자인대학 파사데나 캠퍼스를 방문했고, 애플에서 조너선 아이브와 리코 조르켄도퍼Rico Zorkendorfer를, 윕소에서 댄 하든Dan Harden을 만났고, 프로그, 아이데오, 마운틴뷰 컴퓨터 역사박물관, 구글, 스페셜라이즈드, 디즈니 이매지니어링, BMW 디자인웍스, 산타모니카 폭스바겐/아우디 고등 스튜디오를 방문했다. 우리는 또한 벤처의 산실인 샌프란시스코 마인드 더 브리지Mind The Bridge를 탐사하는 기회도 가졌는데, 이곳은 유럽 기업가들을 실리콘밸리로 유치하는 역할을 하고 있다. 현장 견학은 열심히 공부한 학생들에게 보상인 동시에 더 큰 동기부여가 되었다. 하지만 이 여행의 더욱 중요한 측면은—학생들이 추구해야 할—최고 수준의 세계 디자인에 대한 실체를 가늠할 기회였다는 것이다.

최고를 위한 헌신

부임했을 당시, 빈 응용미술대학교는 디자인에 관해서라면 일류 학교는 아니었다. 과정 강좌를 시작하면서 사정은 반드시 달라질 것이라고 생각했다. 과정의 지원자는 연구과제 하나를 신속히 완수해야 하는 3일짜리 철저한 입학시험을 치러야 했고 더불어 면접을 통해 디자인 산업의 현실을 나와 공유할 수 있었기에, 합격한 학생들 모두는 앞에 주어질 작업에—그리고 직업에—만전의 준비가 되어 있었다. 학생들이 개인적 장애물을 넘어 공부할 수 있도록 도와주었고, 필요한 경우에는 학과에 최선을 다하겠다는 서약서를 요구하기도 했다.

     선배 교육자들은 단지 강의에만 한정하지 않고 차세대의 창조적 지도자들을 육성하기 위한 책임감을 가져야 한다고 생각한다. 최고를 길러내는 더 중요한 요소 하나는 규율이며 나는 그것을 '늘 출석하기'라고 말한다. 디자인 책임자라면 도중하차는 있을 수 없는 일이고, 학생들은 전 세계 수백만 명의 사람을 위한 제품을 디자인하고 있다는 책임감을 가져야 한다. 이런 나의 생각을 아내 패트리샤는 그녀 나름의 공식으로, 디자인의 성공은 1%의 아이디어, 90%의 과정과 규율 및 9%의 운이라고 정리한다. 틀림없이 아이디어는 창조의 불을 붙이는 불씨지만, 연료는 완벽한 운영으로부터 나온다. 이런 요소들 중 어느 하나가 부족하다면, 더 많은 운이 필요하다. 그러나 운은 금방 소진되기 마련이다. 이런 모든 이유로, 나는 학과에 규율과 전문가다운 습관을 확립하기 위해 높은 기준을 정했다.

     학생들은 석사과정 ID2의 위상을 높이기 위해 디자인 경연에 출품해야 했다. 나도 학생들의 수습사원 직이나 일자리 창출을 돕기 위해 학생들 작품을 인맥이 닿는 전문가 네트워크에 쏟아부었다. 우리는 모두 ID2 과정을 향상시키려 열심히 노력했으며 성공은 더디게 찾아왔다. 약 4년이 지난 후, 과정은 내가 만족할 만한 수준까지 도달했다. 그리고 그때부터 상들이 굴러 들어오기 시작했다. 글로벌 일렉트로룩스 어워드Global Electrolux Award의 일등상, 다수의 오스트리아 전국 디자인상 및 독일과 일본의 경연에서 다양한 상을 수상했다. 또한 보잉보잉Boing Boing, 기즈모도Gizmodo, 씨.넷C.Net, 코어77Core77 등과 같은 창조성을 지향하는 웹사이트들이 우리 학생들을 주목하게 되었다. 마침내 미국의 〈블룸버그 비즈니스 위크〉지는 석사과정 ID2를 세계 최고의 30개 일류 디자인 과정 중 하나로 선정하였다. 마찬가지로 중요한 것은, 아우디 같은 세계 일류 기업들이 이 과정을 인정했다는 것이다. 아우디는 우리에게 '빈익 젊은 가족들의 이동성'에 관한 연구와 디자인 기획을 위한 연구비를 지원했다.

현재, 제자들은 세계적 수준의 기업과 세계 각국의 디자인 회사에서 일하고 있다. 나는—지원 팀과—학생들이 평범한 환경은 고사하고 적대적인 환경 속에서도 이런 모든 성공을 이뤄냈다는 점을 강조하고 싶다. 알베르트 아인슈타인은 말했다. "위대한 정신을 가진 자는 종종 나약한 자들의 격렬한 반대에 부딪힌다." 이 과정은 이런저런 긍정적인 주목을 받았는데, 예를 들면 연례 학위 수여식 중 오스트리아의 대통령 피셔Heinz Fischer는 우리 학생들의 부스에서 10분을 보냈다. 그래서 시기도 생겨났다. 매번 학기말 졸업논문 심사 기간엔 무능과 시기 및 개인적인 앙갚음이 수치스럽게 드러났다. 몇 명의 동료 교수는 나에 대한 적대감을 드러내며, 낮은 학점으로 학생들을 벌하려 했다. 한번은, 어떤 교수가 혹평한 학생의 연구과제를 내가 전국 디자인 대회에 제출해 대상을 받은 경우도 있었다. 그럼에도 불구하고, 석사과정 ID2는 나쁜 소식보다는 좋은 소식을 더 많이 만들어냈다. 빈 대학교의 이웃에 있는 응용미술박물관의 새로운 관장인 크리스토프 튠-호엔슈타인Christoph Thun-Hohenstein의 기획에 따라, 나는 메이드포유MADE4YOU라는 전시회를 주관해오고 있다. 전시회는 미래실험실이라는 구역에 제자들의 핵심 작품들을 포함하고 있어, 학생들의 재능을 기록으로 남기는 역할을 하는 것은 물론—이 책이 담고 있는 목표이기도 한—이 분야 최고를 향해 부단히 노력할 것을 격려하고 있다. 제자들 몇몇은 진정한 지도자가 되는 바른 길을 가고 있다는 것을 보여주었고, 그렇기 때문에 나는 낙관하면서 동시에 감사하고 있다.

미래: 데타오 대학원

빈에서의 강의가 끝나갈 무렵, 중국 베이징에 있는 데타오 대학원으로부터 접촉이 있었다. 그들은 중국의 새로운 창조적 인재를 육성하고 교육하기 위해 디자인과 건축 및 영화 분야에서 외국의 창조적 지도자들을 모집하고 있는 중이었다. 중국에서 디자인은 예술의 일부분으로 취급되어 사업 및 국가의 첨단산업과는 명확히 분리되어 있었다. 중국이 사업 및 첨단기술의 선두로서 세계적인 인정을 받으려 분투하고 있는 동안, 중국의 디자인 학생들은 화병과 의자, 예술품을 만들고 있었다. 데타오 대학원의 대표자들과 토론하는 중에 한 관계자는 말했다. "오스트리아와 중국은 둘 다 디자인에 있어선 개발도상국입니다만, 오스트리아는 그것을 모르고 있지요." 그는 내가 교육자로서 빈에서 했던 일을 정확히 이해하고 있었다.

논의를 전개하는 동안에 미국에서도 몇 개의 제안이 들어왔고, 실리콘밸리의 많은 친구는 중국에서의 교직을 받아들이는 것이 합당한 결정인지 의문을 표했다. 그러나 관찰한 바에 의하면, 미국은 디자이너의(혹은 교육자의) 천국과는 거리가 멀다. 미국에서 대부분 경영자는 돈만을 쫓아다니고, 대부분 정치가는 어리석은 당파주의와 재선을 위한 오만한 욕심으로 사업계나 산업계의 보다 더 인간적인 모델을 향한 어떤 긍정적인 움직임도 마비시킨다. 이 나라의 급진적 유권자들조차 현재의 금융과 경제의 위기가 또한 윤리의 위기이기도 하다는 것을 이해하지 못하고 있다. 우리는 석유 의존으로부터 국가를 해방시켜야 하는 중대한 과제에 태만하여, 결국은 이 나라에 적대적인 국가들을 살찌우고 우리가 숨 쉬는 공기를 오염시키고 있다. 게다가 미국의 제조업은 아시아 쪽으로 계속 넘어가고 있다. 교육에 관해서라면, 당선된 모든 정치가가 생각하는 것은 오로지 자금 삭감뿐이다. 반면에 월스트리트의 보너스는 터무니없이 높고, 결코 일어나지 말아야 할 전쟁에 대비해 수십억이 낭비되고 있다. 간단히 말해, 전략적 디자인이 전문 분야든 교육 분야든 중요한 주제로 다뤄지지 않고 있다.

내가 중국의 문제에 눈감고 있다고 생각한다면 오해다. 중국에서 대량으로 쏟아져 들어오는 제품의 디자인은 조악하고, 많은 경우 품질도 믿을 만하지 않다. 그러나 이런 제품들은 일반적으로 미국이나 유럽의 디자이너들에 의해 디자인되거나 품질이나 생태적 영향에 관계없이 단지 가장 싼 가격만을 찾는 경영자들의 주문에 의한 것이다. 이런 모든 사정을 고려한 후, 다시 한 번 아내와 가족의 지지를 얻어 그 도전을 받아들이기로 결심했다. 현재 나는 중국의 창조적인 디자이너와 경영자를 교육하는 일을 하고 있다. 이들은 디자인을 중국 발전의 핵심에 위치시키고 최소한의 자원으로 최대의 성공을 이룰 새로운 방법을 개발할 것이다. 지금이 이런 일을 시작해야 할 적기다. 중국 경제가 저가정책으로 구축된 빠른 성장 경제에서 품질로 유지되는 강한 성장 경제로 진화하고 있기 때문이다. 데타오 대학원 과정의 졸업생들이 개발하는 발상과 기술은 또한 중국에 만연한 노동자와 천연자원에 대한 착취를 줄여줄 것이다. 중국의 디자인을 위한 나의 목표는 생산량을 줄이고 이익은 증대시키며 제품의 수명을 늘리는(그래서 폐기물을 줄이는) 것이다.

빈의 석사과정 ID2와 마찬가지로, 데타오 대학원 과정을 위한 나의 첫 번째 일은 과제 선언문을 다듬는 일이었다. 다음은 우리가 추구할 과제들이다.

"교육계, 사업계, 정부에서 일할 디자인 지도자들의 교육과 훈련 및 지도를 통해 중국과 세계의 재원들로 구성된 지속가능하고 창조적인 엘리트 공동체를 구축하여, 중국의 산업과 기업을 '세계 최대의 공장'에서 창조성-지향의 디자인과 브랜드의 선두 주자로 변모시키기 위해 기여한다."

몇 번의 성공적인 토론과 최적의 장소를 위한 탐색이 있은 후, 나의 스튜디오는 상하이 서부의 송지앙 대학도시Songjiang University Town에 위치한 푸단 대학교의 시각예술원에 자리 잡았다. 신축 건물인 그곳에 세계 각국 출신의 동료들이 들어왔다. 시설은 최첨단의 디자인 스튜디오를 포함하는데, 비트라Vitra, 허먼밀러Herman Miller, 아르테미데Artemide 등과 같은 디자인 선도자들의 진품 디자인 제품들이 구비될 것이다. 위대한 디자이너를 품질이 나쁜 설비나 조악한 복제품으로 이루어진 환경에서 길러낼 수 없기 때문이다. 그리고 물론, 우리의 공간에서 사용할 몇 개는 스스로 디자인했다. 우리는 독일제 기계와 작업 도구를 갖춘—아마도 중국 교육계에서 최고일—최첨단의 모형 작업실을 갖고 있다. 이 시설은 애플과 다른 기업들이

데타오 석사과정

데타오 석사과정의 자세한 개요는 다음과 같다.

프로그램 성격	대학원 — 데타오 석사과정(비공인 과정)
전략적 디자인	아날로그 · 디지털 융합 제품, 인간 · 기계 인터페이스, 혁신과 사업 통합 콘텐츠, 사회적 · 생태적 지속가능성
관심 산업	무선 단말기, 디지털 가전, 자동차, 백색 가전, 복리 후생, 기계와 로봇공학
기간	1년 또는 2년(학생마다 교수진이 판단)
학기	3월~6월과 10월~1월의 총 8개월 3개월의 여름방학 동안 수습사원 근무 권장
학습 방법	연구과제 중심의 세미나와 강의 및 모형 제작 학기 연구과제(팀별로 3개월) '속성' 연구과제(개별적으로 1주일) 기업과 워크숍(정규 일정과 병행) 졸업 연구과제(개별적으로 3개월)
지원 자격	디자인 학부생 디자인 전공 직업인
지원서	(입학시험 1개월 전까지 스튜디오에 도달해야 함): 개인 포트폴리오 지원동기서 디자인 학부의 성적기록 추천서(복수가능)
3일짜리 입학시험	(각 학기의 시작 시기): 개별 면담 대상 스케치와 조각 48시간의 시험 연구과제
교수 구성비	교수 한 명당 최대 8명 학생
수업료	12만 위안/년

기꺼이 채용했던 프로그의 표준 세트인 생태환경적으로 안전한 도색 시스템과 분사실도 갖추고 있다.

5인으로 구성된 나의 팀에 첫 번째로 고용된 이는 벤야민 셀리 Benjamin Cselley다. 벤야민은 빈의 매우 우수한 제자들 중 하나였다. 그렇게 빈의 ID2는 나의 직업 생활에서도 한 부분으로 같이할 것이다. 최상의 결과를 위해 우리의 프로그램은 최대 정원 30명의 대학원 과정이 될 것이다.

미래를 이끌 디자이너

세상이 늘 변하는 것처럼 전략적 디자이너에게 요구되는 것들도 변한다. 이 책의 다른 장들에서도 강조했듯, 디자이너의 최우선 과제이자 창조적 교육의 핵심은 생태적·사회적 균형 및 지속가능한 발전과 관련해 우리가 직면한 문제들을 해결하는 일이다. 더 나은 미래를 설계하려면 과거를 철저히 이해해야 한다. 특히 과거의 정서적 혹은 기능적인 사안에 대한 소비자의 행동패턴을 이해해야 한다. 내가 좋아하는 공안(선문답)은, "이미 여기 내일 already here and tomorrow"이라는 간단한 단어들의 나열로 과거, 현재, 미래의 본질을 함축하고 있다. 그 지혜에 따라 나의 역사적 조망을 통한 미래 과제 성찰을 정리한 목록으로 이 장을 마무리하고 싶다.

- 1960~1970: 소비자가 제품을 찾았으므로 만트라는 "만족시키라"였고, 상표를 소비자에게 알릴 필요가 있었다. 실리적이고 실용적인 폭스바겐 비틀은 그 좋은 예다.
- 1980~1990: 제품이 소비자를 찾아가야 했으므로 만트라는 "유혹하라"였고, 소니 워크맨의 자유분방한 즐거움은 그 좋은 예다.
- 2000~2010: 제품이 생활양식의 도구가 되었으며 만트라는 "변화시켜라"(또는 더 바람직하게, "우리를 변화시켜라")였고, 상표는 자기표현의 수단이어야 했다. 애플의 아이폰은 그 좋은 예다.
- ~2020: 예상한다면, 소비자와 제품이 하나가 될 것이다. 만트라는 "나를 알아줘"일 것이고, 상표는 '그 방법'이어야 할 것이다.

나의 향후 전략적 디자인의 방향에 관한 견해가 담긴 마지막 목록을 숙고하면서, 노자의 말을 떠올렸다. "삶은 자연스럽고 자발적인 변화의 연속이다. 변화에 거스르지 마라. 슬퍼질 뿐이다. 현실은 현실인 채로 두어라. 사물이 원하는 대로 자연스럽게 앞으로 흘러가게 내버려두어라." 최근의 교육적 모험에 대해 알게 된 친구와 동료에게 빈번히 듣게 되는 "왜 중국인가?"라는 물음에 답할 때면, 나는 종종 노자의 말을 떠올린다.

DORIAN

be honest with yourself

you are the content

determine your future

Discover

The "Dorian Gray Book" is a communication tool for social networking. It's based on the moral principles of the book written by Oskar Wilde 1890.

Eternal youth - Data storage

Multiple identity - Different accounts

Self awareness - Acting blindfold

Salvation - Data abuse

Craving for recognition - B...

Design

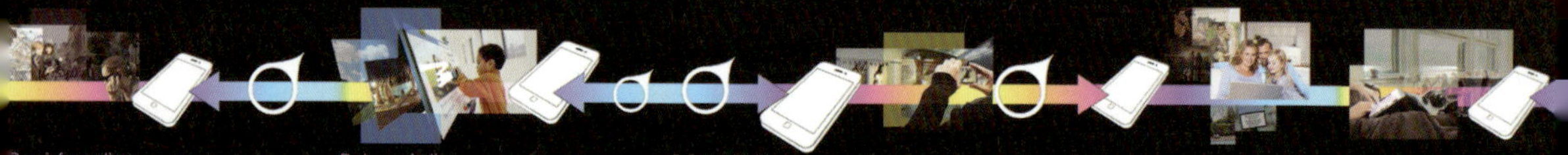

Geo information
The system also allows contacts to see your current geographic information, making it easier to meet with you and eliminating those „where are you?"-phone calls.

Data expiration
Everything you upload on dorian can be given an expiration date. The data is fully deleted when the date is reached.

Fair marketing
Brands have the ability to create an interactive relationship with their customers. You can get information from your favorite brands and have access to a contact person to help you.

Analysis
The whole system offers a special prognosis tool, which is helpful in situations like writing a message and getting a useful link or you can also use it as a Timeline to see the development of a relationship - and the system will predict how it might develop in the future.

3 Layers with ranking
Your contacts can be sorted into th... layers. You have control over who ... information about you. Your conta... according to communication frequ... real life

Define

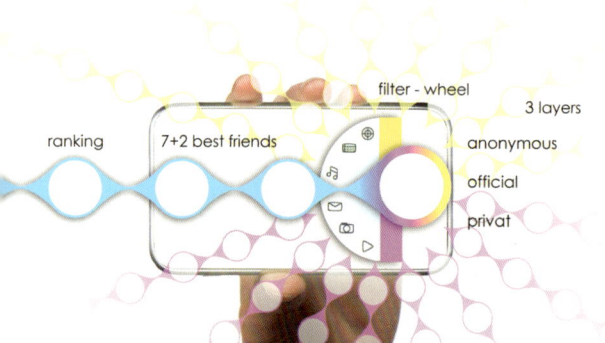

7장 작업 포트폴리오: 빈의 제자들

"위대한 것은 갑자기 만들어지지 않는다." 에픽테토스

ID2 석사과정 제자들의 우수작들로 구성한 작은 포트폴리오를 소개하려 한다. 디자이너는 타고나는 것이 아니라 만들어진다는 사실을 이 훌륭한 작품들이 말해주고 있다. 세상을 아름답게 향상하자는 사명감을 갖는다면, 학생들은 기꺼이 아무리 험난한 길이라도 택한다는 것을 작품을 통해 증명하고 있다. 빈 응용미술대학교의 ID2 석사과정 중에서 선정된 연구과제들은, 통합적 디자인 교육이 얼마나 학생들을 자기 기대치 이상으로 격려하고 이들을 사려 깊고 애정 있는 직업인이 될 수 있게 하는지 보여주고 있다. 연구과제들은 인간의 생활에 밀접한 여섯 가지 영역으로 나뉜다. 모두가 공통적으로 사회성과 지속가능성 및 융합성을 포함하고 있어야 했다. 학기 연구과제는 팀별로, 학위 연구과제는 개인별로 작업했다. 물론 석사과정을 통틀어 팀 정신이 학생들의 모든 작업을 고무하는 작용을 했다. 향후 산업과 연구 혹은 경영 분야의 책임자로서 학생들이 자리를 잡기까진 5년 또는 그 이상이 걸릴 것이기 때문에, 학생들은 그들의 작품에 현재 개발 중인 신기술들을 채용했다.

크레디트: ID2 석사과정의 모든 연구과제는 함께 표기된 이름의 제자들의 창작물이며, 첨부된 작업 설명은 이들 스스로 기술한 것을 기초로 한다. 학생들의 작업은 오스트리아, 빈 응용미술대학교에서 강의진의 교육과 지도 아래 2005년부터 2011년 사이에 이루어졌다.
좌장: 교수 하르트무트 에슬링거 박사 | 개념지도: 스테판 치넬, 니콜라스 힙, 마르티나 피네더(2008년까지) | 디지털 디자인 및 동화 지도: 피터 크노블로흐(2007년부터) | 모형 제작 및 기술 지원: 교수 마티아스 페퍼

도리안 그레이 북, 한번 만들면 신경 쓰지 않아도 되는 '페이스북'
제작: HARALD TREMMEL, NADINE VON SEELEN, ALEXANDER WURNIG

건강

휴대용 투석기 모빌리시스

오스트리아 전국 디자인상Austrian National Design Award 수상작
학기 연구과제: Maria Gartner(선임), Nico Strobl, Stefan Silberfeld, Dimitar Genov

끊임없이 투석해야 하는 삶을 사는 것은 힘든 운명이다. 팀은 기존 기술들에 관해 조사한 후, 다양한 투석 기술을 하나로 결합한 착용가능 장치를 고안했다. 모빌리시스Mobilysis는 신장 문제를 겪는 환자를 위한 새로운 휴대용 투석장치다. 모빌리시스를 사용하면, 투석전문센터에 갈 필요 없이 언제 어디서나 원하는 대로 필수혈액세척을 할 수 있다. 다중 사이클을 거쳐 벨트모양의 용기에서 복강으로 펌프에 의해 주입된 투석액이 복막을 통해 혈액을 정화한다. 이 과정에 독성의 요소 성분은 체내에서부터 단순 삼투압 작용으로 걸러져 액체로 이동된다. 오염된 액체는 매 사이클마다 기술적 부품에 의해 정화되어 다음 사이클의 투석액으로 준비된다. 이런 방식으로 재택 투석이 가능해진다. 장치는 두 개의 부분으로 구성되는데, 투석액을 담는 다수의 격벽으로 분리된 신축성 있는 벨트 부분과 하드웨어와 카테터 연결부 및 신장세척 단

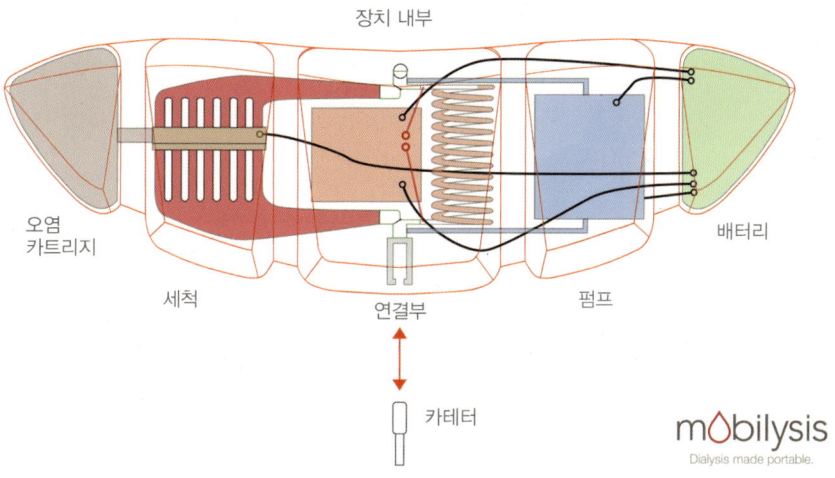

모빌리시스 휴대용 투석기

위를 포함하고 있는 단단한 외장의 전면 부분이다. 모빌리시스 시스템은 직관적이고 사용이 편한 스마트폰 앱으로 제어한다. 전면 부분에 달린 버튼을 통해 비상시 기본적인 수동 조작 또한 가능하다.

휴대용 생명유지장치
학기 연구과제: Benjamin Cselley(선임), Niklas Wagner, Lukas Pressler, Oskar von Hanstein

의학 보고에 의하면, 세계적으로 6억 명의 사람이 만성 폐쇄성 폐질환Chronic Obstructive Pulmonary Disease, COPD 으로 고생하고 있다고 한다. COPD는 미국에서 네 번째로 많은 사망 원인이며 2020년까지는 남녀를 막론하고 세 번째 사망 원인이 될 거라는 전망이다. COPD가 어떤 것인지 알고 싶다면(천식을 가진 사람은 이 실험을 시도하지 말아야 한다), 더 이상 견디기 힘들 때까지 숨을 참고 계속해서 열을 센 다음에 숨을 내뱉어보라. 그러면 COPD가 어떤 느낌인지 알게 될 것이다. 한 가지 효과적인 치료 방법은 호흡 연습을 하는 것인데 휴대용 생명유지장치가 이 연습을 완벽하게 도와준다. 휴대용 생명유지장치는 호흡기 치료를 도와주는 것은 물론, 무선 랜을 통해 당신의 주치의에게 진행 경과를 알려준다.

첨단 인공 팔
학기 연구과제: Helene Steiner(선임), Lukas Pressler, Nico Strobl

손과 팔뚝의 인공관절에는 기능과 의미론이라는 두 가지 도전과제가 있다. 여기에 제안하는 인공관절은 새로운 로봇 친화적 사회를 향한 한 걸음이며, 기술 자체를 매력적인 장치로 디자인하고 있다. 이 장치는 팔을 흉내 내는 대신에, 오히려 인간의 팔보다 강한 힘과 가능성을 지닌 도구로 장애를 극복하게 해준다. 착용자는 근전기 감지Myoelectric Sensoring를 통해 팔을 정교하게 다루고, 동작이 표시되는 '팔뚝'에 달린 표시장치의 도움으로 도구들을 세밀하게 조정한다. 장치는 카메라, 손전등, 스크루 드라이버, 전화기, 병따개(!), 데이터 교환용 USB 스틱 등의 편리한 도구들뿐만 아니라 최신 무선 기술들을 포함하고 있다.

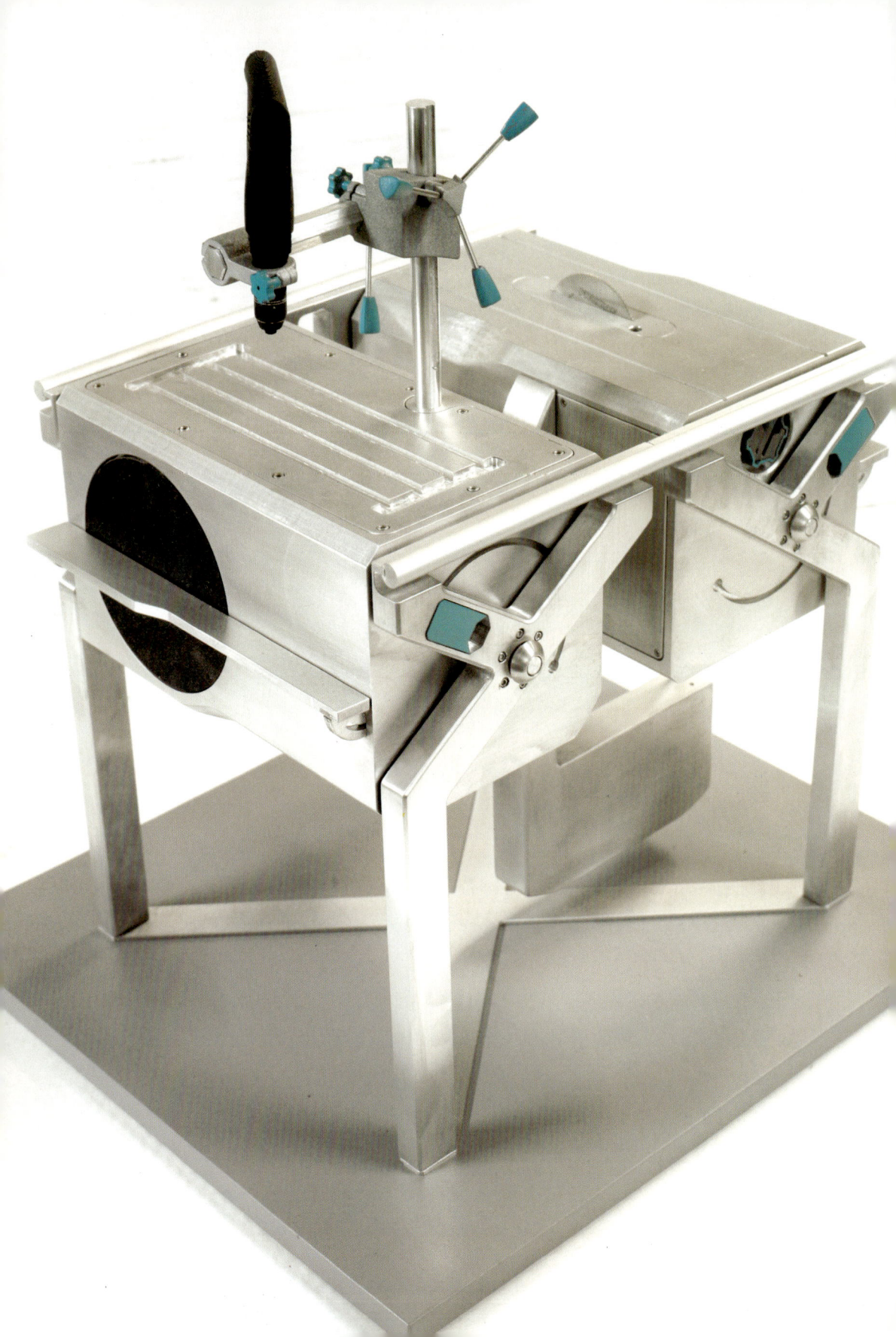

생활과 일

모델머신
학위 연구과제: Bernhard Ranner

스케치와 렌더링 외에도 디자이너가 작업물의 촉감과 기능성을 판단하고 인체공학적 측면을 고려할 수 있도록 실물에 가까운 모형을 갖는 것은 매우 중요한 일이다. 디자인 단계가 초기일수록 모형 작업은 빠른 게 좋다. 불행히도 규모가 큰 기업이나 디자인 회사에만 전용의 모형 작업실을 가질 여유가 있을 뿐이다. 모델머신 ModelMachine은 작은 회사나 이제 막 시작하는 이들을 위해 그 차이를 메우고자 디자인되었다. 모델머신은 차지하는 공간이 사무용 책상보다 크지 않으면서도 모형 작업실에 필요한 모든 것을 제공한다. 실제로 모형을 다루며 디자인하는 것을 즐기는 디자이너에 의해 만들어진 모델머신은, 모형 제작자를 위한 꿈의 기계다.

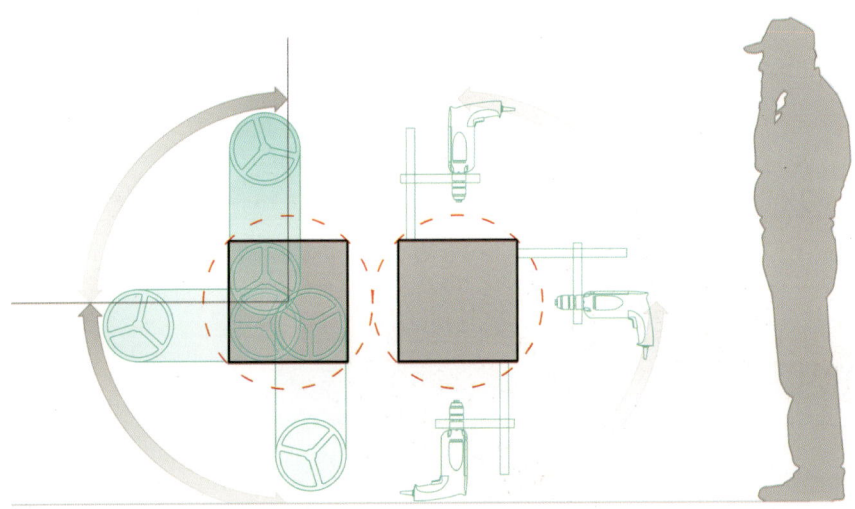

카풋.알 로봇

브라운 상Braun Prize 결승 진출 작
학기 연구과제: Erol Kursani(선임), Florian Wille, Anton Weichselbraun, Bernhard Ranner

철거 작업은 분진과 소음 및 안전하지 않은 환경 탓에 매우 위험하며, 작업하는 도중 진동 장애, 화상, 청력상실 같은 심각한 질병을 얻거나 심지어 사망할 수도 있다. 이런 위험이 있기 때문에 카풋.알Kaput.R 철거 로봇은 효과적으로 인부를 대체해 건물 내 위험지역에서 자동으로 작업한다. 접혀지는 이중-팔 구조로 다양한 범위의 동작을 하는 동안 균형추가 균형을 효과적으로 잡아준다. 카풋.알은 바닥이 견디는 최대 하중을 초과하지 않도록 다양하게 안정적인 자세를 취할 수 있는, 전기로 작동하는 네 개의 무한궤도를 이용해 추진된다. 더불어 3D 소프트웨어와 소나Sonar 감지기에 의해 유도되므로 인간의 현장 감독 없이 철거 장소 안에서 길을 찾아갈 수 있다. 원형 톱, 쟁기, 고정밀도 파워건 등 다양한 종류의 도구를 부착시킬 수 있다. 파워건은 철거를 위해 특별히 만들어진 도구로, 프로판 가스 폭발에 의한 압력파를 벽에 직격해 구멍을 뚫어 효과적으로 벽을 약화시킨다. 이렇게 약해진 벽은 쉽게 무너진다.

밸런타인 피씨

기즈모도Gizmodo와 보잉보잉Boing Boing 같은 블로그들에 게재되어 국제적으로 소개됨
학기 연구과제: Martin Zopf(선임), Pia Weitgasser, Anton Weichselbraun, Julia Kaisinger

2008년 여름학기에 우리는 고인이 된 에토레 소트사스와 페리 킹에 대한 헌정과 오픈 소스 디자인의 예로서, 올리베티의 전설적 휴대용 타자기인 밸런타인Valentine을 재해석하라는 과제를 받았다. 1969년 소트사스와 페리 킹의 공동작업으로 제작된 밸런타인에는 디자인은 단지 기능적일 뿐만 아니라 매력적이고 감동적이어야 한다는 소트사스의 주장이 강하게 표현되어 있다. 이런 개념을 현대 디지털 시대의 요구에 맞게 바꾸는 것은 결과적으로 일종의 문화 재활용이었다. 우리는 밸런타인의 특징이 품격과 높은 기능성에 있다고 해석했다. 타자기의 전통에 따라 휘어지는 디스플레이 장치를 사용했다. 그래서 모니터는 더 이상 우리 디자인의 모양을 한정하는 요소가 아니게 되었고, 키보드가 전체 크기를 결정하게 되었다.

플랫셰어 냉장고
글로벌 일렉트로룩스 상Global Electrolux Award 수상작
학기 연구과제: Stefan Buchberger(선임), Martin Faerber

아파트를 공유하는 현대인의 생활양식인 플랫셰어Flatshare 개념은—특히 젊은 사람들이—공동 공간에 비용 부담 없이 독립적으로 거주할 수 있는 방법이 되고 있다. 플랫셰어 냉장고에 관한 구상은 이런 도시 생활양식 속에 대두되는 무질서와 사생활 보장의 문제를 다루고 있다. 플랫셰어 냉장고는 모듈 형태로 독립적 부분들로 이루어져, 사용자별 맞춤(표면 색, 부착물)과 배열 및 이동이 가능하다. 사용자는 다양한 기능의 부착물을—칠판, 꽃 받침, 병따개 등등을—각 모듈의 전면에 부착할 수 있다. 모든 모듈(최대 4개)은 바닥장치를 통해 냉각액과 전기에 연결되고, 바닥장치에는 조절장치가 있어 사용 중인 모듈의 개수에 따라 압축기의 압력을 제어한다. 전체가 하나가 되고 하나는 전체를 위해, 에너지와 돈을 절약한다! 플랫셰어 냉장고는 일반적인 냉장고와 크기가 같아서 표준규격의 부엌에서 사용할 수 있다. 위아래 두 개의 면에 모듈을 꼭 맞게 쌓을 수 있다. 양쪽 면에 손잡이가 있어 모듈을 쉽게 쌓고 분리할 수 있다. 각 모듈이 담을 수 있는 용적은 84.3리터로, 통계적으로 한 사람에게 필요한 평균 저장용량 이상이다.

경 작업 모트롤리오: 방의 제자들

엔터테인먼트

로봇 히어로벅스
학위 연구과제: Benjamin Cselley

'생생한 비디오게임 제작'이라는 모토에 따라, 이 연구과제에는 스마트폰 또는 태블릿 컴퓨터의 응용프로그램을 통해 조작되는 최첨단 생체근육기술과 인공지능이 탑재된 생물형 로봇들이 등장한다. 최고의 오락을 선사할, 각자 개성적 능력을 소유한 콜로, 쇼, 아쿠, 노미아, 트윈을 소개하겠다. 이 '생물들'의 공통점은 무엇일까? 이들은 로봇 곤충들이다! 그리고 이들은 히어로벅스HeroBugs를 꿈꾼다. 그러나 그 명예를 얻기 위해선 조련사, 바로 당신이 필요하다! 사용자인 당신은 그들을 세 가지 훈련을 통해 단련시킨다. 스모 훈련, 파쿠르* 훈련 및 수확 훈련이다. 이 과제들을 완수하려면 조련사와 로봇 곤충, 즉 인간과 기계의 완벽한 호흡이 필요하며, 이로써 '융합형 게임'은 새로운 수준의 매력을 갖는다. 로봇은 특별한 능력을 갖도록 프로그램할 수 있지만, 프로그램 후에는 완전히 자동적으로 움직인다. 히어로벅스는 격투기 선수, 인간 플레이어는 도장의 코너에 있는 코치다.

영웅들:

콜로 별명: 요코즈나
제일 빠르진 않지만, 크기와 갑옷으로 한자리를 차지한다.

쇼
힘과 경험은 단연코 최고.

아쿠 별명: 그림자
틀림없이 히어로벅스 중 가장 빠르다. 꼬리를 조심하라.

노미아
적들이 감당하기 벅차게 아름답고 화려하다.

트윈
모든 면에서 쌍둥이.

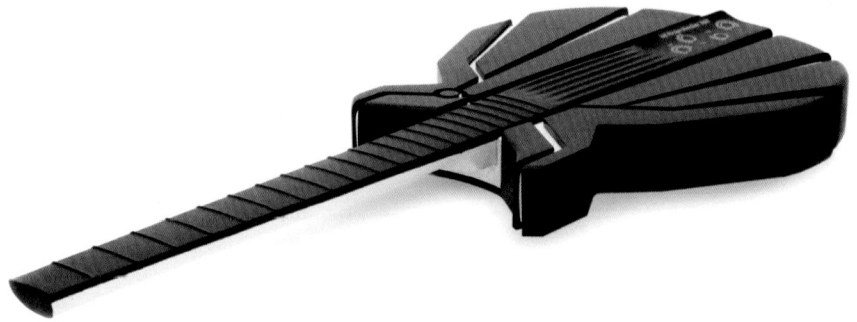

디기타 신시사이저

학위 연구과제: Anton Weichselbraun

기타는 플루트 다음으로 지구상에서 가장 인기 높은 악기다. 디기타DiGuitar는 기타리스트에게 전자음악의 기술과 방법이 결합된 아날로그 연주감을 제공한다. 디지털 입력장치가 현과 픽업 및 프렛을 대체하고, 프로그램된 MIDI-Signal은 어떤 종류의 기타 소리 혹은 앰프의 조정으로 구현할 수 있는 소리도 처리할 수 있다. 접촉에 민감한 넥은 손가락의 위치를 분석하여 이에 따른 소리를 내는데, 넥 표면의 프렛들은 다양한 위치에 볼록한 액상 마이크로채널로 이루어지고, 현을 대신하는 압전 활성자들은 연주 음표에 맞는 떨림의 진동수를 만든다. 이런 떨림이 손가락 끝을 통해 뇌에 전해져 진짜 물리적 현의 느낌으로 인식된다.

젤리 웹, 터치 인터페이스를 가진 하이퍼미디어 시스템

학위 연구과제: Konrad Kroenke

지금은 인터넷 장치가 인간의 사랑스러운 동반자인 시대다. 의사소통, 오락, 전자상거래 또는 단순 정보를 위해 일상적으로 다양한 장치를 쓰게 마련이다. 데이터 흐름 하나에 인터페이스 하나인 셈이다. 육감적 형태의 장치 하나로 모든 정보, 연락처, 업무 데이터를 이용할 수 있어야 한다. 젤리 웹Jelly Web은 기술적 측면에서 작은 임시 저장장치와 빠른 데이터 전송기능을 가진 간단한 컴퓨터다. 이 장치는 항상 온라인 상태로 공급 서버에 있는 영상, 음악, 게임과 같은 콘텐츠를 다른 사용자들과 공유한다. 사용이 편리한 직관적 터치 인터페이스를 통해 음향과 영상 콘텐츠를 생생하게 처리한다. 통상적 장치의 외관과 차별되는 케이스 디자인은 사용자에게 가족의 일원 같은 친밀함을 준다. 사용자가 '베이스'의 민감한 표면에 직접 손을 대면, 표면은 그래픽 언어로 응답한다. 본체의 측면에는 고품질의 영상 콘텐츠를 재생할 수 있도록 LED 프로젝터가 장착되어 있다. 생생한 시청각적 디스플레이를 위해, 두 개의 오벨리스크 모양의 위풍당당한 사운드 발생장치가 베이스를 지원하며, 다른 사용자와의 화상 대화를 위해 카메라를 각각 내장하고 있다.

NSU MAX 1953. 사진: 제임스 프랫

이동수단

아우디 E1
학위 연구과제: Lukas Doenz

아우디 그룹은 지금은 잘 알려져 있지 않지만 모터사이클 분야의 오랜 전통을 가지고 있다. DKW와 NSU 상표는 한때 시장의 선두 주자들이었고, 1955년의 NSU MAX는 압축 용접된 판금을 이용해 모노코크* 방식으로 설계된 첫 번째 모터사이클이었다. 아우디 E1은 장래의 전기 구동계와 진보한 텔레매틱스*를 내다보며 가장 발달된 KERSKinetic Energy Recovery System, 즉 운동에너지 회수 시스템을 도입했고, 안정기와 경로 및 거리 제어장치 같은 디지털로 구현된 안전기능과, 전륜구동은 물론 드라이브-바이-와이어* 구동을 채용했다. 또한 양쪽 바퀴와 브레이크 보조 판의 캔틸레버 서스펜션에 의해 운전의 안정성도 강화했다. 인체공학적 설계로 운전자는 자신의 키에 맞추어 조절하거나 편안한 주행을 위한 자세와 스포츠 주행을 위한 자세 중

선택할 수 있다. 디자인은 손쉽게 맞춤 제작할 수 있도록 KERS, LED 조명, 배터리 팩 등 모든 신기술 부품 및 다른 부품들을 노출하고 있어, 강한 감각적 매력을 발산하며 녹색에너지의 새로운 의미론을 정의하고 있다.

디지털 교통표지
오스트리아와 독일에서 다수의 디자인상 수상
학기 연구과제: Erol Kursani(선임), Alexander Wurnig, Shirin Fani, Kristina Chudikova

오늘날 사용되고 있는 교통표지는 600개 이상이고 각각은 400달러 이상의 비용이 든다. 적어도 이들 표지 중 1/3은 불필요한데, 그 자리에 그대로 놔두는 것보다 제거에 비용이 더 든다. 게다가 어떤 교통표지들은 사람들이 이해하지 못한다는 것을 많은 통계가 보여주고 있다. 우리의 디지털 교통표지 디자인에서는 통제선이 자동차의 앞 유리에 도로의 일부처럼 표시되어 교통 상황에 따라 운전자를 안내한다. 시스템은 사용자 친화적이다. 녹색 선은 '운행'을, 적색 선은 '정지'를 의미한다. 중앙의 황색 선은 내비게이션 시스템 역할을 한다. 우리의 목표는 도로 통제의 혼란을 줄이고, 교통흐름을 원활히 만들고, 교통관제를 정돈하고, 물리적 교통 표지판들을 제거하여 시각적 혼란을 없애는 것이다. 디자인은 위성으로 제어되어 운전자의 앞창에 투영되는 전방표시장치Head Up Display를 이용하고 있다. 이를 사용하면, 도로의 교통표지가

사라지고 교통 신호등은 줄어들며 보행자를 위한 동적 교통 신호등 시스템을 갖출 수 있다. 시스템은 융통성 있게 운영된다. 예를 들면 실제 교통상황에 맞추어 교통량이 적은 경우엔 계속 녹색을 유지한다.

학습 운전석
오스트리아 전국 디자인 상Austrian National Design Award 수상
학기 연구과제: Ewald Neuhofer(선임), Marco Doblanivic, Alex Gufler

모든 교통사고 중 50% 이상이 5년차 이내의 초보 운전자에 의해 발생하는데, 이 연구과제는 안전운전의 학습과 습관 유지에 중점을 두고 있다. 언제나 중앙 콘솔 화면에 집중할 수 있도록, 디자인은 모든 조작장치와 계기를 운전자 전방에 집중적으로 배치하고 있다. 소프트웨어는 운전자에게 속도만 알려주는 것이 아니라 충고와 사전 경고 및 칭찬을 하며 상호작용한다. 운전자가 위험하거나 산만한 운전 행동을 하면 장치는 듣기 싫은 음악 등 부정적인 피드백을 보낸다. '운전대'는 인체공학을 고려한 디자인으로 모든 수동 조작장치를 통합하고 있으며, 비행기의 조종간이나 비디오 게임의 조이스틱 같은 융통성 있는 모양으로 설정가능하다.

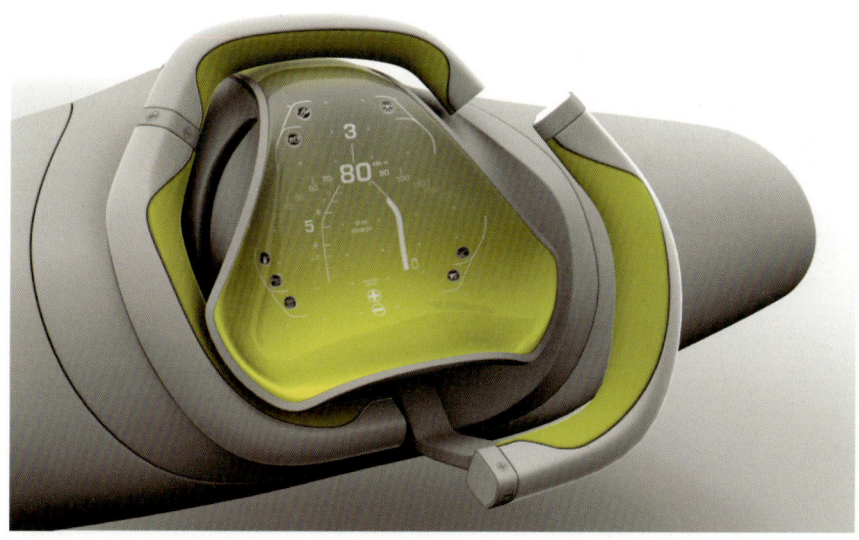

TECHNOLOGIE

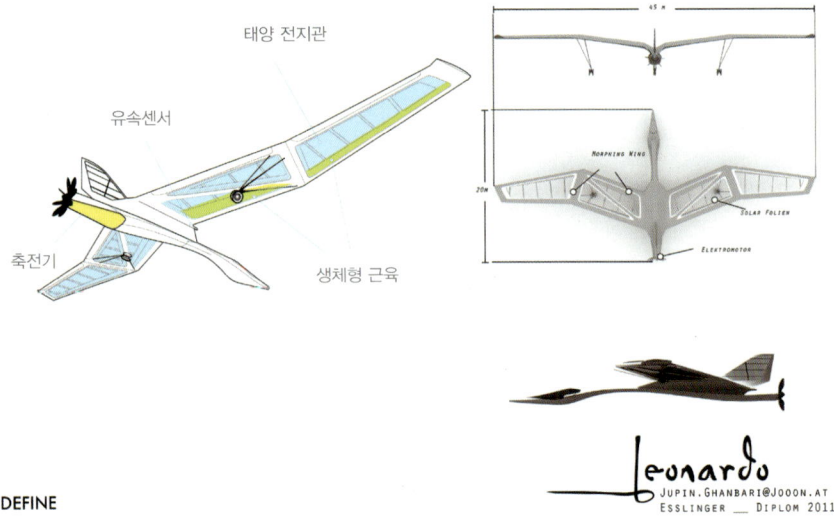

DEFINE

레오나르도 태양열 비행기

학위 연구과제: Jupin Ganbari

이 연구과제의 목표는 '비행 기계'에 관한 레오나르도 다빈치의 스케치와 모델로부터 영감을 얻어, 그 초기 디자인에 나사NASA 또는 다른 기업들의 최첨단 태양열 비행 기술을 적용하는 새로운 해법을 찾는 일이었다. 레오나르도는 당시 알려진 재료를 가지고 디자인했지만, 현대의 고강도 물질을 구할 수 있었다면 생물학적이고 보다 더 새와 닮은 모양의 디자인을 했을 것이라고 짐작할 수 있다. 레오나르도 태양열 비행기는 기류에 의해 동체에 전해지는 난류마찰을 줄이기 위해 꼬리 부분에 장착한 전기 프로펠러 엔진을 최소한으로 사용해 날도록 되어 있다. 선택된 구성은 수화물을 가진 네 명의 사람을 태우기에 적합한 모양이지만 단거리 비행셔틀 서비스용으로 확장할 수도 있다.

PROJEKT IDEE:
Solar Bird Leonardo

다빈치라면 태양열로 나는 새를 어떻게 디자인했을까?

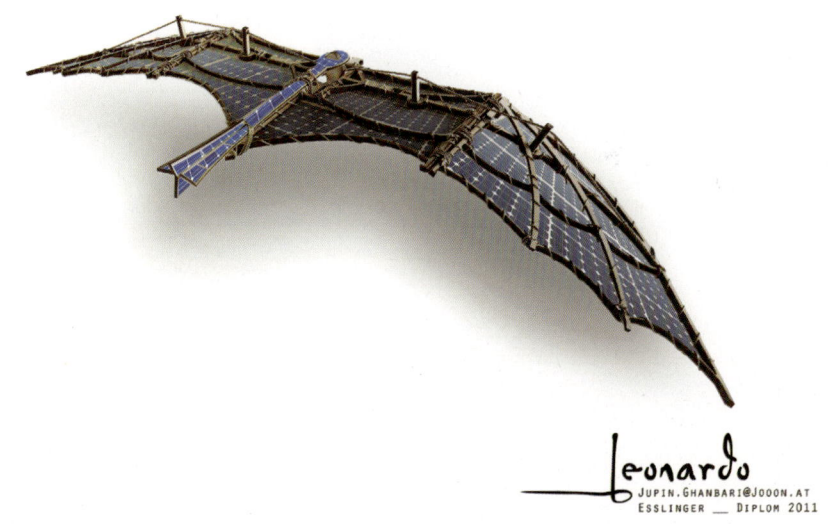

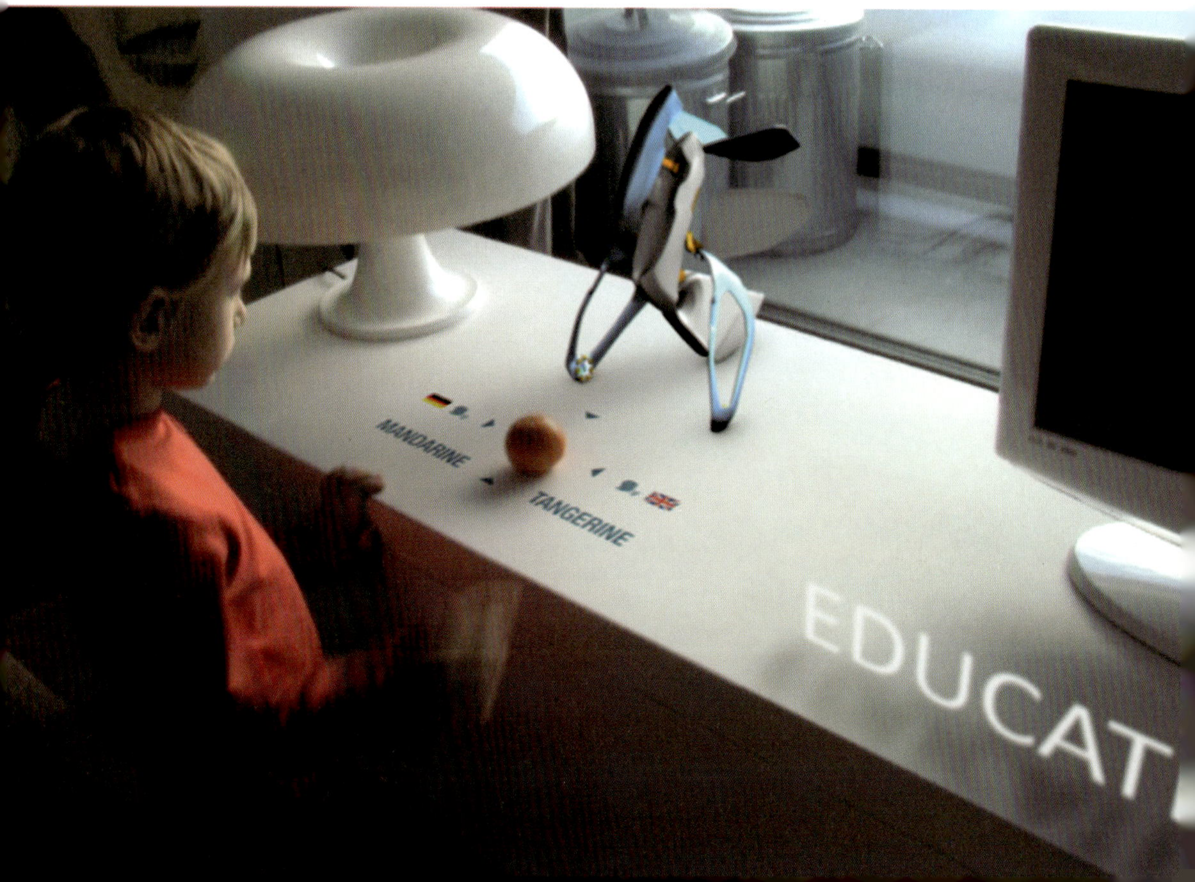

MANDARINE

TANGERINE

EDUCAT

디지털 융합

마리포사 트랜스포머
학위 연구과제: Florian Wille

이 연구과제의 배경에 있는 동기는 '2015년에 스티브 잡스라면 할 것 같은 일'이었다. 이에 대한 나의 결론은 컴퓨터와 통신장치 및 자립형 생체로봇을 융합한 하이브리드 디자인이다. MIT의 한 연구에서 보이듯, 사용자는 스크린 기반의 장치보다는 로봇 인터페이스 기반 장치에 더 유대감을 느낀다. 나는 이것이 기술에 생소한 어린이나 노인의 경우에 더욱 들어맞는 사실이라고 생각한다. 마리포사Mariposa는 주변 환경을 인식하고 장착된 프로젝터를 통해 디지털 정보를 현실 공간에 겹쳐놓을 수 있다. 이것이 키보드-스크린 패러다임을 벗어나 새로운 방법의 상호작용을 가능하게 한다.

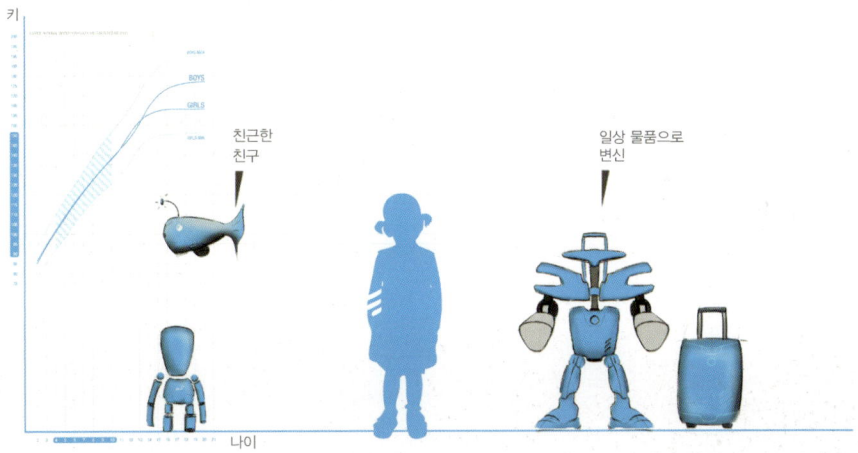

성별에 따른 아이들의 성장곡선: National Center for Health and Statistics (US 2000)

워크플로우 앱

학기 연구과제: Minich David(선임), Martin Strohmeier, Marc Krenn, Stefan Kachaunov

누구나 계획과 실행 사이에는 언제나 큰 차이가 있음을 알고 있다. 기본적인 문제는 과제들의 중요도와 의미 있는 순서를 결정하는 일이다. 단순한 달력이나 일정관리 앱 이상으로 확장된 워크플로우Workflow는 사용자가 기획과제들을 필수적으로 해야 할 일과 가능하면 해야 할 일 및 하고 싶은 일, 세 가지 중요도의 카테고리로 분류할 수 있게 하였다. 이 앱은 과제의 다양한 구성요소가 완결되면 진행표시 줄을 채워 사용자가 자신의 실적에 대해 피드백할 수 있도록 해준다. 더불어 연락처는 사용자의 주소록과 동기화되고 카테고리에 따라 묶여 구체적인 기획과제에 연결된다. 이렇게 특정의 기획과제에 포함된 모든 사람에게 쉽게 연락할 수 있다.

그래비티 폰과 큐브 사용자 인터페이스

학기 연구과제: Claudia Bär, Maximilian Salesse, Peter Schanz

이 디자인의 자극이 된 것은 애플의 아이폰과 모든 그 아류가 너무 지루하다는 것과 —예를 들면 맹인용 의료, 게임, 앱 같은— 응용프로그램에 맞게 물리적인 사용자 인터페이스를 확장하는 것이 불가능하다는 것이었다. 이런 확장을 하는 경우, 특별한 촉감 인터페이스가 필요하며 결국엔 점자용 마이크로-스위치 디스플레이 같은 하드웨어를 포함해야 한다. 이 제품에 대한 우리의 목표는 조립식 구조를 이용하고 사용성을 개선하여 오래 쓸 수 있는 스마트폰을 디자인하는 것이었다. 장치의 모든 부품이 교체와 업그레이드가 가능하므로 디지털 도구의 장기적이고 개인적인 가치가 증가한다. 우리는 또한 이 개념을 배터리 수명의 최적화, 비틀기 같은 다양한 터치 방식 제공, 환경문제 최소화 등을 위한 최신 기술들을 채용해 디자인하였다. 큐브Cube 사용자 인터페이스는 '마법 상자'처럼 생긴 3차원 탐색기를 통해 원하는 응용프로그램을 구동할 수 있다. 결과적으로 사용자는 최소 클릭과 최소 오류로 원하는 응용프로그램을 구동할 수 있게 될 것이다.

생존

아쿠아리스 정수 필터
오스트리아 전국 디자인상Austrian National Design Award 수상작
학위 연구과제: Talia Radford Cryns

아쿠아리스Aqualris는 자연재해나 인간이 불러일으킨 재난의 결과로 깨끗하고 안전한 식수를 구하는 데 한계가 있어 많은 사람이 고통을 받는 열대나 그 근방의 지역을 위한 휴대용 정수기다. 채집, 정수, 살균의 세 단계를 하나로 결합해 안전한 식수를 확보한다. 이 디자인의 목표는 에너지 자원 또는 기반시설과는 상관없이 안전하고 휴대할 수 있는 식수를 얻을 수 있도록 인간에게 자율권을 주는 데 있다. 물이 수집된 후 탈착가능 필터에 주입되는데, 사용 후 필터는 사용법 표시가 인쇄된 끈에 간편하게 부착할 수 있다. 필터에 의해 정제된 물은 변조 크리스털 층으로 흘러 내려간다. 변조 크리스털 층에서 강한 살균력의 UVC(자외선 C영역) 파장으로 변조된 태양광이 통과하는 모든 물 분자를 살균한다. 결과물인 안전하고 깨끗하고 신선한 식수가 지능형 스마트-기술 용기 안에 채워진다.

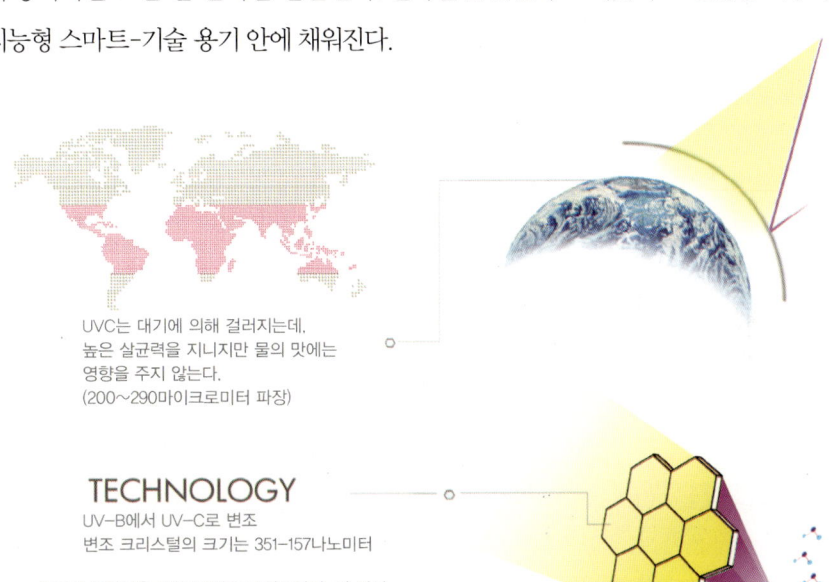

UVC는 대기에 의해 걸러지는데,
높은 살균력을 지니지만 물의 맛에는
영향을 주지 않는다.
(200~290마이크로미터 파장)

TECHNOLOGY
UV-B에서 UV-C로 변조
변조 크리스털의 크기는 351-157나노미터

렌즈가 태양빛을 UVC 파장으로 변조하며, 이 빛이
통과하는 모든 물 분자에 직접 조사된다. 반사 층이
UVC 빛으로부터 손을 보호한다.

해안 구조

학기 연구과제: Joachim Kornauth(선임), Lukas Pressler, Lukas Vejnik, Joe Mueller

익사의 경우는 유럽에서 자연사가 아닌 사인 중에 세 번째로 많으며, 해마다 보고되는 것은 2만 건에 이른다. 통계가 보여주듯, 처음 몇 분 안에 조난 당한 희생자를 확보하는 것이 성공적인 구조에 있어 절대적이다. 에스-큅S-QUIP은 물가나 항구 지역을 감시하거나 배의 난간에 장치한다면 배의 주변을 자동으로 감시하는 무인항공기다. 비상시에는 무선 신호에 의해 자동으로 발사되어 조난자를 찾아가, 부풀어지는 구명부표를 떨어뜨리고 희생사의 위치에 대한 신호를 보내 구조대가 도착할 때까지 시간을 벌어준다.

시험관 고기배양

학위 연구과제: Oskar Von Hanstein

현재의 통상적인 육류 생산 방식은 생태환경적 부작용과 박테리아로부터의 위협과 바이러스에 의한 전염병을 초래하며 가축에게도 잔혹한 환경 때문에 지속가능하지 않다. 대량으로 생산되는 오염된 고기에 관한 추문이 늘어나면서, 지속가능하지 않은 방법으로 천연자원을 소모하기만 하는 시스템을 중지하자는 요구도 늘어나고 있다. 그러나 이런 문제를 해소할 신기술들이 이미 개발 중이며, 이 분야의 시장은 성장하고 있으므로 곧 머지않아 이용가능하게 될 것이라 생각한다. 예를 들면 조직 배양기술 같은 시험관 고기생산 분야의 연구자들이 늘고 있다. 〈타임〉지는 시험관 고기생산을 2009년의 획기적인 구상들 상위 15개 중 하나로 꼽았다. 이것은 식물 단백질을 가지고 모방하는 수준이 아니다. 진짜 동물의 근육조직세포로부터 배양된 제품이다. 시험관 고기배양을 통해 얻을 수 있는 혜택을 열거하면, 제한적으로 땅을 사용하면서도 더 많은 수의 사람에게 용이하게 육류 공급이 가능해지며, 물을 보다 효율적으로 사용할 수 있고, 품질관리가 안정적으로 이루어지고, 온실효과를 일으키는 가스방출을 줄일 수 있으며, 식량생산을 위해 연료냐 음식이냐 하는 양자택일적 상황을 줄일 수 있다.

갑판 추락자

beach rescue
saving equipment

경 작업 포트폴리오: 밤의 제자들

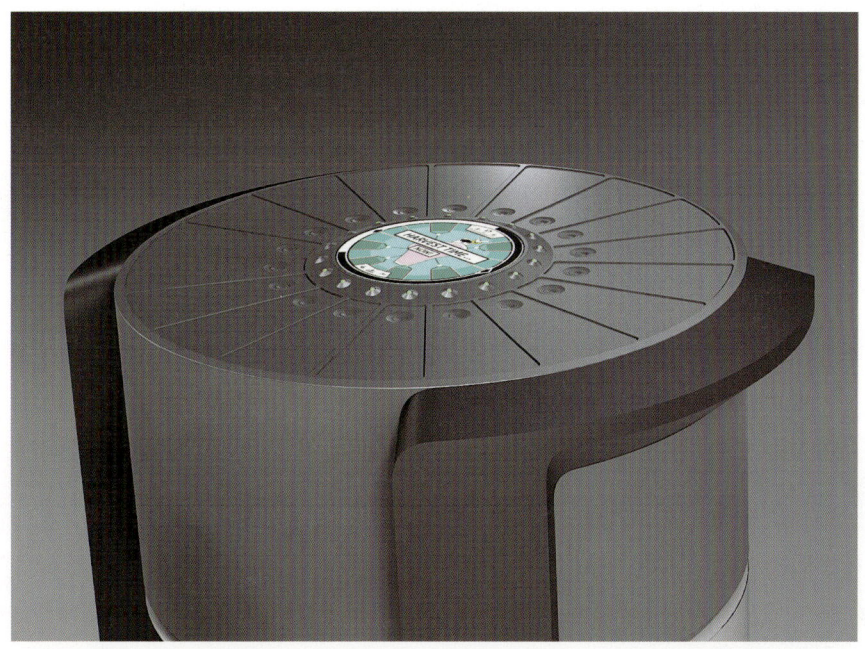

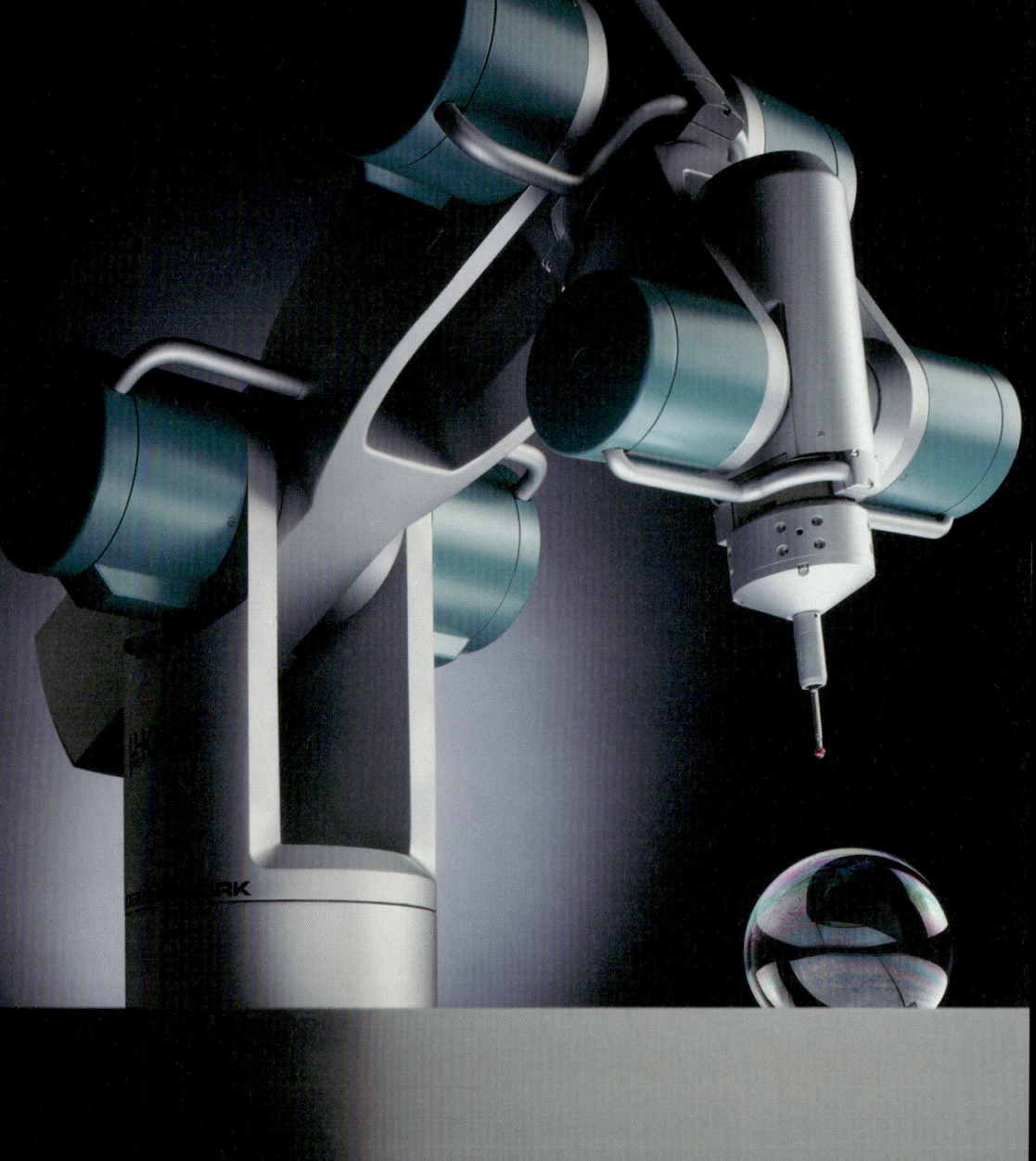

3부

디자인에 의한 선도

◀··· 보덴제베르크BODENSEEWERK 산업 로봇, 1987, 사진: 디트마르 헤네카

8장 뜨거운 물속 개구리

"끓는 물의 단지에 개구리를 떨어뜨리면, 개구리는 당연히 미친 듯이 뛰쳐나오려 할 것이다. 하지만 미지근한 물의 단지에 가만히 넣고 불을 약하게 켜면, 개구리는 꽤 평온하게 떠다닐 것이다. 물의 온도가 점점 올라갈수록 우리가 따뜻한 욕조에서 그러하듯 개구리는 편안한 몽롱함에 빠져들게 될 것이고, 오래지 않아 저항하지 않고 미소를 띤 얼굴로 삶겨 죽을 것이다."
다니엘 퀸의 《B의 이야기》 중

1969년 프로그(독일연방국, the Federal Republic of Germany의 약자에서 따온 이름이다)를 처음 시작할 때, 나는 우리가 세계적으로 직면한 생태적 도전들에 대해 알고 있었다. 1972년에 로마 클럽the Club of Rome이 첫 번째 보고서인 〈성장의 한계the Limits of Growth〉를 발표했을 때, 나는 현재의 산업모델을 상품 주도형의 소비로부터 인간중심의 사용으로 바꿔야 한다는 것을 이해했다. 개구리는 불균형에 극히 민감한 종이다. 그러므로 매우 흥미롭게도 '뜨거운 물속 개구리'의 은유가 현재 우리를 위협하는—오염, 온난화, 벼랑 끝 금융 정책, 소모적이고 초보적인 대중영합 정치, 인간과 사회의 태만 등—문제들에 관한 일상적인 경고성 보도에도 불구하고 어떻게 대다수의 사람이 안일하게 어깨 한 번 으쓱하고 말 수 있는지를 완벽하게 설명해준다고 생각한다. 처음에는 성공적으로 출발했지만, 그 이후 기술과 전략 및 문화의 발전과 함께 가열된 경쟁

〈뉴욕 타임스 매거진〉, 겔프로그GELFROG 연구, 2004

환경에 대응하지 못한 많은 기업도 바로 같은 종류의 죽음에 이르는 안일함의 저주에 빠진 듯하다. 결국 경쟁력 유지에 실패한 그들은 뒤떨어질 운명이다.

만일 우리가 뜨거운 물속 개구리 같은 운명을 피하고자 한다면, 인간, 공동체, 국가, 세계 인류로서 우리는 바람직하지 않거나 심지어는 결과적으로 대재앙을 초래할 점진적 변화를 자각할 수 있어야 한다. 커져가는 위협을 자각하게 된다 해도, 우리의 해결을 위한 실천 여부와 실천 방법은 중대한 문제로 남는다.

지구 온난화 정상회의의 실패, 미국 의회의 당파적 싸움, 그리고 다보스 세계경제포럼이 드러냈던 무력한 운명론을 볼 때, 우리를 둘러싼 문제들은 틀림없이 가열되고 있다. 좋든 싫든 간에 우리가 인정할 수밖에 없는 사실은, 현재 통제권을 쥐고 있는 대부분의 경영자와 정치가는 경종을 울리는 소식들에 대응해 변속을 원하지도 할 능력도 없다는 것이다. 이들에겐 우리가 마주한 위협들의 본질을 인식할 능력이 없거나 혁신적인 구상과 기획으로 '뛰쳐나올' 능력이 없는 것 같다. 이런 사정들 때문에, 우리를 가장 압박하는 사회와 경제 및 환경 문제에 관해 제시되는 해결책들은 실망스러울 뿐이다.

실제로 현재 세계를 장악하고 있는 만연된 안일함의 더 깊은 이유는 실천적 혹은 지적 무분별 때문이라고 생각한다. 오늘날 우리가 직면하고 있는 복잡한 문제들은 이미지와 행동 및 감정에 의해 정의되므로, 이런 고약한 문제를 해결하려면 창조적 사고가 필요하다. 그러나 거의 모든 정치와 사업 및 교육 분야의 지도자는 이성적이고 경력을 중시하는 좌뇌형 인간들이며 전형적으로 논리에 의존해 문제를 해결한다. 특히 그들 중 많은 수가 지나친 자의식에 사로잡혀 있거나 특정 이익의 노예이기 때문에, 이런 사람들에게 창조적이고 사회적인 해결책에 관해 큰 기대를 걸기는 어렵다.

반면에—열 명 중 세 명꼴로—소수의 창조적 우뇌형 인간이 있다. 이들은 직감적일 뿐만 아니라 비선형적으로 생각할 수 있어서 이런 고약한 문제들에 대해 창조적이고 전략적인 해결책을 제시할 수 있다. 그러나 내가 앞 장에서도 설명했듯이, 이들 중 압도적인 다수가 권력자들과 동등한 동반자로서 일하는 데 필요한 직업적 능력이 부족하다. 만일 창조적 인간이 정당한 몫의 권력과 급료 및 영향력을 주장하고자 한다면 무대위로 올라서 지도자의 역할을 맡아야 한다.

창조적 지도자로서 가장 중요한 과제는, 우리가 똑같이 끓는 물 속에 함께 있기 때문에 모두가 뛰쳐나와야 한다는 것을 이성적 지도자에게 이해시키는 일이다. 그러므로 이번 장에서는, 내가 목격해온 우리를 가로막는 장애물들과 그것들의 형성 과정에 관해 간략하게 설명하고, 이것들을 극복하기 위한 몇 가지 대안들을 제시하고자 한다. 그런 논의의 과정에서 경쟁 환경이 가열되었을 때 사업체들은 어떤 반응들을 통해 죽음과 같은 잠 속으로 서서히 가라앉았는지 혹은 새롭고 더욱 지속가능한 환경으로 창조적 도약을 하였는지 면밀히 살펴볼 것이다.

자본주의의 필연적 진화

우리가 어떻게 여기까지 오게 되었는지 이해하려면 출발점을 알아야 한다. 현재 세계의 대부분이 다소 정도의 차이는 있지만 자본주의 경제 시스템 속에서 생활하며 일하고 있으므로, 어떻게 현재의 시스템으로 발전했는지 이해하려면 자본주의의 역사를 들여다보아야 한다. 실질적으로 그 역사는 과학과 교육 및 개인의 권리가 꽃을 피우기 시작한 르네상스와 계몽주의 시대 동안에 시작되었다. 바로 소유권이라는 개념이 보다 더 보편적으로 받아들여지기 시작한 그때, 신뢰받는 정치제도와 우수한 대학, 그리고 구상과 전망을 회사와 산업 및 신경제 시스템으로 구현한 재능 있는 사람들로 이루어진 마법의 삼두마차가 산업혁명을 이끌었다. 그렇게 자본주의는 태어났다.

비록 초기 자본주의가 대체로 새로운 유물론적 태도에 의해 정의되긴 하지만, 어느 정도는 철학과 종교에 관련된 근본적 문화 변동에도 영향을 받았다. 독일 철학자 막스 베버는, (마르틴 루터와 장 칼뱅 및 얀 후스가 이끌었던) 유럽의 종교개혁이 자의식을 갖는 기독교인들을 더욱 양산하면서 이런 변동이 시작되었다고 설명하고 있다. 이들 청교도인과 칼뱅주의 기독교도는 더 이상 가톨릭교회가 약속하는 '구매할 수 있는' 영원한 구원을 믿지 않았고 결국 신의 사랑과 용서를 받을 자격은 현재의 삶에서 스스로 증명해야 하는 것이라고 믿었다. 개인의 권리와 소유권이 보장되는 새롭게 발전한 시스템 속에서 더 많은 사람이 열심히 일하고, 검소하게 살며, 저축을 하고, 이를 다시 노력에 재투자하기 시작했다. 이런 태도가 계속해서 더 큰 성공의 사이클로 이어졌다.

　　　　　　　이 사이클이 자본과 종교 상호간의 매우 생산적인 공생 관계를 만들었다는 사실을, 카를 마르크스는 재화를 통한 노동계급 억압을 비판하며 주목했다. 그러나 마르크스가 종교를 '대중에 대한 아편'이라고 칭한 것은 핵심을 놓쳤던 것이라고 생각한다. 왜냐하면 종교는 자본주의를 떠미는 원동력이었고, 역설적으로 공산주의 또한 종교의 축복을 받았기 때문이다. 게다가 마르크시즘은 낙후한 러시아의 공산주의 혁명 외에도, 유럽과 미국의 자본주의 발전에 깊은 영향을 끼쳤다. 노동자는 재화와 사회 보장의 공정한 분배를 주장했고, 작업 환경과 생활 조건의 개선을 위해 파업을 일으켰으며, 노동조합으로 그들을 조직화하여 정치적 영향력을 얻어냈다. 동시에, 헨리 포드와 로버트 보쉬 같은 기업가들은 자신의 사회적 책임을 이해하는 듯했다. 이들은 자신들이 생산하는 제품들을 구매하고 즐길 수 있도록 노동자들이 충분한 돈을 벌어야 한다고 생각했으며, 이들의 기업들은 대단히 크게 성공했다.

　　　　　　　20세기에 들어와서, 개인 소비품을 생산하는 것이 점점 더 중요한 산업이 되었으며 대량생산이 가격은 낮추고 더 좋은 품질과 디자인을 제공하면서 개별 생산을 대체했다. 제조업의 발전에 선구적 역할을 한 것은 미국이었지만, '제국주의적·계급주의적' 상징주의와 타협적 기능을 탈피해 새로운 소비자 문화를 정립한 것은 독일 바우하우스 대학교(1919~1933)의 국제적인 전위 건축가와 예술가 및 디자이너였다. 국제양식으로 알려진 바우하우스의 영향을 받은 건축 기법이 도시 생활에 사회적 변화를 불러왔고 현대 도시의 스카이라인을 만들어냈다.

　　　　　　　자본주의와 종교는 소비주의의 출현과 함께 서로의 역할을 바꾸기 시작했다. 발터 벤야민Walter Benjamin(나치에 쫓기다 1940년 자살한 독일 철학자)은 유일하게 종교에게 관용적이었던 자본주의가 스스로 종교가 되었다고 생각했다. 벤야민은 대략 75년 전 파리에 망명한 동안 레알Les Halles의 새로운 실내 쇼핑몰이 현대판 성당과 사원이라고 기술했는데, 중세의 성당과 홍콩의 노먼 포스터 경Sir Norman Foster이 디자인한 HSBC 같은 건물들을 비교할 때, 논지는 현재에도 타당하다. 벤야민은 또한 구매 행위가 새로운 예배 형태로 거의 종교적 성격을 띤다는 것을 관찰했다. 그는 더 나아가 심지어 금전적 채무가 윤리적 죄의식(독일어로 슐트Schuld는 채무와 죄를 동시에 의미한다)으로 바뀌어, 사람들이 채무를 갚기 위해 일하게 만드는 것이라고 단언하였다.[1] 이런 생각은 구원에 대한 바람이 성공하고자 하는 동기가 된다는 막스 베버의 논지와 완전히 대조적이었다.

     이제부터는 현재 가장 널리 퍼진 형태의 자본주의에 이르기까지 급격한 도약은 없다. 돈은—탐욕과 환경 태만 및 전체 사회 불균형을 대부분 위선적인 변명으로 받쳐주는 기본 이데올로기들을 가진—종교의 신이 되었다. (슬프게도, 이런 종교의 왜곡이 많은 비-산업화 국가에서 여자와 아이 및 '불신자'에 대한 근본주의자들의 무관용과 폭력으로 반영되고 있다.) 결과적으로, 기업과 산업 및 국가 간의 경쟁이 대부분 더 이상 훌륭한 제품

애플 앞에 늘어선 성스러운 줄

종교와 소비의 경계가 모호하다는 발터 벤야민의 사상이 급진적일 수도 있지만, 애플 소비자들(혹은 추종자들)의 제품에 대한 헌신의 측면에서 생각해보자. 이 헌신이라는 것은 명백히 종교적 성격을 띤다. 2011년 BBC는 애플 제품의 화상을 보고 있는 애플 팬의 뇌 스캔 결과에서 종교 사제들에게 발견되는 것과 같은 종류의 시각적 반응을 관찰할 수 있다고 보도했다.[2]

연구자들은, 애플 스토어가 열리기를 밖에서 기다리고 있는 사람들의 뇌를 자극하는 반응(아래 그림의 중앙)이 매우 종교적인 사람들이 열광적인 기도와 예식을 하는 동안의 반응(아래 그림의 오른쪽)과 유사하다는 것을 발견했다.

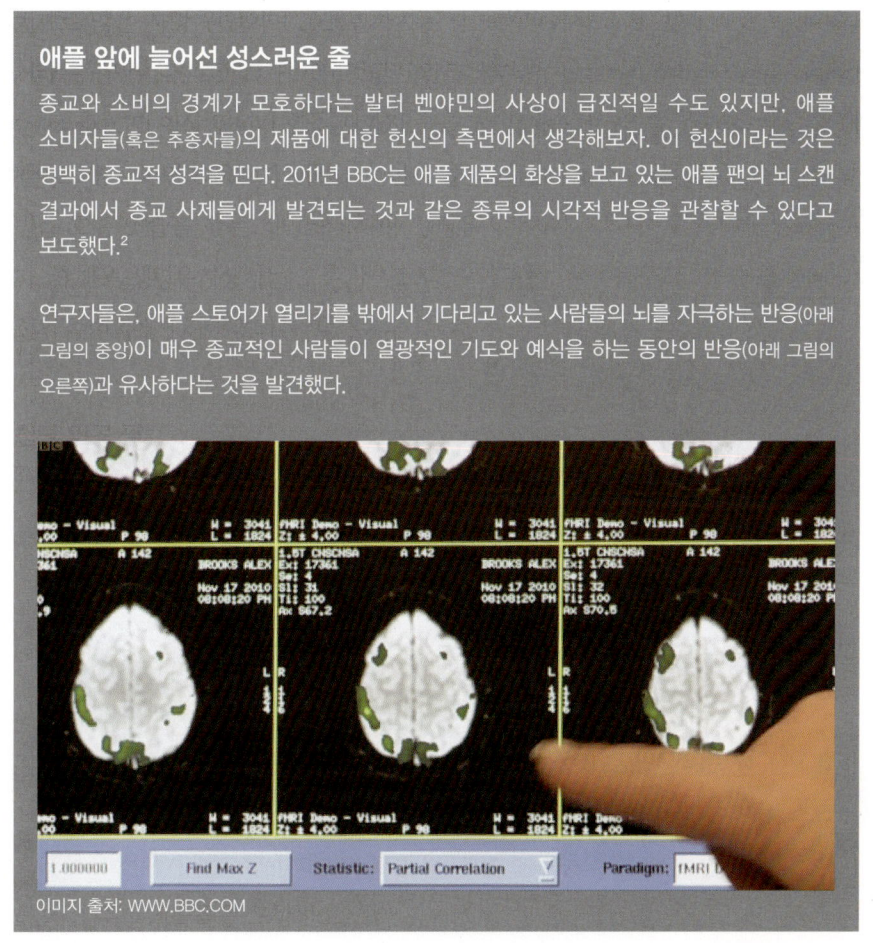

이미지 출처: WWW.BBC.COM

과 서비스를 중심으로 진행되지 않는 대신에, 대차대조표와 주주 및 시장평가로부터 얻어지는 추상적 수치에 의존하게 되었다. 금융 산업(이런 용어 자체가 냉소적 모순어법이다)은 너무도 강력해 정치를 쥐락펴락하고 있다. 이런 사실은 미국의 월스트리트에 대한 미온적인 개혁이나 영국 생산경제가 치명적 상태임에도 불구하고 영국 정부의 유럽연합 탈퇴 움직임으로 증명된다. 현대 자본주의에서 정직한 사업은 착취성 투기에 밀리고, '터무니없이 훌륭한' 제품을 고집하는 스티브 잡스 같은 귀한 경영자는 괴짜로 취급된다.

대안

2011년 1월, 하버드 경제학자인 마이클 E. 포터Michael E. Porter는 마크 R. 크레이머Mark R. Kramer와 함께 〈하버드 비즈니스 리뷰〉에 '공유가치의 창조Creating Shared Value'라는 제목의 흥미로운 글을 기고했다. 여기에서 그들은 결과적으로 새로운 혁신 성장의 파장을 일으킬 자본주의 재발명의 방법(그들의 '투명한 자본주의'라는 이전 이데올로기와는 사뭇 차이가 있다)에 대해 설명했다. 포터와 크레이머는, 사람들이 더 이상은 이윤 극대화와 성공을 위해 수단과 방법을 가리지 않는 냉정한 시스템을 믿지 않게 되었다고 인식하며, 과다한 보수를 챙기는 경영자가 이끄는 기업들이 비록 기업의 사회적 책임 프로그램을 그럴듯하게 선전해도 오늘날 투자가와 소비자에게 신용을 잃게 된 이유를 설명한다. 저자들이 우려하는 것은, 정부가 폐단을 수정하려 발버둥쳐도 기업과 경제는 정체할 것이라는 사실이다.

회의적인 사람은 비윤리적인 기업과 경영자를 윤리적 경영에 적응시키려면 시간과 노력이 걸릴 것이라고 말할지 모르지만, 포터와 크레이머는 구식의 기업과 경영자는 어떤 형태로든 창조적 혁명을 도입하고 선도할 능력이 없기 때문에 가속적으로 도태될 것이라는 설득력 있는 논거를 제시한다. 그들은 또한 어리석거나 낭비적인 지도력은 명백히 눈에 띄기 마련이라고 분명히 말한다. 저자들은 기고문에서 왜 수많은 기업이 자원을 낭비하면서도 타당성 있는 전략을 따르는 데 실패하고, 고객을 소외시키고, 외주 동업자를 혹사시키는지, 하지만—동시에—애플과 같은 기업은 어떻게 그렇게 성공적이고 심지어는 사랑받는지 묻는다. 다음으로 계속해서 포터와 크레이머는 기업이 문화 속으로 녹아들어가 결국 사람들의 생활에 긍정적인 영향력을 끼쳐야 하기 때문이라고 설명한다. 비록 이런 생각이 창조적 그룹 내에서는 혁명적이진 않지만, 좌뇌형 인간에게서 나온 이야기라는 점은 반가운 일이다.

마지막으로, 포터와 크레이머는 기업과 경영자가 인간적인 서비스와 제품을 만드는 통합적 책임감을 가져야 한다고 주장한다. 이들은 차후 '사업적 사고'가 경제적 이득보다 사회적 진보를 우선하고 중앙 무대에서 윤리·문화를 창조적 계획 및 실행에 통합하는 방향으로 대변혁할 것이라고 내다보고 있다. 저자들의 공유가치 개념은 기능뿐만 아니라 정서의 필요성을 인정하며, 이 두 가지가 포함되어 구성된 새로운 시스템을 상정하고 있다. 대량판매보다는 개별 인간의 필요와 바람을 중시하는 이 새로운 시스템은 더욱 창조적인 교육을 통해 시작되어 한층 인도적인 지도자들에 의해 성장한다. 개인적으로 나는 그들의 생각이 마음에 든다. 다만, 우리가 그 변혁의 과정을 가속화할 수 있기를 희망한다.

물론 자본주의의 폐단과 무절제함은, 라즈 파텔Raj Patel이 그의 책 《경제학의 배신The Value of Nothing》[3]에서 그랬던 것처럼, 수많은 급진적 사상가 혹은 작가의 반발을 불러왔다. 오스트리아 작가이자 경제 평론가인 크리스티안 펠버Christian Felber는 기본적 자본주의 형태로의 다소 유토피아적 귀환을 제안하는데, 여기서는 공동체가 우선시되고 보다 사회적으로 균형 잡힌 가치 순위가 경쟁을 대신한다. 예를 들면 공익에 대한 기여로 기업을 정의한다. 펠버의 생각[4]은 인지학Anthroposophy*이라는 인간중심철학의 창시자인 루돌프 슈타이너Rudolf Steiner의 생각과 유사한데, 인지학은 세계 각처에 있는 발도르프Waldorf 학교의 교육모델 기초이기도 하다.

펠버의 생각이 구체적인 운영의 측면에선 부족하지만, 나는 그의 윤리에 대한 열망을 높이 평가한다. 현재 급진적 구상들이 절실히 필요하며, 우리는 보다 많은 창조적인 신-사회경제모델을 시험해야 한다. 경제적 대안에 관한 이런 종류의 창의적 탐구를 통해서, 비로소 현재의 가치 위기, 즉 본질적으로 악화되고 있는 경제 위기를 극복할 수 있다. 우리에겐 더 좋은 방법이 필요하다.

돈이 여전히 세상을 지배하고 있는 듯 보이지만, 세계 최고 가치의 기술 기업은—애플은—아이디어 사업을 핵심에 두고 있다. 애플은 모든 관례의 기업경영법칙을 뒤집었다. 소니에서 삼성, HP에 이르기까지 경쟁사들이 수백 개의 제품 라인을 가지고 있는 데 반해, 애플은 단지 네 개를 가지고 있을 뿐이다. 매킨토시 개인 컴퓨터, 아이팟 음악 플레이어, 아이폰, 아이패드 라인이다. 게다가 마지막 둘은 같은 라인 구조를 공유한다. 또한 경쟁사들이 여전히 구시대의 유물과도 같은 유통모델을 취하고 있을 때, 애플은—패션 브랜드인 루이비통이나 샤넬처럼—자신의 브랜드 매장을 가지고 제품을 팔기 시작한 첫 번째 첨단기술 기업이다. 이렇듯 아이디어에 기초한 전략의 힘으로 경비 삭감에 기초한 전략을 제치고 성공한 명확한 사례가 있음에도 불구하고, 대부분의 경영자는 아직 깨닫지 못하고 있다. 그들은 이런 경영 혁명의 강력함을 파악하지 못하고, 새롭고 좋은 길로 방향을 바꾸어 도약하기보다는 변함없이 낡은 길을 터덜터덜 내려가고 있다. 여전히 너무도 많은 기업이 '금송아지'에 현혹되고 있다. 주식상장 또는 기업공개에 임박하여, 경영자는 분기 보고서를 치장하거나, 진정한 잠재력을 구축하기보다는 매도가능증권의 유동적 평가이익에 집착하고, 반짝이는 유행에 단순히 편승하는 등 계속해서 불합리한 목표에 사로잡혀 있다. 심지어 손해를 입고도 조직은 고평가를 누리고 있으며, 인터넷 사업의 폭락과 경제 붕괴로부터 배웠을 뼈아픈 교훈에도 불구하고 재계에서는 카지노 같은 투기가 합리성을 대신하고 있다.

　　　　　디자인이 지속가능한 성공을 이루는 동력들 중 하나임이 증명되었지만, 이를 이용해 전망 있고 지속가능한 전략에 집중하는 사업 경영자들은 아직 매우 드물다. 창조성과 디자인 기반 전략의 힘에 관한 애플의 사례가 단연 돋보이기 때문에, 나는 ('금전중심'에 대항하는) '제품중심'의 경영모델의 잠재력을 설명하고자 할 때, 종종 실리콘밸리 마법의 궁극의 아이콘이자 설립자인 스티브 잡스를 예로 든다. 반면, 혁신 전략과 인간 지향 디자인을 활용하는 데 실패한 지도력의 결과를 부각할 때면, 허약한 중역회의실에서 설계도를 만들고 수라장 속에서 맥 빠진 성능으로 제조되는, 보통 HP로 알려진 휴렛팩커드에 주의를 돌린다. 그러므로 경영방식과 효율 및 극적으로 다른 기업문화의 결과를 비교하기 위해 애플 대 휴렛팩커드를 살펴보자.

↑ 에이서 애스파이어, 1995. 사진: 디트마르 헤네카

금전중심의 대표적 사례: HP

"남자나 여자나 사람들은 훌륭한 일을 하고 싶어 한다. 만일 적절한 환경이 주어진다면, 그렇게 할 수 있을 것이다." 빌 휴렛. 휴렛팩커드 공동 창업자

스탠포드 대학교 동문인 빌 휴렛Bill Hewlett과 데이브 팩커드Dave Packard가 1939년 설립한 휴렛팩커드는 미래지향적이고 기업가적인 실리콘밸리 문화의 시금석으로 여겨지던 때가 있었다. 사실 빌과 데이브가 실리콘밸리를 계속해서 번성하게 하는 시나리오를 만든 셈이다. 거의 끝이 없는 HP의 발명 목록에는 최초의 프로그램 가능한 고등수학 계산기와 고급 계측기기, 그리고 개인 컴퓨터의 시초가 되는 혁신적인 컴퓨터가 포함된다. 데이브 팩커드는 기업 경영원리인 HP의 길을 다음과 같이 묘사했다.

이익: 이익은 우리의 사회 공헌도를 가늠할 수 있는 최고의 단일 척도이며 기업 체력의 근원임을 인식한다. 우리의 다른 목적들에 부합하는 한 가능한 최대의 이익을 얻기 위해 노력해야 한다.
고객: 고객에게 제공하는 제품과 서비스의 품질, 유용성 및 가치를 계속 개선하기 위해 노력한다.
관심 분야: 성장을 위한 새로운 기회를 끊임없이 모색해야 하지만, 우리 능력의 범위와 공헌가능한 분야로 제한하여 노력을 집중한다.
성장: 경쟁력의 척도와 생존을 위한 필수조건으로서 성장을 강조한다.
종업원: HP 직원들에게 회사의 성공에 기여한 만큼 분배 기회를 포함하여 고용 기회를 제공한다. 성과에 기초한 고용 보장과 작업의 성취감을 통한 자아실현의 기회를 제공한다.
조직: 개인적 동기와 진취성 및 창조성을 길러주는 조직 환경을 유지하고, 설정된 목표와 목적을 위한 다양한 작업 자유도를 보장한다.
시민의식: 우리 사업의 실행 환경을 만들어주는 사회 공동체와 기관들에 공헌하여 시민의 바른 의무들에 부합한다.[5]

물론 이익이 첫 번째로 등장했지만, 지속가능한 성공을 위한 초석으로 제공된 몇 개의 원칙 중 하나일 뿐이었다. 그리고 '목표에 의한 경영'과 HP의 길을 동의어로 만들어준 것은 모든 목록 요소의 독창적인 시너지 효과였다. 그러나 누구도 영원히 살며 일할 수는 없는 법, 1999년 마지막 남은 HP 내부자인 루이스 E. 플랫Lewis E. Platt이 최고경영자이자 회장의 지위에서 물러난 후, 이사회가 행한 일련의 이해할 수 없는 최고경영자 선택으로 인해 HP는 기이한 변천을 겪게 되었다. 제품보다 금전을 우선시하게 되면서, 의학 분과인 애질런트Agilent를 별도 회사로 분리했고, 남아 있는 핵심 사업의 역할은 '선구자'에서 '정착자'로 변했다. 조직은 HP 연구실의 우수한 사내 연구자들을 존중하지 않고 제품을 외부에 위탁하는 일이 점점 더 많아졌다. 부서장들이 자신의 작은 왕국을 유지하기에 정신이 팔려 있는 동안, 인재들은 떠나갔고 넘쳐나는 범재들이 더 많은 권력을 장악했다. 이사회는 매우 성공적인 사람들로 구성되었음에도 처참히 실패했다. 이들의 적어도 세 명의 최고경영자에 대한 선택은 21세기에 적합한 HP를 만드는 데 도움이 되지 않았다.

칼리 피오리나Carly Fiorina는 1999년부터 2005년까지 최고경영자였다. 그녀가 첫 번째 경영자로서 한 일은 HP의 로비에 걸린 빌 휴렛과 데이브 팩커드의 초상을 내리고 그녀의 초상화로 바꾼 것이었다. HP를 수직 통합형 디지털 미디어 기업으로 변모시키겠다는 그녀의 계획은 사실 의미는 있었지만, 많은 부서장을 그녀의 편으로 만드는 데 실패했고(소니에서 모리타 이후 벌어진 일들과 유사하다), 기술 중심의 정상을 지향하는 HP의 정신에도 부합하지 못했다. 그녀는 HP의 핵심 경영방식과 지도력을 가지고 생산적인 작업을 통해 변화를 이끄는 대신, 대중 연설의 모양새로 자기 비전의 개요를 설명했다. 그녀가 취한 사내 조치들은 그녀가 디자인 및 제품 전략에 대해 거의 이해하지 못하고 있음을 시사했다. 아마도 그녀는 스티브 잡스를 모방하려는 노력의 일환으로 디자인을 중심 역할로 확립하려 애썼지만, 부분적 도입과 제한적 성공에 그쳤다. 그 당시 HP의 팰로앨토Palo Alto 출신의 디자인 담당 중역이었던 샘 루슨트Sam Lucente는 '불가능한 임무'에 대처해야만 했다. 샘은 칼리 피오리나에게 공식적으로 보고했지만, 그녀는 세계적 수준의 디자인을 위해 최고경영자가 어떻게 지원해야 하는지 알지 못했다. 결과적으로, 샘은 지원도 받지 못했고 애플의 조너선 아이브라면 명백히 가지고 있었을 책임자의 권한도 갖지 못했다. 루슨트는 프로그나 아이데오 또는 스마트 디자인 같은 세계적 수준의 디자인 회사를 고용해 제대로 해보려 했지만, HP 경영진의 협조 거부로 기획은 답보했다. 루슨트에게는 팰로앨토의 HP 컴퓨터 그룹이나 휴스턴의 컴팩에 대한 특별한 발언권이 없었으므로 평범한 수준의 디자인을 해결할 어떤 영향도 끼칠 수 없었다.

2003년에는 피오리나가 HP의 현실과 단절되어 있음이 명백해졌다. 그녀가 애플의 아이팟 성공에 대한 HP의 더 나은 회답이라며 코드명 파빌리온Pavilion으로 반격하려 했다거나, 음악저작권을 침해했던 회사인 냅스터Napster와 제휴를 구상했기 때문이다. 이듬해 HP가 아이팟에 대항해 믿을 만한 대안을 제공할 수 없다는 것이 명확해진 후, 그녀는 아이팟 판매품을 구매해 별도 포장으로 HP 로고를 뒷면에 붙여 판매한다는 내용으로 애플과 계약했다. 그녀는 HP의 고객이 애플 제품을 HP에서 사려고 하진 않을 것을 미처 생각지도 못했다. 2005년 중반에 계약이 중지될 때까지, 이 제품의 HP 판매량은 애플의 5%밖에 미치지 못했다. 이런 패배에 더해 더욱 모욕적인 것은, 애플이 2006년 8월까지 HP의 어떤 음악 플레이어 출시도 계약으로 금지했다는 것이다.

칼리 피오리나의 최악의 결정은 이미 수명을 다한 기업인 컴팩을 2001년 합병한 것이다. 컴팩의 최고경영자인 마이클 카펠라스Michael Capellas는 쇠락하는 탄뎀컴퓨터와 DEC에 대한 실패한 합병과 가격경쟁으로 인한 출혈을 만회할 방법을 찾던 중에 HP의 품 안으로 뛰어들었다. 사실 컴팩은 마케팅 전략 면에서—거의 모든 제품이 외주로 디자인되어 동아시아에서 제조되는—빈 껍데기였다. 그에 반해 HP는 성공적인 프린터 사업부를 가지고 있었지만, 개인 컴퓨터 부분에선 어떤 개성도 없이 "나도me, too" 하는 기업이었다. 2005년 〈포춘〉지는 다음과 같이 적고 있다. "HP-컴팩의 합병은 성공 못한 큰 도박이었다. 매장의 상황은 피오리나와 HP의 이사진이 말했던 것에 조금도 미치지 못했다. 한마디로, 두 개의 실패한 컴퓨터 기업인 HP와 컴팩을 합병하여 재정적으로 적합한 컴퓨터 사업을 창출해낼 것이라는 그들의 주장은 엄청난 오판이었다."[6] 마침내 HP의 이사회는 그녀를 내보내기로 결정했지만 잡음이 없던 것은 아니었다. 적어도 한 명 이상의 중역이 피오리나와의 불화를 언론에

흘림으로써 추문은 촉발되었다. 그렇다면 월스트리트의 사정은 어땠을까? 칼리 피오리나가 HP에 합류했을 당시 주식은 52달러에 거래되었는데 그녀가 실각되었을 때는 21달러에 거래되고 있었다.

마크 허드Mark Hurd는 2005년부터 2010년까지 HP의 최고경영자였다. 당시 2005년까지 재무담당 최고책임자인 로버트 웨이먼Robert Wayman이 임시 최고경영자를 겸하였는데, 이사회는 NCR에서 25년을 보낸 마크 허드를 임명하였다. 허드가 첫 번째로 취한 조치는 연구개발 투자비를 (예산 대비) 2005년 약 4.3%에서 임기 말인 2010년까지 약 2.2%로 삭감하여 단기수익을 끌어올리는 것이었다. 그 과정에서 그는 수천 명의 매우 유능한 고용인을 해고한 반면, 많은 평범한 사람을 자리에 그대로 남겨두었다(다시 HP의 길에서 확립된 데이브 팩커드의 원칙들이 전적으로 무시되었다). 전략적인 관점에서, 마크 허드는 HP의 지적 재산에 손상을 주었을 뿐만 아니라 돌처럼 냉정한 금전중심 자본주의자의 모습을 보였다.

처음에는 월스트리트의 갈채를 받으며 주식 값이 오르기 시작했고, 단숨에 42달러 가까이 급등했다. 그러나 다음엔 현금흐름 문제가 발생했는데, HP의 장기 채무가 34억 달러에서 140억 달러로 늘어났고(2012년 3월 현재, 장기 채무는 230억 달러로 늘어났다), HP의 평균 순수익률은 6.2%로 업계 평균보다 낮았기 때문이었다.[7] 아울러 HP의 특징적인 기업 문화와 잠재력은 다시 퇴색하고 있었다. 그래도 최소한 마크 허드 자신의 숫자는 양호해서, 2008년의 그의 보수는 3,500만 달러였다. "기업 주주총회 위임장에 포함된 보수명세에 의하면, 휴렛팩커드는 사장인 마크 허드에게 지난해 145만 달러의 봉급과 2,390만 달러의 보너스를 포함해 2,540만 달러를 현금으로 지급했다. 더불어 회사에서 책정한 주식보상 보너스 790만 달러와 73만 8,392달러에 이르는 별도의 잡비 항목을 빼놓을 수 없는데, 여기에는 9만 8,000달러 정도의 제한부주식 배당금과 합류한 지 3년이 넘은 마크 허드에게 지급된 7만 1,482달러의 '이직' 보상금이 포함되었다."[8] 그의 마지막은 어처구니가 없었다. 2010년 그는 사임해야 했는데, 공식적으로 알려진 바로는 단지 구애의 수단으로 한 여성을 고용하여 개인 경비를 횡령했기 때문이었다. 그럼에도 마크 허드는 〈월 스트리트 저널〉이 추산한 바에 의하면 4,000만에서 5,000만 달러에 이르는 퇴직금을 챙겼다.

↑ 사이텍스 고급 스캐너와 플로터, 1991

레오 아포테커Leo Apotheker는 2010년에서 2011년까지 최고경영자였다. HP가 선택한 차기 최고경영자는 독일의 SAP에서 소프트웨어 판매책임자로서 성공했지만 최고경영자로서는 실패한 사람이었다. SAP에서—이 회사의 오랜 역사상 최초로—권고사직 당했다는 사실이 HP의 이사회에 좋은 인상을 주지 못했고, 심지어 어떤 임원들은 그와 개인적으로 말도 섞지 않았다. 어쨌든, 레오 아포테커는 루이스 거스너Louis Gerstner가 수년 전 IBM에서 성공했던 전략과 비슷하게, HP를 IT 서비스기업으로 재편성하겠다는 새로운 비전으로 일을 시작했다. EDS의 인수는—마크 허드 재임 당시—이미 완료되어 있었고, 아포테커는 계속해서 정보관리회사인 오토노미Autonomy를 인수하려 했다. 그 결과, 그도 역시 HP의 또 다른 수십억 달러 규모의 합병사인 팜Palm을 포기해야 했다. 하지만 이것이 전적으로 그의 탓만은 아니었는데, 그는 오히려 팜을 위한 기획에 연구개발 예산을 증액했고 수백 명의 엔지니어를 투입했기 때문이다. 그러나 팜은 이미 추락 중이었고, 팜의 유일한 자산인 웹OS를 애플의 아이패드처럼 더 큰 화면과 복잡한 기능과 연동하도록 태블릿 용도로 바꾸는 일은 HP의 경영진이 예상했던 것보다 훨씬 더 어려운 일이었다. HP가 마침내 터치패드TouchPad를 출시했을 때, 경박한 성능에 비해 너무 비싼 가격으로 매출은 거의 제로였다. 결국 레오 아포테커는 비상탈출 단추를 눌렀다. 즉 애플의 '태블릿 효과'가 시장에 실재한다는 것을 인정했고, 판매를 포함한 전체 개인 컴퓨터 사업을 대체할 다른 선택지를 궁리할 것이라고 발표했다. 이것은 맥도널드가 햄버거 사업에서 철수하겠다고 하는 것과 다름없었다. 당연히 HP 직원과 고객 및 투자가는 충격을 받았고, 회사는 위기 상태에 빠져들었다. HP는 터치패드를 매장에 99달러의 가격으로 내놓으며 문제를 더욱 악화시켰다. (물론 팔리긴 했지만, 어떤 응용프로그램이나 서비스도 포함하지 않기 때문에 기본적으로 구매자에게 무용지물이었다.) 터치패드의 대실패에 이어진 HP 경영진의 일련의 공식발표는 회사의 내부 혼란과 권력 경쟁을 시사했다. 재개된 공황 상태에서 이사회는 레오 아포테커를 해고했다. 그러나 파리로 돌아가는 비행기 편을 포함해 수백만 달러의 퇴직 보상 꾸러미를 안겨주어야 했다.

멕 휘트먼Meg Whitman은 2011년 이후부터 HP의 최고경영자다. 그녀는 이베이eBay에서의 명성과 디즈니와 P&G를 포함해 강력한 경력을 가진 영리하고 검증된 경영자다. 이제 그녀는 혼란을 일소해야 한다. 2001년부터 HP 이사회의 임원이었으므로, 그녀 역시 이 혼란에 대한 책임이 있다. 한때는 전설적이었던 HP 상표가 치명적인 손상을 입었고, 수천 명의 사람이 실직했으며, 수십억 달러의 기업 자산이 증발했고, 너무 많은 직원이 사기를 잃었다. HP가 개인 컴퓨터 사업을 유지할 것이라는 휘트먼의 첫 번째 결정은 바른 것이었고, 기업은 확실히 스스로를 재구축하고 있다. 2012년 2월에—최고경영자로서 멕 휘트먼의 첫 번째 분기보고에서—HP는 월스트리트의 예상을 깼다. 하지만 HP는 한때 그들의 위대한 이미지를 여전히 다시 부활시켜내지는 못하고 있다. 2012년 이 장을 쓰고 있는 현재, 2011년에 비해 수치는 여전히 하락세다(판매량 300억 달러로 7% 감소, 수익 15억 달러로 44% 감소). 개인 컴퓨터와 프린터 및 데이터센터 장비 같은 HP의 가장 중요한 사업 분야들은 여전히 고전하고 있고, 단지 수십억 달러에 인수한 기업정보관리 소프트웨어 회사인 오토노미 덕분에 소프트웨어 분야만 증가세를 보이고 있다. 휘트먼은 그녀의 주요 목표가 휴렛팩커드의 단기적 처방을 찾는 대신에 장기적 건강을 회복시키는 일이라고 말하고 있다. 2012년 2월 22일, HP의 1분기 실적 발표에서 그녀는 말했다. "우리는 HP에 의한 기술 선도를 다시 주장할 수 있도록 경영 개선과 효율 증진 및 신흥기회 활용을 위한 필요한 단계를 밟아나가고 있습니다."[9]

하지만 기업의 이전 영광을 회복하는 것만으로는 다시금 위대해지는 데 충분치 않다고 생각한다. HP에게 진정으로 필요한 것은 새로운 영광이다. 이 기업의 과거의 성공은 절대적으로 우수하고, 독창적이고, 강력하고, 선구적인 신제품과 이로써 창출된 새로운 시장으로 정의되었다. HP가 그런 정도의 성과를 이루려면, 현재 HP의 디자인 팀에 의존하기보다는 세계에서 가장 재능 있는 사람들을 고용해 디자인을 선도해야 한다. 멕 휘트먼은 HP의 대담한 혁신 문화를 다시 확립해야 할 것이다. HP는 확실히 위대한 엔지니어들을 보유하고 있다. 그러므로 휘트먼은 이들이 최선을 다할 수 있는 창조적 환경을 제공해주어야 한다. 즉 HP를 실패에 대한 두려움 없이 위험을 감수할 수 있고, 최고로 명석한 두뇌들이 빛날 수 있는 곳으로 만들어야 한다. HP는 또한, 소셜미디어 소통과 투명성 및 냉정한 비판을 특징으로 하는 현대 고기술-고감도 세대가 숭배하듯 추종할 만한 브랜드가 되어야 한다. 경제적

⇡ 베가, 첫 번째 완성 라인업, 1973. 사진: 디트마르 헤네카

성과를 얻어내기 위해서라도 독창적이고 감동적인 매력을 만들 필요가 있다.

다른 말로 하면, 멕 휘트먼은—그리고 이사회는—HP 사업 분야의 다른 기업들에서 일고 있는 창조적이고 인간중심적인 디자인으로의 판도 변동을 깨달아야 한다. 외형의 미용성형만으로는 충분치 않다. 즉 단지 합병을 통해 미래를 얻는 게 아니라 미래를 만들어낼 수 있는 기업을 건설해야 한다. 그런 목표를 향한 첫 번째 단계는 아마도 HP의 이사회에 적어도 한 명의 세계적 수준의 디자인 지도자를 투입하는 일일 것이다. 스티브 잡스와 애플이 증명했듯, 디자인은 하향식으로 접근해야 할 문제이기 때문이다. 모든 위대했던 HP의 사람을 위해, 다시 제품이 돈을 이기게 되길 간절히 바란다.

창조적 대안 자본주의: 애플

"우리는 결코 숫자를 걱정하지 않았다. 시장에서, 애플은 제품에 집중하려고 노력한다. 실제로 차이를 만드는 것은 제품이기 때문이다. […] 이 사업에선 사람들을 속일 수 없다. 제품이 모든 것을 말해준다." 스티브 잡스, 1985

애플의 설립에 관해서는 (나를 포함해) 많은 사람이 글을 썼는데, 기본적 사실은 이렇다: 애플은 1976년 스티브 잡스와—실은 HP의 직원이었던—스티브 워즈니악Steve Wozniak에 의해 설립되었다. 성공적인 시작 단계와 약간의 혼란을 겪고 난 후, 스티브 잡스는 전략적 디자인과 인간중심의 혁신을 애플 사업모델의 핵심 요소들로 삼았고, 나는 운이 좋게도 그런 움직임의 견인차 역할을 한 사람들 중 하나가 될 수 있었다.

스티브를 추방한 후, 애플은 스티브의 전략과 그가 포용한 최고의 사람들과 함께 축적한 구상과 개념들을 활용해 한동안은 잘 해낼 수 있었다. 그러나 그 우물이 말라버리자, 존 스컬리와 장-루이 가세Jean-Louis Gassée는 스스로 스티브를 모방할 수 있다고 믿기 시작했지만 결과는 끔찍했다. 회사는 일련의 평범한 제품과 뉴튼Newton 휴대용 컴퓨터 같은 완전 실패작 탓에 어려움을 겪었다. 존 스컬리가 해고된 후엔 마이크 스핀들러Mike Spindler가 애플의 최고경영자에 취임했다. 마이크는 근면하고 총명한 영업판매 중역이었지만 위기의 애플을 운영해야 하는 기념비적인 과업을 수행하기엔 능력 부족이었다. 그가 벌인 기묘한 행동들 중의 하나는, 맥의 시장점유율이 7%로 떨어지자 텍사스 오스틴의 파워컴퓨팅Power Computing 같은 저가 제조업자에게 매킨토시의 제조허가를 준 일이었다. 한 대당 50달러 혹은 정액제로 한 계약은 애플의 수입을 꽤 증가시켜주었지만, 애플 스스로가 맥의 디자인과 사용성 또는 품질 같은 부가가치를 창출하지 못했기 때문에 곧 복제품이 애플 맥의 성능을 능가하게 되었다. 결국, 제품과 디자인 및 혁신보다는 마케팅을 우선시하게 되었고, 애플은 영혼을 잃었다. 애플 이사회 역시 그다지 유능하지 않았는데, 1996년 초에 그들 중 하나를— 길 아멜리오Gil Amelio 박사를— 최고경영자로 승격시켰을 때 비는 폭풍우로 변했다.

아멜리오는 통상적인 구조조정으로 비용을 대폭 삭감하고 사람들을 해고했지만, 재임 17개월 동안 애플의 누적 손실은 16억 달러에 달했다. 아멜리오는 1997년 샌프란시스코 커먼웰스 클럽 연설에서 이 기록을 (700만 달러 퇴직금 패키지 역시 정당화하면서) 변명했지만, 현실의 애플 상황은 점점 더 악화되고 있었다. 매킨토시 컴퓨터와 맥북의 판매량은 틈새상품 정도의 수준으로 전락했고 애플 제품은 어디에서도 우위에 서지 못했다. 그러자 아멜리오는 한 번의 바른 결단을 내렸는데, 스티브 잡스를 고문으로 애플에 복귀시켜 데려왔고 맥에 사용될 넥스트-스텝NeXT-Step 운영체제를 보유한 넥스트를 인수했다. 마침내 애플의 이사회는 7분기 동안 여섯 번째 손실이 보고되기 직전에 아멜리오를 해고했다. 아멜리오는 조직 내 많은 다른 사람들과 마찬가지로, 애플이 사랑에 빠지고 싶은 물건과 과정을 만들어내는 창조적 제품 기업이어야 한다는 사실을 결코 이해하지 못하고 있었다.

애플이 1997년에 스티브를 임시 최고경영자로 임명했을 때, 내게 그의 자문역 중 하나가 되는 특권이 주어졌다. 나는 애플이 개인 컴퓨터 사업을 음악과 영화 같은 오락 콘텐츠를 포함한 디지털 소비-매체 기술 사업으로 확장해야 한다고 권고했다. 소니의 경우 내부적 혼란 때문에 이를 행동으로 옮기는 것에 실패했다. 나는 또한 인간-친화 및 세계-수준의 디자인을 다시 한 번 애플의 혁신과 제품개발전략의 중심에 놓기를 충고했다. 아울러 이 책의 앞부분에서도 언급했듯이— 최소한 일시적으로나마 ─ 마이크로소프트와 화해할 것과 저가 제조업자에게 주었던 허가권을 회수해 맥 운영체제의 통제력을 다시 찾는 것이 중요하다고 생각했다. 스티브는, 사람들에게 융합기술이 가장 적합하고 매력적인 곳에는 늘 애플이 있어야 한다는 나의 생각에 동의했으며, 지능형 기술이 전화기나 휴대용 컴퓨터 같은 다른 제품들로 이동할 것이라고 예상했다.

애플은 어떤 신기술이라도 채용하기 전에 반드시 어떤 의문점도 없도록 증명되어야 한다는 것을 회사 전체를 통해 이해하고 있었다. 대신에, 인간에게 정말로 의미 있으면서도 동시에 애플에게는 사업의 새 영역을 개척하도록, 기존 기술들의 조합과 새로운 응용에 집중했다. 스티브는 돈이 아니라 성공을 위해 움직였다. 조금 이상하게 들릴지도 모르지만, 언제나 그의 목표는 수백만의 사람이 애플의 제품을 사용하며 즐기도록 하는 것이었다. 그는 복잡한 장치나 소프트웨어의 개발을 강조하는 것만큼이나 연결 플러그 디자인이 더욱 세련돼야 한다고 강조했다. 그를 전형적인 임기응변식 경영자들과 구분하게 하는 것은, 애플 제품이 제공해야 할 완전한 사용자경험에 대한 광적인 집착이었다. 물론, 저항을 헤쳐 나갈 때의 그는 목적을 위해 수단을 가리지 않는 매우 마키아벨리 같은 사람이기도 했다. 단지 어떤 '바보'가 그를 반대한다 해서 기꺼이 나쁜 상품을 애플의 고객에게 팔 생각이 없었다. 스티브의 굴복하지 않는 단호함은 넥스트에서 일하며 강화되었고, 그렇게 그는 사람들이 최선을 다하게 하는 수단들을 갖춰왔다.

스티브는 융합 디자인과 하드웨어·소프트웨어·콘텐츠의 혁신에 애플의 연구개발 노력을 세차게 집중했다. 그는 조너선 아이브와 그의 디자인 팀의 첫 번째 걸작인 아이맥iMac을 빠르게 개발하여 매킨토시 라인을 강화했다. 스티브는 빌 게이츠에게 마이크로소프트가 애플에 투자해야 한다고 ─ 더욱 중요하게는, 마이크로소프트가 매킨토시를 위한 응용프로그램을 계속해서 만들어야 한다고 ─ 설득했다. 더불어 파워컴퓨팅에 사업계약을 중지하는 비용으로 1억 달러를 지불하면서 제조 허가권을 회수했다. 스티브는 애플을 파산으로부터 구해낸 후, (아이팟의) 디지털 소비가전 시장과 (아이폰과 아이패드의) 무선 모바일 시장 같은 새로운 시장을 개척하고 확장해나갔다. 비록 애플은 하드웨어를 외주생산했지만, 단지 제조자 디자인 생산

파트너의 선반에 있는 아무 제품이나 공정을 사들인 것이 아니라 특정 기능을 위해 비용을 지출하는 전략으로 뛰어난 공동-디자인 및 공동-혁신 사업모델을 만들어냈다. 스티브 잡스가 지휘한 애플의 전략은 합리적 효율에서 혁신적 제품 디자인으로, 기업적 태도에서 인재 발굴과 육성으로, 냉정한 논리에서 감동적 창조로 판세 변동을 불러왔다.

오늘날 많은 기업이 프로그에 찾아와서는 말한다. "우리의 업계에서 애플이 되고 싶습니다." 프로그의 답변은 이렇다. "당신 자신의 길을 우선 찾아봐야 합니다. 그런 다음, 애플이 그렇듯 최고에 관해선 민첩하고 급진적으로 실행해야만 합니다. 전략적 디자인, 고객중심, 기술 혁신, 경이적인 시제품 제작을 구비한 공정, 세부에 꼼꼼한 주의를 기울이는 수고, 기강, 실속 있는 투자로 이루어진 애플의 구조

수익 능력 측면의 창조적 자본주의

언제나 추종하는 팬들이 있기도 했지만, 애플은 창조성을 동력으로 거대한 성공을 거두었다. 2011년에 애플은 단지 엑슨Exxon에게만 순위가 뒤지는 세계에서 두 번째로 가장 가치 있는 기업이 되었다.[10] 애플 성공의 명확한 증거들을 이 책의 1장에서 나열하였지만, 다시 아래의 차트에 있는 2010년의 4분기 회계 데이터를 통해서도 볼 수 있다. 이것이 창조적 자본주의의 힘이며 — 더 적은 자원으로 더 많은 가치를 창조하고, 지속가능하고 긍정적인 사용자경험을 제공하는 — 전략적 디자인과 혁신에 집중하여 거둔 성공이다.

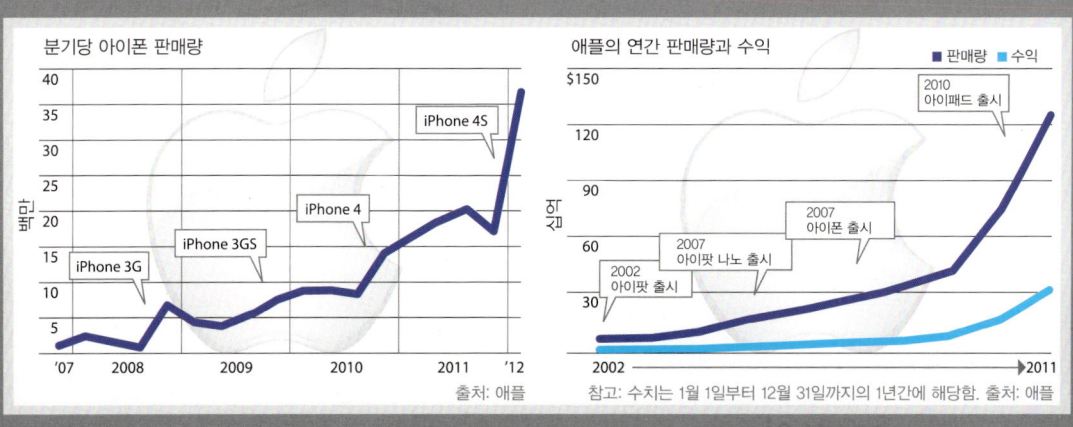

차트: 애플 보고서[11]

를 채택하십시오." 이런 목록을 대하면 대부분 물러선다. 아무리 고통스러운 일일지라도 올바른 일을 하겠다는 애플의 용기를 갖추지 못한 채, 여전히 너무도 많은 사람이 애플의 성공을 모방할 수 있다고 생각한다. 대부분의 기업은 급진적 변화를 위한 노력을 지속하는 것과 최고를 이뤄내기 위해 필요한 개인적·정서적·재정적 투자에 헌신하는 것을 원하지 않는다. 애플의 찬란한 성공, 그 성공을 이끈 과정, 그리고 애플 사람들이 보여준 열정을 목격했으면서도, 그들은 아직도 어딘가에—《스티브 잡스의 방법》과 같은 기타 등등의 제목을 가진 어떤 한 권의 책에서 찾을 수 있는—지름길이 있다고 믿고 있다.

하지만 스티브가 개척한 행로는 온유한 자들이 갈 만한 길이 아니다. 그 길이 오늘날 우리 모두가 직면한 진정한 도전의 한 부분이기 때문에, 세계 각처의 단체들이—심지어 정부까지도 나서—더 큰, 우주적 규모로 원대하게 강한 성격을 가진 창조적 지도자를 찾아 자문을 구하고 권한을 부여하려 한다. 스티브 잡스의 만트라는 아직 살아 있다: 끊임없이 갈망하라, 끊임없이 무모해져라. 이것이 당신에게 주는 그의 조언이다. 이제 여기 나의 조언을 덧붙인다: 당신이 누구든 어디에 있든 간에, 더 늦기 전에 그 뜨거운 물로부터 뛰쳐나와 창조적 인생과 직업이라는 숭고한 사명에 동참하라.

1 Walter Benjamin, "Capitalism as religion," 미완성 단편 Nr. 74, 1913~1926.
2 Rich Trenholm, "Apple Stimulates Brain's Religious Responses, Claims BBC", Cnet UK, 05/18/2011.
 crave.cnet.co.uk/gadgets/apple-stimulates-brains-religious-responses-claims-bbc-50003807/.
3 Raj Patel, *The Value of Nothing: How to Reshape Market Society and Redefine Democracy*, Pan Macmillan의 Picador 인쇄판, 2010(《경제학의 배신》, 제현주(옮김), 북돋움, 2011).
4 Christian Felber, *Die gemeinwohl-Ökonomie*, Deuticke, 2010.
5 David Packard, *The HP Way: How Bill Hewlett and I Built Our Company*, Collins Business Essentials.
6 Carol J. Loomis, "Why Carly's Big Bet is Failing," *Fortune Magazine*, 02/07/2005.
7 출처: *The Wall Street Journal*, dailyfinance.com.
8 출처: www.businessinsider.com.
9 "HP Reports First Quarter 2012 Results," *HP Financial News*, 02/22/2012.
10 2010년 말의 평균 주식시세를 근거함. 나중에 애플은 엑손(Exxon)을 앞질렀다.
11 소스: www.brightsideofnews.com, *Silicon Alley Insider* 02/2011.

↑ 지멘스 시닉 멀티미디어 컴퓨터, 1996. 사진: 디트마르 헤네카

9장 창조적 비즈니스 리더십

요한나 쇤베르거

"이번 장에서, 나의 또 다른 박사학위 학생인 요한나 쇤베르거는 사업과 디자인 간 동반관계의 현재 상황에 관한 연구결과를 소개한다. 요한나는 창조성과 디자인의 조직 내 역할을 알아보자는 목표로 전 세계 대략 백 명의 사업 책임자와 인터뷰했다. 그녀는 고객-중심 혁신과 디자인-동력 사업전략의 발전을 실제로 저해하고 있는 전통적 기업구조의 요인들이 무엇인지 관찰을 통해 보여주고 있다. 이번 장은 연구조사에 관한 개요와 더불어, 창조적 인간을—중역 이사회를 포함한—모든 수준의 조직 지도부에 배치함으로써 얻게 되는 반론의 여지가 없는 이점들을 소개하고, 그런 조직 변환 방법에 관한 몇 가지 설득력 있는 구상을 제시한다." 하르트무트 에슬링거

디자이너는 제품을 디자인하는데, 제품은 물건일 수도 있고 사용자 인터페이스나 서비스일 수도 있다. 디자인 과정에서 필수적인 부분은, 사용자의 생활을 진실로 개선해줄 좋은 경험을 만들어내는 것을 목표로 사용법, 조작법, 외관, 느낌 및 기능에 관해 제품에 대한 상상력을 발휘하는 일이다. 결과적으로, 디자이너는 기업과 고객을 이어주는 연결을 만든다. 그러므로 디자인을 조직의 전략적 계획의 필수요소로 여기고 모든 사업 과정의 요소에 통합시키는 것만이 논리적인 듯 보인다. 이런 방식으로 기업은 고객과 연결되는 순간과 관계를 세심하게 형성할 수 있고, 그 과정 중에 자신의 공공 이미지를 정의하며 시장에서의 신뢰를 구축할 수 있다.

하지만 디자인에 관해 디자이너와 사업 책임자 및 자문 위원과 대화를 하다보면, 디자인과 사업전략의 관계가 현실에선 매우 다르다는 것을 분명히 알 수 있다. 대부분의 조직 책임자는 디자인이 정말로 무엇인지 윤곽조차 파악하지

못하는 듯 보인다. 이들은 디자인을 일종의 장식 문양으로 — 제품을 예쁘게 감싸는 포장지로 — 여기는 경향이 있다. 이런 경영자들에게 디자인은 대체로 '추가' 혹은 '추가적 비용'일 뿐이어서, 전체 사업 과정의 핵심 전략요소로 고려되거나 사용될 만한 것이 아니다. 다른 말로 하면, 진정한 디자인의 속성이나 기능과 대부분의 조직에서 취급되는 방식 사이에는 상당한 괴리가 있다. 나는 이런 불일치를 이해하고 싶었고, 그래서 2007년부터 2011년까지 하르트무트 에슬링거 교수의 지도 아래 '전략적 디자인'을 주제로 박사 학위 논문을 썼다.

첫 번째 의문은, 어째서 대부분의 조직 책임자가 디자인의 전략적 가치를 그렇게 제한적으로 이해하는가였다. 다음으로 나는 디자인을 전략적 요소로서 알맞게 자리하게 하려면 무엇이 변해야 하는가를 고려해보았다. 이 장에서 나는 디자인의 조직 내 전형적인 역할 중에서 가장 기본적으로 문제가 된다고 생각하는 것들을 정리하고, 이와 함께 그런 문제들을 해결하기 위해 취할 수 있는 몇 가지 접근 방법을 제시하고자 한다. 나의 연구결과가 결코 이 문제에 대한 완전하고 최종적인 관점을 대표한다고 주장할 수 없지만, 이런 중요한 문제에 관한 연구를 이어가기 위한 견실한 토대가 되기를 희망한다.

사업전략을 위한 디자인의 중요한 세 가지 강점

많은 사업가가 디자인을 기업의 '선물용 포장' 부서로 전락시켰지만, 디자인의 독특한 가치와 사업전략의 핵심요소로서의 잠재력을 이해한 소수의 사람에게, 디자인은 자유자재로 사용할 수 있는 경쟁력 있는 강력한 도구가 된다. 디자인이라는 학문은 다양한 능력을 포함하지만, 사업적 측면에서 디자인의 필수적 가치는 다음 세 가지 독특하고 중요한 양상으로 요약된다고 생각한다.

- 좋은 디자인은 디자인 연구를 기초로 고객의 요구를 반영한다.
- 좋은 디자인은 '틀을 벗어난' 관점과 혁신을 낳는다.
- 좋은 디자인은 시각화하고 구체화한다.

이런 강점들을 개별적으로 살펴보자.

좋은 디자인은 고객의 요구를 반영한다

앞서 말했듯이, 모든 기업은 무언가를 만들어 고객에게 구매가능한 삶의 부가가치를 제공한다. 제품 디자인의 본질적 문제는 어떤 부가가치여야 하는가다. 즉 제품이 어떤 모양과 느낌 및 기능을 가지고 사용자와 상호작용할 것인가의 문제다. 기업은 이 문제에 저마다 다르게 응답한다. 다수의 기업이 타 기업 제품을 복제하거나 어쩌면 사소한 개량을 한다. 이런 기업은 결국 "나도me, too"에 지나지 않는 제품을 시장에 내놓으면서 감당할 만한 리스크와 한정된 성공에 만족한다. 한편, 끊임없이 타 기업들을 인수해 그들의 제품 포트폴리오를 자신의 것으로 삼는 기업이 있다. 어떤 기업은 초기 제품의 새로운 버전을 반복적으로 시장에 내놓는 방법으로 혁신의 리스크를 회피한다. 그리고 마지막으로, 위대한 혁신의 모험을 시도하여 결국 신제품을 내놓는 기업이 있다.

결국 기업은 선택하는 경로에 상관없이 여전히 사람들의 요구를 충족시키는 무언가를 만들어야 한다. 그러므로 이런 요구가 무엇인지 아는 것이 중요하다. 하지만 사람들의 요구에 대하여 자세히 알려면 그저 사람들에 다가가 "당신은 정말로 갖고 싶은 것은 무엇입니까?"라고 묻는 것으론 충분하지 않다. 사람들은 자신의 환경에 빠르게 적응하기 마련이며, 처음에 필요하다고 생각했던 것을 고집스럽게 유지하는 경우는 매우 드물다. 이는 임의적 인터뷰를 통해 사람들의 개인정보와 요구를 심도 있게 알아내기는 어렵다는 것을 의미한다. 그러므로 기업은 고객의 요구를 알기 위해 또 다른 경로를 취해야 한다.

아마도 기업에는 바로 이런 목적을 위해 잘 정립된 과정과 전담 부서가 있다고 생각할지도 모르지만, 항상 그렇지는 않다. 대부분의 기업은 주로 자사 제품에 관한 정보를 홍보하고 제품을 시장에서 최대한 각광받게 하기 위해 마케팅을 사용한다. 고객이 어떻게 생각하고 또한 무엇 때문에 제품을 구매하게 되는지를 이해하기 위해, 대체로 양적인 것뿐만 아니라 질적인 시장조사까지 마케팅 노력을 기울인다. 소비자에게 기존 제품에 대한 평가를 묻고, 여기서 도출된 데이터를 혁신을 위해 쓰기보다는 흔히 타사의 벤치마킹이나 유행을 쫓는 일에 사용한다. 마케팅 부서는 기존 지식을 조회하여 제품 포트폴리오를 만들고 기존 지식에 기초해 마케팅 캠페인을 진행한다.

하지만 마케팅은 사람들의 실제 요구를 심층적으로 이해하고자 사람들을 생활의 맥락에서 관찰하지는 않는다. 대체로, 개발 주기는 제품의 출시일로부터 성공적인 판매까지에 걸쳐 수년간 지속된다. 그러므로 제품이 출시되는 순간부터 제품과 관련된 정보는 과거의 데이터가 된다. 미래에도 타당할 제품을 계획하고 생산하고자 할 때, 기존 제품에 대한 지식은 거의 도움이 되지 않는다. 사람들과 고객의 현실적인 필요에 맞춘 제품을 개발하려면, 요구를 근본적으로 인식하고 취합하여 타당성 있는 제품 개념으로 해석할 수 있는 방식이 필요하다. 이런 방식을 사용하는 것이 바로 디자인 연구이며 디자인 과정 중 첫 번째 단계다.

간학문적 디자인 팀은 차기 제품개발에 대한 연관성 있고 유익한 통찰을 줄 만한 대상그룹을 다양한 방법을 통해 평가하여 선정한 후, 대상그룹의 세계로 스스로가 녹아들어가도록 노력한다. 가능하다면, 몇 시간, 며칠, 혹은 수주일 동안 그들과 생활을 함께한다. 연구 대상자의 문제와 욕구 및 희망을 깊게 이해하기 위해 관찰하고, 듣고, 탐색한다. 연구자는 이 단계의 마지막에 정보를 취합하여 제품의 디자인이 해결해야 할 연관성 있는 핵심 주제들과 문제들의 집합으로 정제하는 과정을 거친다. 이 디자인 과정의 단계에서, 디자이너는 반드시 해당 문제를 둘러싼 시스템과 맥락을 꼼꼼히 고려해야 한다. 그렇지 않으면 문제를 완전히 해결하기보다는 단지 상황을 개선하게 될 뿐이다. 제품라인이 보다 더 근본적으로 실질적인 문제를 포함해 답을 제시할수록, 제품은 시장에서 더 오랫동안 성공할 수 있다.

다음으로 제품개발팀은 이런 디자인 연구 과정을 활용해 훨씬 더 전략적인 개발과정 속에서 고객지향성을 확정하고 명확한 목표를 개발할 수 있다. 그러므로 디자인은 디자인 연구를 통해 기업을 도와 지속가능한 제품전략의 기초를 정하게 한다. 하지만 제품전략을 전략적 도구로 사용할 줄 아는 기업은 너무도 적다. 디자인 및 ― 디자인 연구가 제공할 수 있는 ― 제품전략의 활용법을 아는 사람들이 시장에서 결정적 경쟁우위를 갖는다.

좋은 디자인은 '틀을 벗어난' 관점과 혁신을 낳는다

제품개발을 위한 고객-지향 출발점이 조직의 다른 부서들과의 협력으로 만들어지면, 디자이너는 자신의 독특한 능력과 관점을 활용해 전체 개발과정 중에 문제해결을 위한 혁신적 해답이나 접근법을 찾는 역할을 할 수 있다. 다른 전문 분야들이 종종 문제해결 방식으로 자신의 경험과 학습한 모범적 관행을 적용하는 데 집중하는 반면, 전문적 디자이너는 습관적 사고 경향을 벗어나려는 천성적 충동을 가진 듯 암묵적으로 인정되는 규칙에 문제를 제기하고 실현가능성에 관한 기존 인식의 경계를 넘어선다. 만일 당신이 디자이너에게 축에 끼워지는 빨간색 신제품 개념을 개발하라고 한다면, 틀림없이 그 자리에서 디자이너는 정말 축에 끼워야 하는지 그리고 빨간색이어야 하는지 토론하려 할 것이다. 미국에는 디자이너에 관해 다음과 같은 농담이 있다. "전구 하나를 바꾸려면 얼마나 많은 디자이너가 필요할까?" 답: "반드시 전구여야 하는가?"

사업적 측면에서 디자이너가 가진 매우 중요한 장점들 중 하나는 해답을 찾기 위해 두려움 없이 새롭고 알려지지 않은 방식으로 접근하려는 태도다. 나의 연구를 위해 인터뷰했던 사람들 중 하나인 매튜 록신Mathew Locsin은 말했다. "디자이너가 정말로 잘하는 것은 — 디자인 교육의 일환으로 얻게 된 장점은 — 다음과 같은 태도다. '그래, 잘은 모르겠지만, 어찌될지 한번 만들어보자. 시제품을 만들고 학습하여 조정하자. 이렇게 계속 반복해보자.' [...] 디자인이 다룰 수 없거나 해결하려 시도할 수 없는 것은 아무것도 없다."

디자이너는 문제를 새로운 방향과 혁신적인 방법을 통해 해결하려는 경향이 있기 때문에, 제품개발과정 전반을 통해 확실히 제품 개념을 이전에 가능하다고 생각했던 경계 이상으로 확장하도록 도울 수 있다. 그렇게 함으로써, 디자이너는 개발과정의 결과가 진정 혁신적이고 인간중심인 제품이 되도록 보장해준다.

좋은 디자인은 시각화하고 구체화한다

제품개발과정 후에는, 디자인의 마지막 세 번째 독특한 강점이 역할을 한다. 즉 제품개발과정에서 나온 제안을 구체적 형태로 만들어 시각화하는 능력이다. 제품개발의 매우 초기 단계에도 디자인은 도면이나 시제품을 이용해 구상을 알기 쉽게 한다. 이런 초기의 작업을 통해 추상적인 개념이 이해할 만한 디자인으로 바뀌는데, 특별히 예쁘거나, 정확하거나, 상세할 필요는 없다. 참여한 모든 사람이 더 발전시키기 위한 출발점을 공유할 정도면 족하다. 시각화는 교차-학문적 공동작업을 촉진시키는데, 예를 들면 다양한 사업단위 또는 외부 동업자 및 공급자와의 보다 생산적인 논의가 가능해지기 때문이다.

디자이너는 추상적인 개념에 형태를 줌으로써 토론을 용이하게 하고 모든 참여자가 개발과정에 함께할 수 있도록 돕는다. 디자인 모형들을 신청자들을 대상으로 시험해 개념이 완전해질 때까지 수많은 발전 단계를 거치게 할 수 있다. 이런 정제 과정을 통해 시험을 거치지도 않은 제품을 출시하는 낭비와 소비자를 베타테스터가 되게 하는 일을 피한다. 나쁜 사용자경험은 영원히 소비자를 등 돌리게 만들 수 있다. 개발자들은 디자이너의 도면으로 시제품을 만들어 출시 전 테스트를 해볼 수 있기 때문에 사업비를 줄이는 동시에 소비자의 호감을 유지할 수 있다. 일단 제품 개념이 현실화가 가능할 정도로 성숙되면, 이제 디자이너는 제품에 할당된 모든 필요 요소를 구체적인 최종 형태로 옮긴다.

왜 조직은 디자인 이용에 실패하는가

지금까지 어떻게 디자인이 기업을 도와 고객의 요구에 맞춰 혁신적 제품 개념을 개발하고 이를 구체적인 체험과 제품 또는 서비스의 형태로 옮길 수 있게 하는지 알아보았다. 디자인은 전략 지향성 매개변수의 역할을 하며 협력과 기획-맞춤형 방식을 이용해 정해진 기업 전략을 타당한 제품으로 알기 쉽게 해석해준다. 그런데 왜 디자인이 가진 다양한 범위의 강점에도 불구하고 더욱 치열해지는 시장 차별성 확보 경쟁 속에서 단지 소수의 조직만이 끊임없이 디자인을 이용해 혁신적이고 상표에 적합한 소비자 지향 제품을 시장에 내놓고 있는가? 이 물음에 답하려면, 세 가지 조건을 고려해 보아야 한다고 생각한다.

간과되는 첫 번째 이유는, 디자인이 기업의 다른 분야들과는 완전히 다른 방식으로 사고하고 기능하기 때문일 것이다. 예를 들면 생산과 판매 및 서비

↑ 팩커드 벨 메일박스 PC, 1995, 사진: 디트마르 헤네카

스 부서들은 전형적으로 능률과 효과를 지향하는 반면 디자인은 창조와 혁신의 능력이 요구되는 신개발에 집중한다. 이런 능력을 성공적으로 발휘하려면 완전히 다른 형태의 시행과 평가가 필수적이다. 디자인 과정에는 개방적 기초 연구조사와 순수한 영감의 개발 및 초기 구상을 위한 시간들과 기술적·재정적으로 용이한 최종적 개념으로 정제하고 개발하는 부가적 단계들이 필요하다.

조직이 디자인의 잠재력 활용에 실패하는 두 번째 이유는, 창조적 과정을 계획하고 실행하려면 조직의 책임자에게도 창조적 경영을 위한 특별한 능력이 필요하기 때문일 것이다. 제품라인이나 생산이 복잡하면 할수록, 경영자는 직시에 그리고 적절한 예산으로 창조적 과정을 기업 전체에 통합할 수 있는 폭넓은 경영지식을 가지고 있어야 한다. 이런 종류의 창조적인 지식과 이해는 사업전략과 제품개발에 장기적이고 깊은 영향을 주는 방법의 하나로 디자인을 기업에 정착시키기 위해 필수적이다. 대부분의 경영자가 창조적 분야 출신이 아닌 사업경제 혹은 사업기술 분야 출신이므로, 흔히 이들에겐 디자인을 다룰 필수적 노하우가 부족하다. 결과적으로 리더십이 디자인을 기업 내에 효과적으로 통합하는 것을 가로막는 경우가 많다.

대부분의 조직에서 사업전략과 디자인을 분리하는 간극이 존재하는 세 번째 이유는, 아마도 디자이너 자신에게 있다. 대부분의 디자이너는 (기업의 전략적 관점에) 관련된 전문적 지식과 방식을 가지고 있으며, 이를 경력을 통해 계속해서 연마하고 심화시킨다. 그러나 많은 디자이너가 경제성보다는 예술성을 훨씬 더 편안하게 받아들인다. 이런 태도는 다수의 디자인 교육기관에 의해 더욱 조장되는데, 특히 유럽의 경우에 더 심하다. 많은 교육과정이 지향하는 것은 디자이너에게 순전히 미적 이해와 예술적 능력을 길러주는 데 있을 뿐, 이들이 나중에 직업 활동을 하게 될—사회·경제 시스템의— 전체 맥락에 대해 어떤 통찰도 가르쳐주지 않는다. 이런 교육단체의 디자인 학생이 조직의 리더십과 생산전략 등의 교육과정 주제를 찾으려 해도 헛수고일 뿐이다.

결과적으로, 종종 디자이너에게는 자기 직업의 기초적 경제 상황에 대한 흥미가 결핍되어 있다. 이들은 통합적인 고객지향이라는 기업방침에도 불구하고 흔히 강하게 모순되는 판단이 결정되게 하는 조직구조나 재무구조 같은 요인들을 이해하려 노력하지 않는다. 그래서 디자이너는 자신이 조종간을 돌려 기업을 고객-지향의 경쟁력 갖춘 디자인 방향으로 이끌 수 있다는 것을 인식하는 대신에, 반복해서 '이윤에 굶주린 경제계 속의 창조적 희생자'의 슬픈 운명을 굴욕적으로 받아들인다.

직장생활을 하는 동안 질 것이 뻔해 보이는 싸움을 피하기 위해, 디자이너는 흔히 물러나 내면으로 도피한다. 현실 디자인 활동에서 경제적 이해부족이 항상 문제가 되는 것은 아니지만, 기업 안에서 이런 직업적 자세는 시간이 지날수록 더욱 악화되어 경제적 내용과 관계에 대한 문제에 소극적인 태도를 갖게 한다. 많은 디자이너가 조직의 경제적 동력과 변수로부터 분리되어 있기 때문에, 기업 내 디자인의 가치를 주장할 만한 설득력 있는 사례를 만들지 못한다. 대신에 이들은 예술적이고 미적인 입장들을 열정적으로 주장하는데, 다른 디자이너는 설득할 수 있을지 몰라도 수치와 예측성 및 리스크 최소화에 생각이 치우친 경영자의 공감을 얻을 것 같지는 않다. 이것은 다시 디자이너와 경영자가 수많은 논쟁에서 서로 빗나간 말을 하고 있다는 것을 의미하며, 그러므로 그들의 기업은 결코 진정한 디자인의 가치를 이해할 수 없을 것이다.

'구식 학교' 방식의 비용

기업의 전통적인 가치창조 과정은 몇 개의 단계를 거친다. 전략 개발과 고객 요구 확정을 시작으로, 혁신 과정 속에서 모양을 갖추며, 생산공정의 운영을 통해 구현되고, 서비스 과정으로 지원된다. 고객의 요구가 채워지면, 가치창조의 사이클을 다시 시작할 수 있다. 그러나 많은 기업이—디자인 연구라는 방법을 포함한—디자인의 강점들을 완전한 폭으로 인식하고 활용하지 못하기 때문에 고객이 진정으로 무엇을 원하는지 이해할 방법이 없다. 이런 기업들은 상표와 일치하는 통합적 기업 표현이 부족한 경향이 있는 한편, 흔히 소비자를 고려하지 않는 제품을 개발한다.

디자인을 이용하는 기업은 내부의 디자인 부서를 가지거나 외부의 디자인 자문회사와 계약하는 경우, 또는 양쪽 모두를 가지는 경우가 있다. 외부적 모델의 경우, 기업은 기획별로 디자인 회사에 위탁한다. 내부적 모델의 경우, 기업은 자

소니 베가 오디오 에디션 파이어볼, 1976. 사진: 디트마르 헤네카

신의 디자인 부서를 가지고 있으며 필요한 경우 추가적으로 외부의 디자인 회사 서비스를 이용한다. 두 가지 모델 모두 디자인 과정 중에 근본적인 실수를 범할 수 있다.

      기업이 오로지 외부 디자인 회사의 서비스만을 이용하는 경우, 기업 내 각 부서가 서로 다른 문제로 별도의 디자인 회사에게 위탁하는 일이 생길 수도 있다. 대부분 기업에서는 내부 책임자를 두고 모든 창조적 자문을 고용 및 관리하게 하는 경우는 드물다. 결과적으로, 상호간의 기획들은 흔히 조화되지 않고 가끔 나란히 진행되거나 로드맵을 계획할 포트폴리오에 포함되지 않기도 한다. 이렇게 진행되는 기획들은 막대한 경비가 드는 반면에, 전체 기획이 서로 잘 통합되지 않아서—비록 각 기획 자체는 매우 전망 있어 보여도—기업을 위한 타당성 있는 전략이 될 수 없다. 하나로 잘 조정된 창조적 방향과 시행 전망이 없이는, 기업은 고객중심 디자인과 브랜드 구축이라는 목표에 맞출 수 없다. 디자인이 전략적 변수로 활용되려면 기업 전략 및 계획의 기본 구성요소로서 기업 전체를 통하는 밝고 강력한 연결선이 되어야 한다.

      내부 디자인 부서를 가진 기업은 다른 종류의 문제에 시달릴 수 있다. 디자인의 작업 원리와 가치를 이해하고 있는 경영자는 극소수인 탓에 경영자가 관심을 갖고 조직의 고위직을 디자인에 할당하는 경우는 드물다. 그러므로 당연히 디자이너는 기업 배치와 제품개발과정에 결정적인 영향력을 행사할 수 없다. 대신에 디자인은—종종 기업 계층의 밑바닥에 위치하면서—최후의 개발과정에만 투입된다. 전형적으로 이런 조직의 디자이너는 이미 내용이 설정된 제품 개념을 받게 되므로, 이때의 작업은 제품 출하를 위해 예쁘고 빠르게 모든 것을 담는 일이 고작이다.

      이런 디자이너는 어떤 경우엔 매우 짧은 시간 안에 과하게 많은 제품의 기술적 기능들을 가지고 고객지향의 제품경험을 짜내야 하는 문제에 부딪히게 된다. 이 시점은 제조업자나 공급업자와의 계약은 이미 체결되었고 수많은 제조단계가 이미 시작된 공정의 막바지 단계이므로, 개념에 변화를 주는 어떤 제안도 재정적으로 막대한 영향을 미치게 된다. 디자이너가 완벽하고 고객지향적인 논거로 개념의 변화를 성공적으로 주장할 수 있게 되는 경우, 조직 전체의 기획 참여자들이 한 목소리로 막대한 제조비용 증가를 디자인 탓으로 돌릴 것이므로 그 뒷맛은 쓰라릴 수 있다. 기본적인 절차상의 문제들(예를 들면 때늦은 제품개발과정 참여)은 승산 없는 전투를 치른 것 같은 인상을 남긴 채 한 기획이 끝나면 다음 기획에서도 반복해서 발생하기 때문에 직원들 중에서도 디자인 부서 직원들이 만성 탈진 증상으로 고생할 수밖에 없는 이유들 중 하나다.

잘못된 방향의 '상향식' 디자인
지금까지 기술한 것처럼, 전략적 변수로서의 디자인은 상향식으로는 기능할 수 없다. 기업이 디자인을 활용해 완전한 고객지향성을 이루고 이에 따르는 브랜드 인지도를 높이고자 한다면, 디자인 부서가 판단 사슬의 말단으로 밀려나 있어선 안 된다. 조직은 고객지향의 근본적인 문제들을 제품계획 초기 단계에 제기하는 방식을 통해서만 디자인의 강점들을 최대한 활용할 수 있다. 디자인은 이 단계에서 고객의 요구에서 전체 개념을 유도해내어 상표에 기획된 콘텐츠-관련은 물론 예술적 기준을 채울 수 있으며, 이런 모든 요소를—다른 제품 디자인 참여자와 협력하여—완전한 패키지로 조화롭게 통합할 수 있다.

그러나 디자인이 기업구조의 밑바닥에 닻을 내리고 있다면, 너무 늦게 투입되었다고 다른 방향들로 끌고 가려는 결정권을 가진 이해관계자가 너무 많다고 디자인 예산이 부적절하다고 할당된 자원으로는 요구하는 결과를 달성할 수 없을 거라고, 디자이너는 모든 기획마다 매번 새롭게 불평할 것이다. 이런 승산 없는 상황에 심지어는 의욕적인 중견 디자이너조차 좌절하여, 짧은 휴식 후엔 기업을 떠날 지경에 이른다. 기업은 결과적으로 창조적 인간들이 제공할 수 있는 높은 잠재력을 끌어내고 유지하는 데 어려움을 겪게 된다. 그러나 훨씬 더 해로운 것은 그런 기업은 디자인의 전략적 고객지향성 잠재력을 활용할 수 없을 뿐만 아니라, 그 결과로 제품개발과정에서 인간적, 금전적 또는 시간적 면에서 무의미한 알력이 생긴다는 사실이다.

작동하는 구조 구축: 하향식 디자인
나의 연구결과가 보여주었듯, 만일 기업이 디자인이 가져다주는 강점들을 충분히 끌어내어 기업 브랜드와 제품의 개발과정이 고객을 지향하도록 하려면, 다음의 두 가지 기준에 맞아야 한다.

- 기업은 디자인의 전체 가치와 디자인의 필수적 전제조건을 이해하도록 학습한 후, 상응하는 디자인을 적용해야 한다.
- 명확한 비전을 가진 책임자의 지도력 아래, 디자인은 조직 내의 핵심요소로 기능하고 최초부터 전 과정을 관통하는 연속적인 연결선을 만들어야 한다.

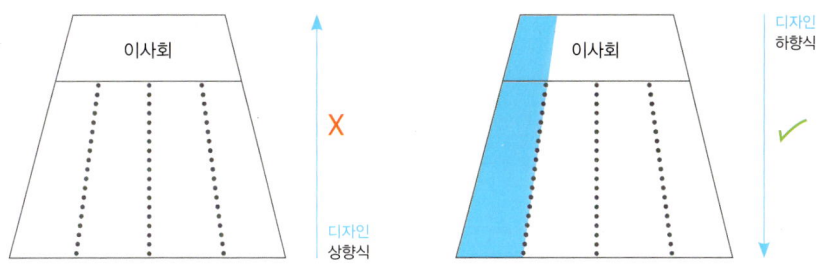

그러므로 디자인 연구를 통해 제품 및 포트폴리오 계획 초기에 고객의 요구를 확정해야 한다. 디자인은 기업 경영진과 개발부서나 영업부서 같은 다른 관련 부서들과 함께 고객의 요구를 기초로 신제품의 목표 방향을 설정하고, 동일한 목표 방향 속에서 관련된 개별 프로젝트들을 관리해야 한다. 이런 방식으로, 기업의 모든 부서를 총괄하는 내부 디자인 팀이 외부 디자인 회사를 정해진 목표 방향으로 관리하고 조정할 수 있다.

올바른 고객지향성과 기업 표현의 일관성을 정하는 것은 기업의 최고위 수준에서만 만들어지고 실시될 수 있는, 기업의 원대하고 전략적인 근본 결정이다. 기업이 디자인을 통해 고객지향성과 조화로운 기업 이미지를 얻고자 한다면, 근본적인 전략적 담론의 내용을 소비자 위주의 방향으로 확장해야 한다.

경영이사회와 감독이사회가 모두 한 기업의 전략적 형태를 만들기 때문에, 이 둘 모두 본질적으로 전략적 수준에서 창조적 사고를 지탱해줄 능력이 있다. 미국식 이사회 모델에선 경영과 감독의 과제 모두가 이사회에 부과된 의무이므로 경영이사회와 감독이사회 간의 구별은 불필요하다. 독일의 이원 통제 시스템에선 두 개의 이사회가 구별되긴 하지만 모두 본질적으로 전략적 수준의 창조적 사고와 지식을 지탱해줄 수 있다. 감독이사회가 경영진을 지정하므로 어떤 형태의 기업 조정에도 초석을 놓는 역할을 하기 때문에, 우선 나는 감독이사회 안에서 창조적 사고를 지탱하는 경우에 대해 논의하고자 한다.

디자인과 경영의 관계 강화

인터뷰했던 사람들 중의 한 사람(그 이름은 익명으로 하겠다)은 국제적으로 활약하는 디자인 회사의 동업자이자 미국 기업의 이사였다. 그는 내게 말했다. "이사진에는 다수의 마케팅 쪽 사람이 있었지만, 대부분의 마케팅 총괄책임자와 중견 마케팅 임원은 사업가였지 창조적인 사람들은 아니었습니다. 거기에는 극소수의 디자이너가 이사회에 있었는데, 다른 모든 사람은 미국의 특정 분야 출신의 50대 중반의 남성이었으므로 매우 흥미로운 일이었습니다."

만일 자신의 의견에 이론을 제기하는 사람들이 없거나, 자신의 온실에서 나오려 하지 않거나, 대안이 되는 사고방식들을 접할 수가 없다면, 사람의 판단능력은 시간이 지날수록 한계를 갖게 된다. 그래서 다니엘 레티히Daniel Rettig와 리안느 보르크하르트Liane Borghardt는 〈비르트샤프츠보헤Wirtschaftswoche(독일판 비즈니스 위크)〉에 다음과 같이 썼다. "대니얼 카너먼Daniel Kahneman 같은 전문가는, 자의식 과잉을 살찌우는 비옥한 토양을 만들어주는 것은 바로 경영층이 고립되어 있기 때문이라고 확신한다. 요즘 세대의 경영자는—대부분 순전히 자기중심적이기 때문에—사전에 성공 전망에 대해 충분히 자기 비판적 검토를 지시하지 않고 프로젝트를 시작한다. 나르시시즘이 자리 잡은 곳 뒤의 멀지 않은 곳에 자만이 있다."[1] 자만하지 않기 위해서, 그 어느 때보다 복잡해진 시장과 경쟁 상황에서 늘어나는 요구들을 바르게 처리하기 위해서, 그리고 지속가능하고 창조적인 방향으로 기업 조정을 이루기 위해서, 오늘날의 경영이사회는—다양한 인종과 다양한 나이 및 다양한 배경의 전문성과 능력을 가진 남성과 여성 양쪽의 구성원들로—다양해져야 한다.

창조적인 사람들이 가진 최고의 강점들 중 하나는 공감 능력이다. 디자이너는 일상 작업과 사용하는 디자인 과정 덕분에 사람들과 공감하고 사람들 행동의 동기를 찾아내도록 훈련되었다. 이런 부드러운 기술은 다양한 면에서 감독이사회의 활동에 도움이 된다. 전통적으로 분석 지향적인 감독이사회의 구성원은 EBITDA(이자비용, 세금, 감가상각비, 무형자산상각비를 제외한 수익) 같은 성과치를 알아본다거나 지난 회기 이후로 얼마나 기업의 수익이 진전되었는지에 집중하는 반면, 디자이너는 이런 진전의 인간적 요인들에 대해 묻는다. 예의 인터뷰 당사자는 다음과 같이 말했다.

"위원회에 갈 때마다, 누구나 참고책자를 받아들고 오로지 한 숫자, EBITDA를 찾아서 살펴보고 있는 것을 보면 너무도 우스꽝스럽습니다. […] 그것은 모든 재산과 부채 및 상각비용을 한 숫자에 요약한 것입니다. 그래서 그 숫자를 보고 지난번 숫자와 비교하여, 재정적 사업 관점에서 기업이 잘 돌아가고 있는지 판단합니다. 그러나 숫자에는 '하지만 이것은, 또는 그렇다면 저것은' 하는 내용은 없습니다. 모두가 숫자에 몰두해 대화를 이어갑니다. '그래도 120만 달러의 비공개주가 남아 있습니다.' 그러면 '좋아요, 잘됐군요.' 하면서, 모두가 머릿속에서 실제로 그게 무엇을 의미하는지 판단합니다. 창고에 비축물이 있고, 자산이 여기에 있고, 저기에 빌딩이 있다. 대화는 거의 그런 식으로 진행됩니다. 나는 아홉 명의 사람과 같은 방에 있지만, 처음부터 숫자를 보지 않았던 유일한 사람입니다. 나는 소비자 기업에 관해 생각합니다. 그게 정말로 중요한 것입니다. 비록 그 숫자가 기업이 얼마나 잘하고 있는지를 보여주는 중요한 지표라 해도, 단지 하나일 뿐입니다. 강력하지만 단지 한 개의 지표일 뿐입니다. 만일 기업이 변화를 원한다면, 이사회 수준에서 판단을 내리는 데 도움이 되는 정보를 가지고 강력한 목소리를 내는 누군가를 합류시키는 것이 정말로 중요한 일이라고 생각합니다."

그러므로 감독이사회에서 경제적으로 편향된 임원들이 기업의 운영능력과 보수를 결정하는 한편 디자이너는 기업과 이해관계자들의 관계를 점검할 수 있다. 그래서 감독이사회에서 디자이너는 다음과 같이 질문할 수도 있다. "우리는 고객이 느끼는 근본적인 불편이 무엇인지 이해하고 있는 걸까요?", "고객의 요구에 적절한 제품으로 대응하고 있는 걸까요? 아니면 더 좋은 대답을 찾을 수 있을까요?" 혹은 "우리의 제품이 고객의 삶을 바꾸고 있는 걸까요? 그렇다면 어떻게 더욱더 향상시킬 수 있을까요?" 창조적인 사람은 늘 인간 행동에서 구체적 동기를 찾으려 애쓰는데, 어떤 현상에 대한 전체적인 그림을 그린 다음에 (원론적으로) 해결하기 위해서다. 감독이사회의 디자이너는 이렇듯 정성적 사고방식을 가지고 확실히 기업이 고객과 직원 및 소유주의 현실과 밀착된 관계를 유지하게 해준다. 조직이 그런 밀접함을 유지하는 한, 고객의 요구와 관련성 없는 제품개발의 위험은 점차 줄어들게 된다.

창조적인 사람은 또한 인간을 지향하고 질문하기를 좋아하는 덕분에, 감독이사회의 토론과 일하는 문화를 개선하는 데 도움이 된다. 감독이사회는 — 흔히 최고경영자가 구성원을 선정하는데 — 언제나 '예스맨'들의 위원회가 될 수 있는 위험이 있지만, 구성원 중 창조적인 사람은 끊임없이 현 상태에 안주하기를 거부할 것이다. 절대적으로 지지되는 신념이나 만족스러운 전제에 대해 의문을 제기하거나 토론으로 이끄는 것만큼 창조적인 사람을 흥분시키는 일은 거의 없다. 창조적인 감독이사의 정성적인 사고방식은 이사회를 자극하여 진실한 담론에 참여하게 하는 힘이 있다. 이런 식의 창조적 참여 덕분에, 기업은 또한 근본적으로 혁신적이며 지속가능한 장기 전략을 개발할 수 있다. 다른 말로 하면, 분석적인 감독이사가 분기실적을 좋게 하기 위해 매진하는 동안, 창조적 감독이사는 고품질과 혁신 및 인간중심으로 대표되는 기업 평판을 유지하는 일에 집중한다.

창조적인 사람과 분석적인 사람이 조화롭게 구성된 감독이사회를 가진 기업이 커다란 성공을 누리고 있는 반면, 많은 조직이 최대한 창조성을 끌어모아야 할 때에 '분기실적'에 매달리는 경향이 있다. 대폭의 비용 삭감은 흔히 숫자의 측면에서 한 기업을 회생시키는 가장 빠른 방법처럼 보인다. 그래서 경영이사회는 — 혁신사업 단위나 운영사업 단위 중 — 어느 분야를 삭감할 것인지 선택의 문제에 부딪힌다. 운영사업 단위는 세부 항목까지 계산될 수 있기 때문에 비용 삭감의 효과는 단기간에 뼈아프게 드러난다. 어떻게 줄이든 간에 직접적인 결과를 초래한다.

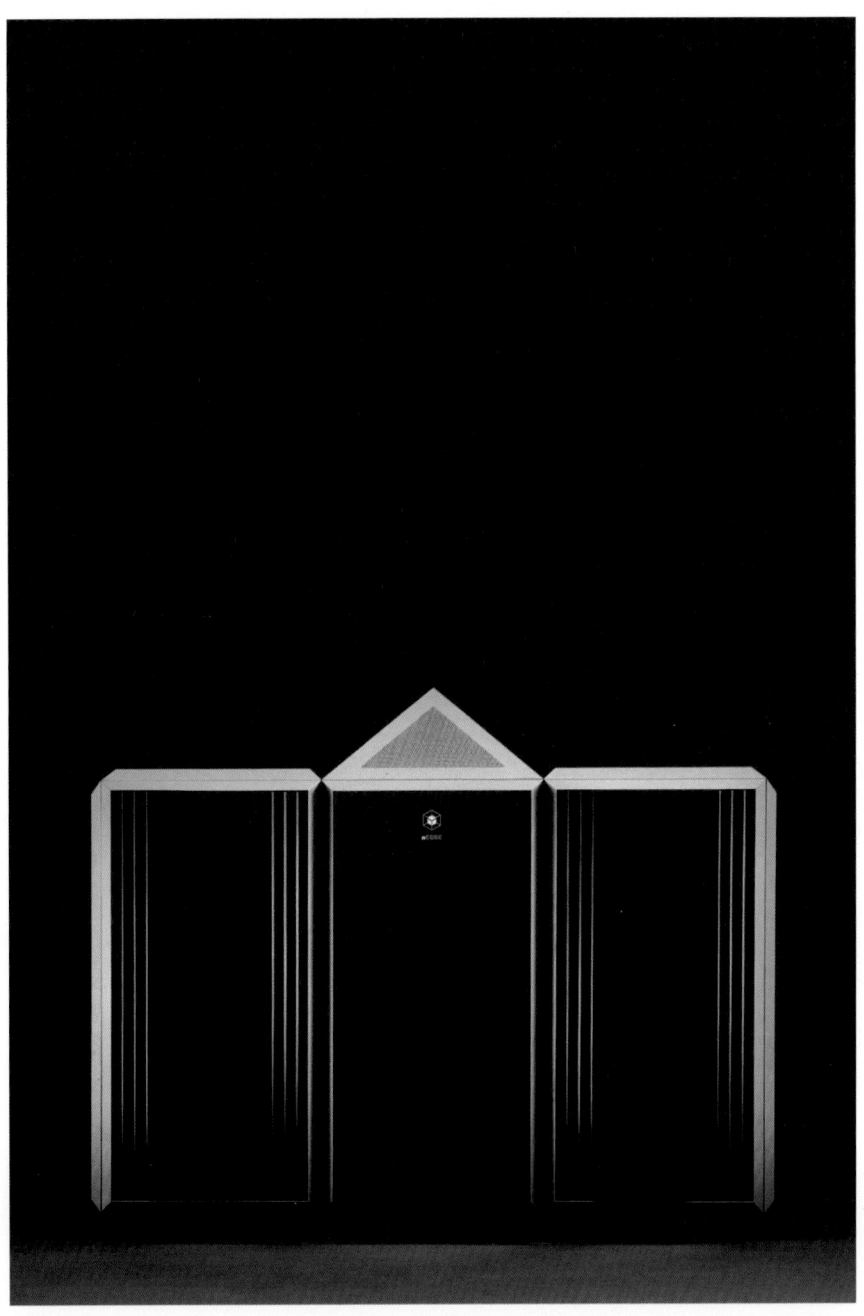

↑ 오라클 엔큐브NCUBE, 슈퍼 컴퓨터 1992, 사진: 디트마르 헤네카

헤드, 카본 테니스 라켓, 1988. 사진: 디트마르 헤네카

혁신사업의 경우는 완전히 다르다. 일반적으로 성공이 보장되는 것도 아니고, 경제적으로 호기인 때조차도 늘 미래의 위험 요소를 품고 있는 투자를 대표한다. 만일 혁신사업이 백지화되면, 결과적으로 기업이 얼마나 많은 이익과 성장의 기회를 놓친 것인지 증명할 방법이 없다. 그리고 만일 기업이 혁신사업을 시행하여 성공한다고 해도, 보통 그 성공은 차기 경영자의 공적이 된다. 그러므로 분석적 경향의 경영자는 당연히 첫 번째 조치로 혁신사업 단위를 삭감한다. 그러나 위기의 시기에 기업이 혁신과정을 멈춘다는 것은, 단지 몇 개의 프로젝트와 혁신에 이미 투자한 자본을 일소하는 것뿐만이 아니라, 어렵게 확보한 혁신의 탄력을 무너뜨리는 것이다. 결과적으로, 기업의 장기적 성장을 이루게 해줄 수 있었던 모든 개발의 파생물이 잘려나간다.

디자이너가 감독이사회의 의석을 갖는 경우엔, 기업에게 보다 더 효과적으로 경제적 위기에 대처할 수 있는 기회를 준다. 창조적 감독이사는 경제적 어려움에도 불구하고 창조적 사고력으로 혁신과 제품개발 같은 측면들을 시야에 둔다. 대부분 비-창조적으로 운영되는 기업이 공황상태에 빠져 현금 보유량을 비축하려 고용인을 해고하고 혁신적 기획을 연기하거나 심지어는 폐기하는 동안에, 창조적인 생각을 가진 감독이사는 기업에 '위기는 기회'라는 인식을 심어줄 수 있다. 만일 기업이 그들의 혁신사업을 계속하거나 혹은 오히려 늘린다면, 생존 모드로 움츠린 경쟁기업들을 뛰어넘어 지속가능한 도약을 이뤄낼 수 있다. 인터뷰 당사자는 위기의 시기에 취했던 자신의 태도에 대해 말해주었다: "나는 말했습니다. '사람들이 다시 물건 구매를 시작할 때면, 우리는 세계 최고의 제품을 가지고 있어야 합니다. 그러므로 우리 모두가 예전부터 좋은 상품이라고 말했던 모든 제품은 지금은 버려야 할 엉터리입니다.' 우리는 그동안 정말로 좋은 제품들을 만들었습니다. 그리고 우리는 다시 돌아왔습니다. 4년 동안 그 어느 때보다 좋은 두세 달이었습니다. 놀라운 일이었습니다. […] 내가 그 자리에 없었다면 사람들은 아마도 이렇게 말했을 겁니다. '지금은 거기에 투자할 수 없습니다. 우린 이런 것을 디자인하려고 다른 사람을 고용하기 위해 20만 달러를 쓸 수 없습니다.' 혹은 다른 비슷한 말들을 했을 겁니다. 그런 일은 없었다고 기억합니다. 나는 그 자리에 있었고 회의는 잘 진척되었습니다."

그러므로 만일 감독이사회가 경영이사회를 격려하여 혁신기획과 제품개발을 유지하도록 지원하게 한다면, 기업은 제품의 품질과 방향을 개선하며 계속하여 기업문화와 상표 소통의 깊이를 더하고 번영의 미래를 위한 초석을 놓는 기회를 갖는다. 전체 범위의 전략적 선택들을 고려하려면, 다양성 있는 사고와 태도를 확보하려면, 기업을 고객의 요구에 밀접하게 유지하려면, 위기의 시기에도 섣부른 비용 삭감으로부터 혁신사업을 보호하려면, 그리고 (특히 세계화가 진행되는 시기에) 조직의 전략적 강점을 최대화하려면, 창조적 직업군 출신의 이사회 위원은 필수적이다. 구체적으로 기업은 최소한 한 자리에는—단지 어떤 할당을 채우는 것이 아니라 징싱적이고 창조적인 사고능력을 활용하겠다는 명백한 의도를 가지고—창조적 직업을 가진 사람으로 감독이사회를 채워야 한다. 이런 방법으로, 조직은 항상 깨어 있을 수 있으며 통합적인 기업전략을 수립하고 운영하는 데 유연함을 유지할 수 있다. 인터뷰 당사자는 말했다. "우리 회사와 함께 일하는 많은 기업 역시, 디자인업계에서 경험이 많은 나 같은 원로를 이사회에 둔다면 훨씬 더 많은 값어치를 뽑아낼 수 있다고 생각합니다. 하지만 그런 사람을 이사회에 올리면 사업적 마인드를 가진 사람은 반대합니다. '우리 이사회에 디자이너가 한 명 있는데 머리가 좀 이상한 것 같지 않아?'"

창조성과 실무 사업경영의 결합

기업을 동적으로 이끄는 실무 경영이사회에서도 정성적이고 창조적인 사고는 생존을 위해 필수적이다. 최고경영진은 감독이사회와 함께 기업의 전략을 구성하고 자신의 책임 아래 시행하기 때문에, 감독이사회뿐만 아니라 최고경영진도 장기적 전략 계획을 위한 전체 전략적 선택의 폭을 활용할 줄 알아야 한다. 조직의 구조 및 과정은 조직의 잠재력에 맞추어 창조성을 효율적으로 활용해야 한다. 기업은 창조성을 이해하고 존중하여 창조적인 사람들에게 적합한 작업 환경을 제공해야 한다. 창조적인 사람이 모든 자신의 능력을 발휘하게 하려면 적합한 작업 환경이 필요하기 때문이다. 그리고 그들이 창조적인 능력을 완전히 활용할 수 있을 때, 비로소 기업과 디자이너의 협력이 성공적인 결과로 이어질 수 있다.

나의 연구결과는 또한 기업에 새로운 세대의 최고경영진이 필요하다는 것을 말해준다. 이들은 분석적 사고와 창조적 사고를 같이할 수 있는 능력과 제품개발과정에 디자인 단계를 적절히 활용할 줄 아는 능력을 지닌 사람들이다. 물론 각 기업이나 업체에는 자신의 경영구조가 있기 마련이지만, 지속가능성과 고객지향성으로 잘 조직된 사업체라면 창조적 직업군 출신을 감독이사회와 실무 경영이사회에 각각 최소 한 자리씩 배치해야 한다. 두 가지 지향성의 기본적 사고 형태는—합리적 숫자 중심이든 본능적 창조성 중심이든—너무도 다르기 때문에 어떤 것도 상대방을 대신할 수 없다. 서로를 부정할 것이 아니라, 양측이 각각 최고의 전문성과 소통 능력을 발휘하는 것이 중요하다. 조직은 분석적 사고와 창조적 사고의 조합이라는 유일한 방법을 통해 질적으로 지속가능하며 의미 있는 목표와 가치에 대한 지향성을 유지하게 되고 결국 장기적으로 성공을 이룰 수 있다.

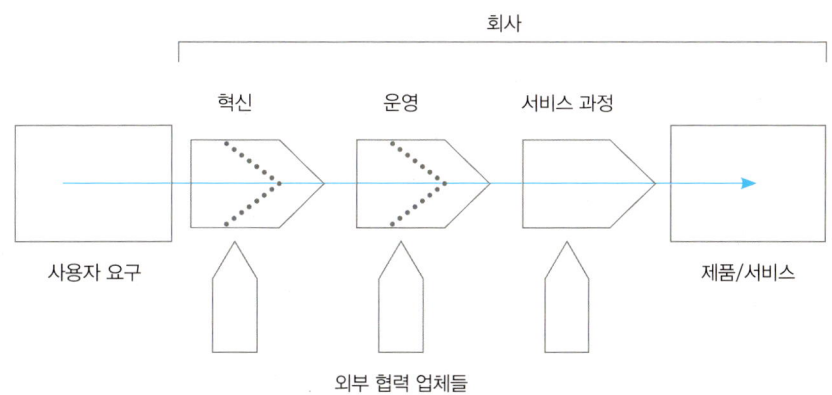

디자인 리더십

지금까지 강조했던 것처럼 디자인은 기업에게 광범위한 강점들을 제공한다. 조직은 디자인 연구를 통해 고객지향성의 제품라인과 지속가능한 기업 이미지를 구축할 수 있다. 디자인은 틀 밖에서 사고하므로 해결책을 위한 혁신적인 접근방법이 가능해진다. 그리고 디자인은—구상을 구체적인 형태로—시각화하여, 제품개발 단계에서 프로젝트의 전체 참가자와 효과적인 의사소통이 가능하게 해주고, 잠재 고객으로부터 첫 번째 반응을 얻을 수 있게 해준다. 디자인은 실현 단계에서 제품이 갖춰야 할 모든 정해진 요소를 완전한 제품라인으로 변환시키고, 이후 제품은 고객에게 만족스러운 사용자경험을 가져다준다.

     만일 기업이 이런 디자인의 강점들을 활용하고자 한다면, 디자인이 가진 전체 가치와 선결조건을 학습해 이해해야 하고, 이에 맞추어 자신의 디자인 프로그램을 실행해야 한다. 이것은 조직이 디자인을 전략수립과 처음부터 끝까지의 제품개발과정에 참여시켜야 한다는 것을 의미한다. 디자인 작업은 계층적 측면에서 총괄적 책임을 가진 사람의 지휘 아래 최고의 전략적 수준에서 이루어져야 한다. 기업은 이런 방식을 통해 단기적인 능률·효과·이윤을 강조하는 대신에 고객과 인간을 지향하고, 그래서 통합적 혁신에 기초한 장기적 성장을 보장해줄 구조로 바꿀 수 있을 것이다.

---

1   Daniel Rettig and Liane Borghardt, "The Ego Cases," *Wirtschaftswoche*, 08/23/2010, p.80.

↑ 쾨니히+노이라트KOENIG+NEURATH, 킹 제타KING ZETA, 1982, 사진: 디트마르 헤네카

10장 결론: 혁신 이상의 디자인

"문화: 운명에 맞선 인간의 절규." 알베르 카뮈

나는 이 책의 제목을 《Design Forward》라고 정하며, 디자인을 통해 우리의 아이들, 그 아이들의 아이들, 또 그들의 아이들에게 인간적인 미래를 제공하여 우리 모두의 세상을 더 좋게 만들자는 분명한 뜻을 담으려 했다. 현재 너무도 많은 개발이 완전히 잘못된 방식으로 진행되고 있기에, 사고 및 행동 방식을 바꿔야 할 필요성이 분명해졌다고 생각한다. 변화는 쉽지 않겠지만 피할 수 없는 일이며 필수적인 것이다. 그렇지 않으면 남아 있는 것은 오로지 경제와 생태 및 인간의 대재앙뿐이다. 지구의 인구는 놀랄 만한 속도로 증가하고 있다. 1950년에 25억, 지금은 거의 세 배로 폭발하여 70억이며 2050년까지는 100억에 달할 예정이다.[1] 인구폭발의 문제를 더욱 위협적으로 만드는 것은, 최빈국에서 가장 많이 인구가 증가하고 있고 이런 나라 몇몇은 이미 기근과 전염병에 시달리고 있다는 사실이다. 모든 대형 종교의 중세적 근본주의와 광신, 정치적 근본주의 운동, 그리고 이런 특징을 가진 대다수의 나라에 존재하는 국가가 조장하는 여성과 아이에 대한 억압이 위기를 가속하고 있다. 이상의 문제들 외에도, 각처에서 진행 중인 전쟁이라는 전염병은 인간성을 말살하고 있다. 경제적 성공을 위한 변화뿐만 아니라 더 좋은 삶을 위한 변화가 필요하다. 다음은 우리에게 필요하다고 생각하는 변화를 위한 다섯 가지 초석이다.

- 창조적 인재를 조기에 발견하고 지도하는 창조학 교육과정 확립.
- 소모적 소비에서 의미 있는 사용과 장기적 향유로 대체.
- 인본적 자본주의라 부를 만한 새로운 경제모델 개발.
- 모든 인간을 위한 인간중심적이고 지속가능한 사업과 경험 창조.
- 안주하는 보수주의를 진보적이고 열정적인 실천으로 대체.

이 책을 통해 나의 변화를 위한 희망과 구상이 설득력 있고 세심한 방식으로 전달되었기를 바란다. 이제 내가 가장 잘 이해하고 있는 분야인 전략적 디자인의 힘과 그것을 인간과 기업 및 시장을 위해 어떻게 사용해야 할 것인가에 관한 논의로 이 책을 마무리하고자 한다.

변화의 레시피

전략적 디자인 원칙의 실현을 위한 나의 목표는 현재의 시스템을 파기하거나 혼돈으로 몰아넣겠다는 것이 아니라 인간적으로 개선하여 비도덕적 탐욕과 직업적 무능이 더 이상 시스템에 번성할 틈을 주지 말자는 것이다. 이런 모든 것이 매우 이상적인 것으로만 들릴지도 모르지만, 그렇지 않다. 사실, 모두가 함께 변화를 이끌 수 있는 구체적인 방법들을 제시할 수 있다.

혁신에 관한 사고방식을 바꾸는 것부터 시작해야 한다. '혁신'이라는 단어가 사업과 산업계에 유행어가 되기 시작해 수년이 지난 지금, 우리는 인간과 사회 및 생태 차원에서 혁신의 한계를 목격하고 있다. 이런 한계를 극복하기 위해서는 현재의 혁신주도 사업모델을 초월해야 하며, 전략적 디자인이 이런 새로운 방향 전환을 위한 중요한 동력이 될 것이다. 우리는 또한 디자인에 관한 사고방식을 바꾸어야 한다. 디자인은 짧은 역사를 가졌지만 매우 역동적인 직업으로서, '미술공예적' 기원으로부터 먼 길을 거쳐 현재의 개념적 전망과 유능한 실행력이 요구되는 문제해결을 위한 분야로 탈바꿈했다. 이런 변모가 쉬웠던 것은 아니었지만, 그 결과 사업-디자인 제휴가 발휘하는 진정한 힘과 그런 제휴관계 육성의 필요성에 대한 인식이 빠르게 확산되었다. 이런 제휴관계는 디자인의 핵심적 역할에 대한 확실한 이해를 중심으로 다음과 같은 특징들을 가지는 새로운 형태의 혁신주도 사업모델을 만든다.

- 소비자를 제품 소비를 통해 부분적으로 충당되는 복잡한 요구를 지닌 개인으로 이해한다.
- 동시에 소비자를 복잡한 상호의존성을 가진 더 큰 공동체의 구성원으로 보고, 현재의 잘 드러나지 않는 공동체들에 관심을 갖는다.
- 현재의 사업적 판단과 행동으로 결정적인 영향을 받게 될 내일의 공동체와 다음 세대의 개인을 염두에 두고 사업한다.

우리는 이 책의 전반에 걸쳐 디자이너가 사업전략을 만드는 데 필수적인 역할을 한다는 것과 사업체가 전략적 디자인의 이점을 활용해 개발 중인 진보적 모델에 관한 다양한 사례를 보았다. 그러나 또한 중요한 것은 사업-디자인 제휴와 그것이 촉진시키는 지속가능성 주도의 사업모델을 넓은 문화적 관점으로 고려하는 일이다. 이런 '큰 그림'이 명확히 보여주는 새로운 사업전략들의 핵심을 개발하고 적용하는 데 디자이너가 특별히 적합하다고 생각한다.

다음으로, 디자이너는 소비자에 대한—소비자인 자신에 관한—사고방식을 변화시켜야 한다. 창조라는 더 큰 개념으로 보면, 디자인은 인간의 목표 및 요구와 이것들을 충족하게 도와주는 물질문화 사이의 살아 있는 연결고리다. 물질문화는—모든 요소가 제조, 판매, 사용, 폐기, 재활용, (바라건대) 재사용되는—인공적인 것이다. 물질문화의 각 개별 요소는 인간의 구상이 형태를 갖춘 디자인이 되고 디자인은 다시 물리적 혹은 가상적 물건으로 제조되는 과정을 거친다. 그러므로 디자이너와 사업 파트너는, 살기 좋고 지속가능할 뿐만 아니라 또한 즐겁고 문화적으로 영감을 주는 환경을 만들 수 있는 더없이 좋은 기회들을 갖고 있다. 하지만 이를 위해서 디자이너는 그 어느 때보다 사업모델, 전략, 도구, 공정 및 제조의 기회들에 대해—가끔은 위험한 유혹들에 대해서도—각성하고 있어야 한다.

소비자는 통신기술의 발달과 시장의 세계화를 통해 보다 더 크고 상호의존적인 공동체의 구성원이 되므로 과거보다 더욱 복잡한 요구를 가진다. 더욱 복잡해진 소비자의 요구에 부합하기 위한 디자인의 통합적 도전과제는, 최소한의 원자나 전산 비트를 사용해 유용한 예술의 형태로 정신적 가치를 높여주는 물리적 혹은 가상적 대상을 만들어내는 일이다. 디자인은 '기술적' 기능이 현대에 와서 인류역사학적이고 형이상학적인 상징으로 변모하여 계승된 것이라고 생각한다. 만일 디자이너가 새롭고 개선된 물건이나 더 유용한 소프트웨어 응용프로그램 혹은 더 감동적인 인간중심의 사용자경험을 만든다면, 이는 의미 있는 혁신과 좋은 품질 및 윤리적 행동을 상징하는 상표를 만들었다는 뜻이다. 사람들은 결과물인 상표의 시각적 상징을 단지 유행이 아닌 인간적 기술의 문화적 표현으로 인식한다. 그러한 전략적 디자인은 지속가능한 혁신과 문화적 개성 및 일관성을 제공하면서 우리의 산업문화를 성숙하게 하며 소비자에게 감동과 사회적인 연대감을 주는 데 기여한다. 디자이너는 인간의 열망을 과학과 기술 및 사업의 새로운 기회들과 연결시켜주어야 할 책임을 가지고 있다. 그들이 디자인한 제품은 그러한 경우 유일하게, 문화적으로 타당하고 경제적으로 생산적이며 정치적으로 이롭고 생태적으로 지속가능하게 될 것이다.

마지막으로 '통상적인 사업'과 그 영향에 관한 우리의 사고방식을 바꾸어야 한다. 가속되는 세계화는—금융시장 과열과 문화 식민주의가 초래한 현재의 위기를 포함해—디자이너에게 엄청난 도전이기도 하지만 새로운 기회도 제공한다. 지금은 새로운 경향에 영향을 주거나 흐름을 만들 수 있는 재능과 능력을 겸비한 디자이너들이 필요하다. 예를 들면, '저비용' 경제에 외주를 줄 때 생기는 문제들 또는 불편한 범용 제품들의 과잉생산 현실을 바꾸는 문제를 능숙하게 다룰 디자이너들이 필요하다. 디자이너는 또한 지역 혹은 토착 문화가 새롭고 더 좋은 접근법을 개발해 제품을 생산할 수 있게 돕는 방법의 일환으로 '홈소싱Home-Sourcing'이라는 새로운 개념의 개발에 동참해야 한다.

이 책의 앞부분에서 언급했듯 디자이너가 합리성 중시의 사업계에서 유능하고 존경받는 '경영 파트너'로 성공하려면 스스로가 창조적인 기업가이자 경영자가 되어야 한다. 궁극적으로, 디자이너는 자신의 직업적 지위를 상업적·기능적 수준 이상으로 끌어올리고, 거의 항구적인 문화적 관련성을 열망해야 한다. 이것은 틀림없이 성취가능한 목표다. 대부분의 뉴욕 현대미술관의 디자인 숍에서 광고되고 팔리고 있는 상품들은 '디자이너의 쓰레기', 즉 가짜들인 반면에 아르네 야콥센Arne Jacobsen의 프리츠한센Fritz Hansen 의자 시리즈 7™Series 7™ 또는 허먼밀러의 의자 에어론Aeron은 위대한 디자인은 성공한다는 것을 증명하고 있다고 생각한다.

나는 창조적 전략가이자 사업가로서 현재의 진화하고 있는 디자인-사업 간의 패러다임이 더 생동감 있고 더 사랑받고 더욱 감동을 주는 제품들을 양산할 것이고, 이렇게 보다 감동적인 제품문화는 실제로 성공하는 녹색전략의 한 부분이 될 것이라는 것을 낙관한다. 이것은 지구상의 모든 나라와 문화에도 해당될 것이다. 유럽과 미국 및 동아시아의 산업을 인간화하면. 개성과 문화를 파괴하지 않으면서도 가난한 나라들을 산업화할 수 있는 더욱 현명하고 생태적인 경제모델의 개발과 시행이 가능하다.

예를 들면 현재 스마트폰은 전형적으로 미국이나 일본 또는 한국에서 디자인되어 중국에서 기술제작되는데 — 대부분 — 재활용되는 경우는 거의 없다. 이런 과정을 개선할 모델은 한 공동체와 문화 안에서 판매 및 사용하게 할 장래의 스마트폰을 개념화하고 디자인하는 것이다. 이런 스마트폰은 조립식으로 설계되므로, 부품을 가장 적당한 곳에서 생산한 다음, '홈' 국가의 시장과 문화 안에서 최종 조립이 이뤄진다. 이 조립식 생산모델은 중앙아프리카, 발틱 국가들, 동유럽, 브라질 등 다수의 국가에게 이상적인 방법이 될 것이다. 더 많은 사람이 현지에서 구매할 수 있게 되므로, 더 많은 사람이 제품의 전체 사용수명과 이익 및 소비재 비용에 보다 깊이 관여하게 될 것이다.

디자인은 마케팅과 마찬가지로 주로 대량소비를 유발하기 위한 것인데, 무엇이든 대량생산되는 것은 오염과 지구 온난화를 가속화한다. 이런 이유로 디자이너들과 이들의 사업자 고객은 경제모델 속에서 — 미래 공동체에게 중대한 의미가 있는 — 환경에 지대한 영향을 주는 근본적 역할을 맡고 있다. 전통적인 사업논리에 따르면, 더 많은 품목을 제품라인으로 서둘러 보낼수록 경제적으로 성공할 수 있는 기회는 늘어난다. 하지만 이제 우리는 성공에 대한 전통적인 경제지표가 모든 것이 아닐지도 모른다는 것을 깨닫고 있다. 우리는 디자인의 사업모델에 미치는 강력한 영향력을 목격했고, 강한 리더십이 보다 지속가능한 수익을 창출하기 위해 어떻게 창조적인 혁신주도형 전략을 세우고 시행하고 있는지를 알게 되었다. 우리는 또한 개별 기업의 수익 창출에만 그칠 것이 아니라 지속가능성을 구축하는 데 디자인의 역할이 있음을 깨달아야 한다.

　　　　　대량생산된 모든 '싸구려' 제품의 문화적·사회적·환경적 대가가 너무도 비싸다는 것을—사실상, 우리의 목을 죄고 있다는 것을—제품들 스스로 증명했기에, 마침내 '녹색사고'가 주류의 정치적·경제적 이슈로 확산되었다. 오늘날 세계 각국의 정부는 인류의 무모한 지구환경 파괴가 거대한 위기를 자초했음을 인정하며 힘을 모으고 있다. 인간의 지성과 창의성이 문제를 해결하여 지구를 살리는 과제를 감당할 수 있기를 바랄 뿐이다. 생태-자본주의를 지향해 성장하고 있는 운동은 공상적 개혁주의가 아니라 자기보존을 위해 생산과 소비에 대한 우리의 접근방식 방향을 신속히 바꿀 것을 요구하고 있다.

　　　　　보다 현명하고 생태적으로 책임감 있는 생산과 제품지원 및 재활용의 산업모델을 구상하고 디자인해야 한다. 해결책이 좋은 제품 디자인에 머물 수는 없다. 이웃 마당에 던져버리는 것으로 자신의 쓰레기 문제를 처리할 수 없는 것과 마찬가지로, 우리의 디자인을 다른 곳에서 외주생산한다고 생산에 따르는 오염과 여타의 부정적 부산물에 대한 책임이 없어지는 것이 아니다. 산업사회의 책임 있는 시민이 되고자 한다면 "눈에서 멀어지면, 마음에서도 멀어진다"라는 패러다임을 바꾸어야 한다. 우리에겐 더 좋은 세상을 위해 노력해야 할 철학적 의무가 있다고 믿는다. 우리의 목표와 과정을 재고하여 과학과 사업 분야가 더 인간중심의 양심을 갖도록 해야 한다. 사업활동 결과는 자신의 재무분석가에게 보기 좋아야 하겠지만, 아울러 가족과 친구, 이웃과 공동체, 더 나아가 전 세계의 사람들에게도 좋은 것이어야 한다.

　　　　　사회적 책무와 보존과 같은 필수적이지만 상당히 어려운 목표가 지구 파괴적 상황을 되돌려놓는 데 도움이 될 것이다. 강력하고 책임 있는 사업과 생산모델을 만든다면 돈은 따라올 것이며, 심지어 〈월 스트리트 저널〉조차 지속가능한 '녹색' 제품들이 전통적인 제품을 앞질러 인기를 끈다는 것을 인정하고 있다. 디자이너는—모든 사업, 정치, 교육, 산업의 지도자들과 마찬가지로—지구 전체 주민을 위한 활력이 넘치고 실행가능한 미래를 창조해야 할 중요한 역할을 맡고 있다.

↑ 포레스터 연구 2005. 상: 심보츠SYMBOTS, 하: 트리본스TRIBONS

내일을 만드는 디자인

전통적으로 생태환경의 가치는 다수의 인식 속에서 높이 평가되지 않았다. 물론 이런 상황은 이 책을 통해서 그리고 《프로그》에서 기술한 것처럼 많은 다양한 이유로 변하고 있다. 생물연료는 우리를 '석유 독재'로부터 해방시켜주기 시작했고, 태양열과 풍력 에너지 기술이 전통적인 화석연료 에너지 소비 부문으로 진출하고 있다. 인터넷은 소비자를 구식 통신회사의 속박에서 풀어주고 있다. 그리고 우리가 살펴보았듯이 더 많은 기업이 지속가능한 전략 목표를 채용하여 장기적 안목과 계속적인 기술혁신에 기초한 사업모델을 구축하고 있다. 한마디로 말해, 구식의 독점은 추락하고 창조적 사업은 비상하고 있다.

이런 변동을 촉진시키는 가장 강력한 방법들 중 하나는 산업공정을 새롭게 고치는 일이다. 디자이너와 사업 파트너는 제품수명관리 체계의 초기 단계에 영향을 줄 수 있는 전략적 기회를 갖고 있다. 사실, 그런 초기 단계에 전략을 정해야 효과적일 수 있다. 산업공정모델의 디자인을 효율적 대량생산 지원을 위한 것에서 사회적·생태적으로 호응하는 혁신을 촉진하기 위한 것으로 바꿈으로써—예를 들면 생태적 능률과 폐기물 축소 또는 제거를 공정모델에 결합시켜—기업의 가치를 높이는 동시에 매출도 늘릴 수 있다.

산업공정을 그렇게 바꾸려면, 기업은 그들의 사업 방식과 고객과의 상호작용 및 협력 방식을 변화시켜야 한다. 소비자를 사업체와 세계를 돌보는 유능한 '관리인'으로서 경영자와 고용인 및 소유주/주주와 동등한 위치에 놓는 새로운 사업모델을 만들어내야 한다. 디자인은 과학기술 및 사업과 인간을 이어주는 매개 역할을 한다. 그러므로 디자이너는 새로운 '녹색' 경제의 동력을 만들거나 이런 사업의 최전선에 서야 할 의무와 기회를 가진다. 도전의 크기를 고려할 때, '녹색' 산업과 사업의 과제를—디자인은 물론—어떤 단일 분야도 혼자서 맡을 수 없다.

옥스퍼드 대학에서 정치학을 공부하는 학생인 알릭스 룰Alix Rule은 2011년 1월 《In These Times》라는 블로그에 올린 "혁명은 디자인되지 않을 것이다"[2]라는 제목의 글에서 이런 점을 강조했다. 디자이너가 말하고 있는 낙관주의에도 불구하고, '성장에 따른 더욱 고약한 사회경제적·환경적 귀결'을 대처하기 위해선 '할 수 있다는 태도' 이상의 무언가가 필요하다고 룰은 적고 있다. 산업체계는 매우 다양한 역할들로 구성되어 있기 때문에 너무나 복잡하다. 생산, 사용, 재활용의 주기는 유한한데 어떤 것도 그냥 없어지지 않으며, 송전망이나 운송망처럼 이미 확립된 시스템을 그냥 폐기할 수도 없다. 대신에 우리는 단계들에 걸쳐 그것들을 구조적으로 변환해야 한다. 모두가 그런 변환으로 많은 어려움에 처하겠지만, 오히려 디자이너는 제품수명주기 과정의 초기 단계부터 시작되는 디자인의 역할 덕분에 지속가능한 제품 개발을 추진할 수 있는 고유의 기회를 갖게 되리라고 생각한다.

원칙의 실천

나는 수년 전 프로그 디자인에서 동업자이자 인생의 반려자인 패트리샤 롤러Patricia Roller와 함께 마이클 마크스Michael Marks에게 전략적 디자인의 '얼개'를 설명하고 있었다. 그는 당시 프로그의 주요 지분을 가진 플렉스트로닉스 인터내셔널의 최고경영자였다. 대화하던 도중 마이클은 "왜 모든 사람이 당신들을 고용하지 않을까요?" 하고 큰소리로 의아해하더니 계속해서 자신의 물음에 스스로 답을 내렸다. 그는 우리에게 말하길, 단지 대형 고객과 작업했다는 사실을 선전하거나 이해하기 쉽게 과정을 설명하는 것으로는 충분하지 않다고 했다. 우리는 함께, 합리성을 중시하는 사람과 긍정적인 관계를 맺으려면 프로그의 전형적인 의사소통 형태를 어떻게 조정해야 할지 의논했다. 마이클이 옳았다. 최고위급 수준에서 전략적 디자인을 적용할 수 있으려면, 합리적으로 생각하는 사업 책임자와 우뇌가 활성화된 디자인 전문가 양쪽이 전략적 디자인에 관해 깊고 솔직한 ― 성공과 실패 양쪽의 ― 경험담을 나누고 토론해야 한다. 한편 세계적인 대형 디자인 회사를 운영하려면 창조성을 '집 안에' 유지하고 관리하는 과제를 또한 갖게 된다.

프로그에서 우리는 늘 가장 재능 있는 동업자와 직원 및 고객을 찾아내고 유치하려 노력했다. 그들이 최선을 다해 재능을 발휘하고 윤리, 기강, 과정 지향성 및 직업적 성장의 원칙들을 수용하기를 기대했다. 나는 어느 정도 재능의 축복을 받았지만, 전문가로 인정받는 최고의 방법은 재능과 능력이 아무리 뛰어나다 한들 개별적인 노력보다는 타인과 협력하여 그들이 최선을 다하도록 도와주는 것이

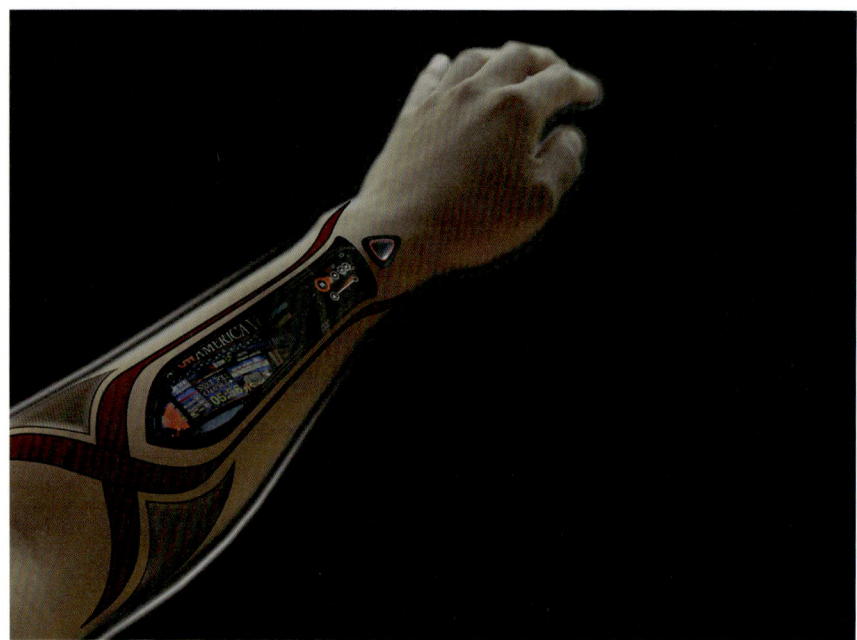

포레스터 연구, 2005. 상: 다투스DATTOOS, 하: 트리본스TRIBONS

라는 확고한 신념이 없었다면 지금만큼 성공하지 못했을 것이다. 나의 직업을 통해 매우 보람을 느끼게 되는 부분들 중 하나는, 창조적인 사람들이 재능을 선물로 받아들여 — 시기와 탐욕 및 두려움의 유해한 영향을 물리치고 기강과 근면 및 윤리 의식을 가지고 — 재능에 걸맞은 삶을 살도록 끌어들이고, 발굴하고, 영감을 주고, 지도하고, 격려하는 일이었다.

좋은 소식은, 점점 더 많은 젊은 기업가와 사업 경영자가 더욱 생산적이고 수익성 있으며 지속가능한 미래를 디자인하기 위해 창조적인 동반자를 찾고 있다는 것이다. 이들은 정치계의 답보 상태에 절망하고, 평범함에 중독되어 전망도 신뢰도 생활의 즐거움도 결핍된 사업계의 상황에 환멸을 느끼고 있다. 이들은 또한 낡은 방식의 사업이 바람직하지도 않고 지속가능하지도 않다는 것을 알고 있다. 아울러 이들은 '유지에 급급한 최고경영자'의 약한 리더십과, 월스트리트를 추종하여 성공 동력인 연구 재원을 내보내고 가치 창조보다는 경비 삭감을 통해 회사를 망가뜨린 '경영자'에게 유례없이 막대한 보너스를 안겨주는, 기능이 손상된 '구식 학교'이 사회에 의한 직접적인 결과가 사업계에 만연한 비전과 용기의 결핍이라는 것을 이해하고 있다. 새로운 혈통의 사업 경영자는 간단히 말한다. "세계가 곤경에 처했다는 것을 알고 있고 이에 맞설 용기와 전망을 가지고 있습니다. 하지만 산소가 되어줄 창조성이 필요합니다." 다른 말로 하면, 오늘날의 진정한 사업 경영자는 전략적인 디자인과의 제휴가 필요한 '이유'를 알고 있고 '방법'도 알고 싶어 한다.

기업의 전략 그 자체는 경쟁력과 조직 문화를 위한 보편적 주제다. 전략적 디자인은 인적자원, 기술, 마케팅, 재무와 마찬가지로 전체 사업모델의 단지 한 부분일 뿐이다. 그러나 창조적 상상력은 새로운 기회를 식별하고 그 기회가 회사 또는 상표에 어떤 의미인지 이해하기 위한 필수적인 요소다. 전략적 기업가와 경영자는 '단순한 것이 최고'라는 일본인의 가치관에 따라 디자인 너머를 내다봐야 하고 그들의 디자이너에게도 그렇게 하도록 해야 한다. 1970년대에서 1980년대까지 소비자에 맞춘 기술과 마케팅이 '산업디자인의 황금기'를 이끈 동력이었던 것처럼 — 인터넷과 소셜미디어의 개방성에 의해 가속된 — 창조적 경제는 '전략적 디자인의 새 시대'를 이끌고 있다. 이 시대의 많은 제품이 인간에게 감동적 사용자경험을 주는 방향으로 바뀌고 있다. 이런 발전은 사회적 진보 및 경제적·생태적 지속가능성에 대한 새로운 사고방식이 융합기술들과 결합하며 가능해졌다.

창조적 발전과 성취를 위한 발판 구축
창조적 전략을 고안하고 전략적 디자인을 적용하려면 무엇이 필요한가? 요즘 전문가와 학생 모두에게 자주 듣는 질문들 중 하나다. 우선, 아무도 혼자 할 수는 없다. 인간은 각기 다른 재능을 가지므로—디자인을 포함한—교차-학문적 공동작업을 통해 재능들을 결합할 필요가 있다. 전략에 유능해지고 싶은 디자이너는 자신의 직업에 대해 더욱 보편적으로 접근해야 하고 사업 운영의 모든 분야에 관한 흥미와 능력을 지니고 있어야 한다. 또한 '전략적'이려면 폭넓은 마음가짐, 타문화에 대한 존중, 지속가능성을 위해 싸우려는 의욕, 그리고 시장 점유율과 판매량 및 수익성의 단순한 동인 이상으로 '상표'를 이해하는 것이 필요하다고 생각한다. 궁극적으로 디자인은—산업을 인간화한다는—숭고한 목표를 위해 예술적 표현을 사용한다. 디자이너는 이런 이해를 바탕으로 기업가와 경영자를 위한 디자인중심의 전략이라는 더 큰 도전에 가깝게 다가갈 수 있다.

요즘은 누구나 기술혁신에 의해 세상이 얼마나 빠르게 변하고 있는지 실감하고 있다. 하지만 인간의 생활은 역사와 행위 및 문화 전통에 깊게 뿌리를 두고 일정하게 느린 속도로 변하기도 한다. 나는 이것을 인간의 속도라고 부른다. 이런 미래를 향한 이중-보폭의 행진이 혁신이라는 과제를 더 어렵게 한다. 한편에선 새로운 가치창출보다 불가해한 투기를 바탕으로 계속되는 금융 '곡예'가 초래한 부의 재분배에 발목이 잡힌 채, 우리의 발전이 경기침체 특유의 도전 속에서 늦춰진다. 다른 편에서 우리는 더욱 빠르게 발전하는 기술과 함께 늘어나는 기회를 장악하기 위해 신속히 움직여야 한다. 이런 기회를 통해 보다 더 사회적으로 무해한 제품문화와 더 인간적인 산업사회가 가능해진다.

디자이너는 신제품을 디자인하여 결과적으로 새로운 시스템을 디자인하게 된다. 그러므로 나는 디자이너의 핵심 도전과제는, 현재의 제품과 시스템의 이력을 주의 깊게 살펴본 다음 필수적인 (특히 유용성과 의미론적 측면의) 가치들은 보존하고 '쓰레기'는 내버려질 미래를 예상하는 일이라고 생각한다. 디자이너는 이런 과제에 따라 기술이 문화적·경제적·생태적 재앙을 초래하기 전에 기술의 발전 궤적에 기초해 장래의 제품을 예상하여 만들어야 한다. 나는 전체 경력 속에서 많은 기술이 오고 가는 것을 지켜봤다. 어떤 것은 가정용품같이 진화를 거듭했고, 다른 것들은 타자기, 비디오카세트, CRT 모니터, 데스크톱 컴퓨터 등처럼 구식이 (되어가거나) 되었다.

그러나 이런 발전 중에 '인간의 속도 상수'로 남는 것은, 일부의 현명한 사용성 표준들과 일부의 그만큼 현명하지 않은—볼품없는 쿼티QWERTY 자판, 작업처리 중심 운영체제, 인간을 억지로 '디지털'로 대화하게 하는 사용자 인터페이스 같은—것들에 대한 우리의 애착이다. 그리고 물론 우리의 문화는 여전히 100년 이상 지난 오래된 습관을 고집하고 있다. 예를 들면 펜이나 붓을 이용해 글을 쓰고, 석판 같은 표면의 태블릿 컴퓨터나 조약돌 같은 곡선의 휴대전화기처럼 어떤 현대의 산업 제품은 고대의 상징적 모양을 하고 있다. 전략적 디자인의 몫은 사업-디자인 제휴에 참여한 모든 사람에게 유약하거나 오만한 보수주의적 판단의 위험은 물론 펼쳐진 새로운 기회를 인식하게 하는 일이다.

이런 모든 구상과 꿈, 책무는 특히 지금 대단히 중요한데, 너무도 많은 '구식학교' 출신의 디자이너와 경영자가 (시장 점유율과 이익 측면의) 현상유지만을 위한 승산 없는 싸움에 몰두하고 있기 때문이다. 이런 사정은 새로운 교육적 접근방법이 긴급히 필요하다는 사실을 다시 상기시킨다. 앞서 말했듯이 창조성을 거부하는 나쁜 시스템은—개선이 아니라—대체해야 한다. 나는 종래의 교육모델이 가진 제도적 자기만족과 오만을 제거할 새로운 창조적 교육 계획에 커다란 기대를 걸고 있다. 교차-학문적 공동작업과 통합이 강조되는 교육과정을 구축해야 한다. 우리는 이런 강조를 통해 '창조적 교육' 방식을 경제학, 경영관리, 과학과 공학, 생태학, 생명과학 등 연관된 교육 분야에 도입할 수 있게 될 것이다.

미래를 위한 제휴 강화

일관성 있는 구상들과 운영방법 없이 디자인 단독으로 세상을 구할 수 있다는 믿음은 기껏해야 천진난만한 진보주의의 일종에 해당한다. 그것이 바로 디자이너가 마케팅 책임자와의 강력한 공조관계에 의지해, 바람직한 세상을 만드는 데 기여하면서도 현재 세상에서 성공할 지속가능한 전략을 궁리하는 이유다. 이런 이유로 산업공정이 발전함에 따라 각자의 잠재력을 훨씬 더 깊이 이해할 필요가 있다.

　　　　　　　이 책에서 우리는 현재 이용가능하거나 기존의 모델로부터 쉽게 조율가능한 기술과 제품 및 관행을 응용하는 다양한 기회를 살펴보았다. 그런 기회들을 현실화하려면 디자인 방법을 혁신하고 사업모델 및 사업과정을 새롭게 만들어야 할 것이다. 이런 변환을 하자면 당연히 어느 정도 급격한 변화와 많은 작업이 필요하다. 특히 산업-사업모델의 녹색화·인간화를 위한 새로운 구상들은 더욱 실행가능하고 나은 미래를 위한 지속가능 전략 개발에서 빠질 수 없는 요소다. 환경보존과 사회균형을 고려한 사업전략이 전략적 디자인처럼 성공하는 사업이라는 신념을 갖는다면 우리는 함께 그런 미래를 건설할 수 있다.

　　　　　　　나는 이 책의 앞에서도 말했듯이 모든 사람이 자신의 특정 재능을 어떻게 사용하느냐에 따라 창조적일 수 있으며 흔히 잠자고 있는 창조성을 그렇게 일깨워줄 수 있다고 믿고 있다. 이를 위해 우리는 모든 형태의 창조성을 장려하고 지도해야 하며, 직업 및 정치 지도층에게도 창조적 교육의 실행을 요구해야 한다. 그러나 무엇보다 중요한 것은 창조적 교육을 이용해— 정신과 돈, 문화와 과학, 지속가능성과 경제 사이에— 새로운 형태의 관계를 만들 수 있다는 사실이다. 이런 창조성의 교차-수분을 통해 좌뇌형과 우뇌형 사람들을 '양립 불가'로 분리하던 독단적 구별은 사라지게 될 것이다. 지금의 엘리트 대학교육은 혁신과 과학적 진보를 위한 비옥한 토양의 역할을 한다. 하지만 새롭게 창조적 사고를 길러내는 역할을 담당할 교육시설과 대학은 부족한 실정이다. 가장 진보적인 교육과정에 최고의 창조적 교육자 및 연구자와 최고 재능의 학생을 연결해주는 것, 이것이 바로 우리가 인간적-산업적 진보와 지속가능한 발전 촉진이라는 웅대한 목표를 시작하는 선구자의 길이다.

1 　출처: www.npr.org
2 　Alix Rule, "The Revolution Will Not Be Designed", *In These Times*, 01/11/2008.
　　온라인 주소: www.inthesetimes.com/article/3464/the_revolution_will_not_be_designed/

⇧ 휘슬러 매직 라인 요리기기, 1986, 사진: 코니 윈터

부록 찾아보기

옮긴이 주

색인

옮긴이 주

⇢ 서문

하르트무트 에슬링거는 디자인이 단일 학문으로 기능하는 것이 아니라, 다양한 학문들과 융합하여 공조하여야 한다고 생각한다. 이런 생각은, 전문가로서 디자이너가 아니라 합성주의자이자 중재자로서의 디자이너에 대한 빅터 파파넥의 생각과 맥을 같이한다. 그러므로 이 책의 전반에 걸쳐 디자인의 융합과 공조를 강조하는 Cross-, Multi-, Inter- 및 Trans-Disciplinary 등, 다양한 융합 학문 접근방식을 의미하는 용어가 등장하는데, 디자인뿐만 아니라 과학 분야에서도 최근 각광을 받는 방식들이지만, 아직은 이에 대한 용어들이 혼동되고 가끔은 잘못된 맥락으로 사용되기도 하는 등, 우리말 표현이 일치하지 않으므로 여기에 이 책을 번역하면서 사용한 통일된 우리말 표현에 대한 설명을 첨가한다. 관심 있는 독자는 다음의 연구 논문을 참조하기 바란다.
Thomas H. Dykes et al., "Towards a New Disciplinary Framework for Comtemporary Creative Design Practice," *CoDesign* 5, no.2(2009):99~116.

이들 접근방식은, 일반적으로 분리된 학문 분야들 또는 전문분야들을 결합하거나 그런 분야들로 구성하여 통상의 경계들 밖에서 문제들을 재정의하고 새롭고 복잡한 상황들에 대처하는 해결방안들을 모색하는 방법으로, 독립된 학문 간 융합의 정도에 따라, 다학문적Multidisciplinary, 교차-학문적Cross-disciplinary, 간학문적Interdisciplinary, 범학문적Trans-disciplinary 접근방식으로 분류하며 각각의 의미는 다음과 같다.

다학문적 접근방식Multidisciplinary Approach
자신의 학문에 유능하며 동시에 문제해결을 위해 다른 분야의 노력이 연관된다는 것을 이해하여 타 학문의 개념들을 발견하고 수용한다. 이런 접근법은 주어진 주제에 관한 대안적 시각을 제공하지만, 각 학문 간의 독립성을 유지하므로 학문 간의 공조라기보다는 다양한 분야에 대한 관심을 가진 개인에 의해 이루어진다. 이런 특징을 갖는 디자이너는 학문적 차이를 인식하여 타 학문으로부터 학습할 수 있는 능력을 가지고 있다.

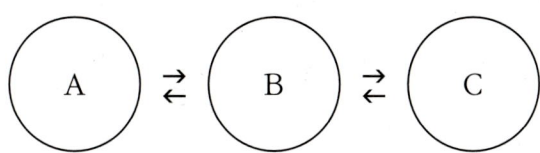

교차-학문적 접근방법 Cross-disciplinary Approach

자신의 학문에 유능하며 동시에 타 학문의 개념들이 자신의 학문과 어떤 연관이 있는지 이해하여 그런 개념들을 숙달하므로, 자신의 학문의 구조를 유지한 채, 다른 학문의 방법들을 수용하고, 그 학문의 전공자들과 능숙하게 의사소통할 수 있다. 이런 특징을 갖는 디자이너는 학문적인 차이를 이해하면서 문제해결을 위해 타 학문의 방법들을 따를 수 있다.

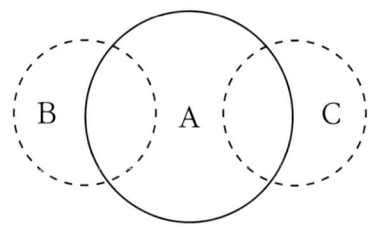

간학문적 접근방식 Interdisciplinary Approach

적어도 두 개 이상의 학문적 능력을 가진다. 주전공의 학문은 있지만, 부전공 학문들의 개념과 방법을 주전공에 적용할 수 있는 능력을 갖는다. 결과로서 주전공 학문에서 새로운 발견과 이해를 얻게 된다. 이런 특징을 갖는 디자이너는 두 가지 이상의 학문에 유능하며, 인접학문의 독립성의 경계를 허물어 합성적 접근방식을 취한다.

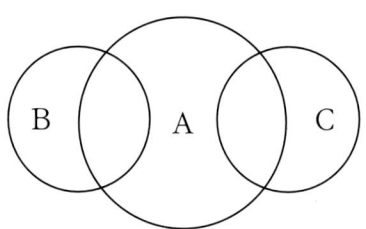

범학문적 접근방식 Trans-disciplinary Approach

적어도 두 개 이상의 학문적 능력을 가지며, 주전공은 존재하지 않는다. 범학문적 전망을 가지고 하는 작업은 독특한 개념이나 결과물을 얻게 되므로, 각각의 관련 학문들을 발전시킨다. 이런 특징을 갖는 디자이너는 총괄적 방식으로 다양한 학문 전공자들과 의사소통이 가능하며 새롭게 출현하는 문제들의 해결을 위해 다양한 학문들을 연결하는 역할을 한다.

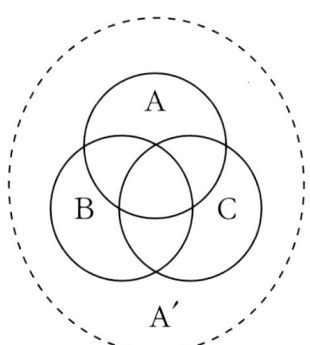

1장

정적 정서 Positive Affect
정적 정서는 활기, 열정, 고무, 자랑, 흥분 등의 정서로 신경질, 과민, 혼란, 두려움, 죄책감 등의 부적 정서Negative Affect와 함께 인간의 심리학적 정서 범주를 의미한다.

숙성 Incubation
창의성이 발현되는 4가지 단계인 준비단계, 숙성단계, 통찰단계, 검증단계 중의 하나다. 의식적 작업의 한 시점에서 자극되어 시간이 지난 어떤 시점에 사고 요소들의 무의식적 결합으로 기발한 발상을 낳는 과정으로 정의된다. 의식적으로 일정 시간 동안 문제를 잊고 통찰을 통해 직관을 유효하게 하는 무의식적 과정이다. 예를 들어, 어려운 문제로 인식하여 일정 시간 잊고 다른 것에 몰두하다가 다시 그 문제를 보면, 어려움은 사라지고, 심지어는 갑자기 해답이 떠오르는 경험을 했다면 이는 숙성의 단계를 지났다고 말할 수 있다.

디자인적 사고 Design Thinking
디자인을 하나의 사고방식으로서 채용하는 개념은 학문적으로는 1969년 허버트 A. 사이먼Herbert A. Simon의 저서, 《The Sciences of the Artificial》에 근거를 두고 있고, 디자인 공학으로서는 로버트 맥킴Robert McKim의 1973년 저서 《Experiences in Visual Thinking》으로 거슬러 올라간다. 롤프 패스트Rolf Faste는 80년대에서 90년대까지 스탠포드 대학교에서 강의를 하는 동안 맥킴의 작업을 확장시켜 '디자인적 사고'를 하나의 창조적 행동 방법으로 정의하고 대중화시켰다. 디자인적 사고는 사업전략으로서도 도입되어 2000년대에 사업계의 유행어가 된다. 디자인적 사고를 사업전략으로 채용하는 대표적 기업인 IDEO의 최고경영자인 팀 브라운Tim Brown은 〈하버드 비즈니스 리뷰〉에 실린 기고문에서 "디자인적 사고란 기술적으로 가능하며 소비자에게 유용하고 시장에서 호응을 얻을 수 있는 실현가능한 사업전략을 세우기 위해 디자이너의 감수성과 작업방식을 이용하는 사고방식이다"라고 설명한다.

2장

제품-서비스 시스템 Product Service System
학술적으로, 소비와 생산 양쪽 측면에서 지속가능성을 제공하도록 개발된 사업모델이지만, 사업계에도 제품과 통합된 서비스를 함께 제공하여 단일 제품보다 더 큰 이윤을 낼 수 있다는 점과 기업 환경전략의 중요한 부분이라는 인식이 확산되고 있다. 소비자의 기호와 요구에 맞추고 동시에 물질 소비를 줄일 수 있도록 미리 생산과 서비스 및 지원 기반시설을, 때에 따라선 네트워크를 통합하여 설계된 시스템이다.

웹 2.0Web 2.0
수동적으로 웹페이지를 열람하는 것에 국한되었던 초기의 정적인 웹사이트를 넘어서 사용자들 간의 대화와 협력 등의 동적인 상호작용이 가능한 웹사이트 또는 그 관련 기술들을 의미한다. 예를 들어 SNS, 블로그, 위키, 동영상 공유사이트 등은 웹 2.0을 채용한 사이트들이다.

 3장

J. L. 콘스탄트 특훈교수직J. L. Constant Distinguished Professor
콘스탄트 건설과 캔자스 건설의 소유자로서 캔자스 대학의 여러 캠퍼스 건물을 지었고 캔자스 대학교 기부 이사회 임원이었던 토미 콘스탄트J. L. Tommy Constant를 기려 만들어진, 캔자스 대학교에 저명하고 영향력 있는 교수를 유치하기 위한 교수직이다.

인간 척도에 맞춘 디자인Design for Human Scale
한글판의 제목과 서지 내용은 다음과 같다.
빅터 파파넥, 《인간과 디자인》, 한도룡, 이해묵 (옮김), 미진사, 1986

녹색 의무the Green Imperative
한글판의 제목과 서지 내용은 다음과 같다.
빅터 파파넥, 《녹색위기: 디자인과 건축의 생태성과 윤리》, 조영식, 김태선, 심효영 (옮김), 서울하우스, 2011

적정기술Appropriate Technology
제3세계의 자립경제를 위해, 각 나라의 인적·물적 환경의 지역적 조건에 맞게 자본집약적이 아닌 노동집약적으로 모색된 과학기술 개념이다. 실제로, 적정기술은 특정한 지역에서 효율적으로 원하는 결과를 얻을 수 있게 하는 가장 단순한 수준의 기술을 말한다.

 4장

만트라Mantra
만트라는 산스크리트어로 기도나 묵상을 할 때 소리의 진동이 정신적 또는 영적인 힘을 갖는다고 믿으며 반복하는 발음, 단어, 주문을 뜻한다. 종교적으로 만트라는 3천여 년 전 베다 힌두교에서 최초로 발견되며, 현재 힌두교는 물론 불교, 도교, 요가 심지어 기독교에 이르기까지 널리 사용되고 있는 개념이다. 동아시아 불교에서는 '참된 말씀'을 뜻하는 진언 또는 다라니라고 불린다. 종교적 기원을 가지고 있지만, 일상적으로는 근본적인 신념이나 방향을 표현하는 단어나 문장을 가리키기도 한다.

본도Bondo
본도는 합성수지 충진제를 일컫는 일반명사가 되었는데 원래는 3M이 생산해 판매하는 제품의 상표다. 합성수지와 액상 경화제를 섞어 만들어진 본도 성형물은 마르면서 단단히 굳어진다.

제조자 디자인 생산Original Design Manufacturing, ODM
디자인 설계에 투자되는 인력, 비용, 시간을 절감하기 위해 또는 자체 개발 여건이 충족되지 않는 경우, 제조자가 이미 디자인 개발된 상품의 디자인 사용권한을 합법적으로 얻어 자신의 상표를 붙여 생산 및 판매하는 경우를 말한다.

아타셰 케이스Attaché Case
특히 업무용 서류나 종이문서들을 가지고 다니는 데 사용하는 손잡이가 달린 작고 얇은 서류가방을 말한다. 재질은 주로 가죽으로 되어 있지만 가끔 알루미늄으로 만들기도 한다. 전통적으로 외교관원들이 들고 다녀 프랑스어로 외교관을 뜻하는 아타셰라는 이름이 붙었다.

5장

케블러Kevlar
미국 듀폰사가 1965년에 개발하여 1970년대 초에 상업적으로 사용되기 시작한 파라 아라미드 합성섬유의 상표명이다. 이 고강도 물질은 가볍지만 중량에 대한 인장력이 철보다 다섯 배 정도 강해 철을 대체하여 자전거 타이어, 경기용 보트, 방탄용구 등에 이르기까지 다양하게 응용되고 있다.

백설공주 개구리를 만나다
원문은 "Snow White Meets Frog"이다. 에슬링거의 프로그 디자인사가 애플에 참여한 첫 프로젝트 이름이 백색이 강조된 스노화이트 프로젝트였다.

패드 인쇄Tampon-Print
일차로 금속판에 부조로 2차원 이미지를 음각으로 새기고 여기에 잉크를 입혀 고무, 실리콘 고무 등 탄성체인 전사용 탐폰에 옮겨 3차원 대상에 인쇄하는 방법이다.

7장

파쿠르Parkour
파쿠르는 20세기 초 프랑스 군대의 장애물 코스 훈련parcours du combattant에서 유래되어, 현재 다비드 벨David Belle과 그의 동료들에 의해 발전된, 출발점에서 목표점까지의 장애물 코스를 달리기, 뛰어넘기, 구르기, 등반, 수영 등과 같은 주어진 상황에 맞는 가능한 가장 효과적인 몸의 움직임을 사용하여 찾아가는 것을 목표로 하는 통합 훈련이다.

모노코크Monocoque
모노코크는 달걀의 껍질처럼 대상에 걸리는 부하를 표면을 통해 지탱하도록 하는 구조적 접근방법이며, 특히 항공기, 자동차, 모터사이클 등의 차체와 프레임을 일체화하여 무게를 줄이고 내구성을 강화하는 구조 디자인에 사용된다.

텔레매틱스Telematics
텔레매틱스는 원격통신Telecommunication과 정보학Informatics이 융합된 교차학문 분야로 원격통신, 차량 관련 기술, 도로교통, 도로안전, 진기공학, 컴퓨터공학 등을 아우르는데, 특히 차량과 관련하여 GPS를 이용한 위치정보, 안전운전, 다양한 이동통신 서비스 등 자동차의 자동화를 지칭하는 의미로 확장되어 사용된다.

드라이브-바이-와이어Drive-By-Wire
드라이브-바이-와이어는 자동차 산업의 기술로, 전통적으로 역학적인 연결/작동으로 수행되던 차량의 기계식 제어 시스템을 전기·역학적 작동장치들을 사용하는 전기적 제어 시스템으로 대체한다. 그러므로 전통적인 부품들인 운전대 축, 중간 축, 펌프, 호스, 벨트, 쿨러, 진공 모터, 마스터 실린더 등이 차량으로부터 제거될 수 있게 되었다. 역학적 연결을 제거하여 반응시간을 줄여줄 뿐만 아니라 컴퓨터를 이용한 전기적 제어를 통해 안정성 제어, 주행 제어 등이 가능해 안전성을 높여준다.

8장

인지학anthroposophy
인지학은 루돌프 슈타이너Rudolf Steiner에 의해 창설된 철학으로, 객관적이며 지적으로 이해할 수 있는 정신세계가 존재하며, 이 정신세계를 인간의 내적 개발을 통해 직접적으로 경험할 수 있다고 가정한다. 좀 더 구체적으로는, 감각적 경험에 의존하지 않는 사고방식을 수양하는 것을 통해 통찰력 있는 상상력, 영감, 직관 등의 능력을 개발하는 데 목적이 있다. 인지학적 사상은 발도르프Waldorf 학교를 위시한 교육 분야를 비롯해, 유기농업, 윤리적 은행업, 생약, 조직 개발, 예술 등 다양한 분야에서 실질적으로 적용되었다.

색인

사진

고이코, 빅터 Victor Goico 8, 131, 133, 155~156, 162
뉴튼, 헬무트 Helmut Newton 155, 238
슈프렝, 게르트 Gerd Spreng 138~139
윈터, 코니 Conny Winter 355
프랫, 제임스 James Pratt 276
포크트, 페터 Peter Vogt 236
한센, 한스 Hans Hansen 11
헤네카, 디트마르 Dietmar Henneka 17, 21, 31, 36, 47, 51, 60, 67, 81, 84, 93~94, 111~112, 115~116, 119~120, 124~127, 129, 133~134, 137, 140, 143~146, 150~151, 154, 159, 184~186, 188, 193, 196~200, 202~203, 244, 247, 291, 301, 309, 315~316, 323, 326, 333~334, 339

인명

가세, 장-루이 Jean-Louis Gassée 310
가이슬러, 토마스 Thomas Geisler 6, 14, 73
거스너, 루 Louis Gerstner 307
게이츠, 빌 Bill Gates 312
젬멜, 롭 Rob Gemmell 163, 180
고완, 앨 Al Gowan 82
고이코, 빅터 Victor Goico 237
귀도, 앤서니 Anthony Guido 239
그로피우스, 발터 Walter Gropius 66
그로헤, 클라우스 Klaus Grohe 149
그린, 크리스 Chris Green 227
긴겔레, 토마스 Thomas Gingele 100

꼴라니, 루이지 Luigi Colani 235
나카무라, 히데오 Hideo Nakamura 122
넬슨, 조지 George Nelson 80
노구치, 이사무 Isamu Noguchi 80
노이바우어, 알료샤 C. Aljoscha C. Neubauer 27, 29
노자 Lao Tzu 15, 259
누르딘, 마르쿠스 Marcus Nurdin 122
뉴튼, 헬무트 Helmut Newton 153, 204, 237
다빈치, 레오나르도 Leonardo da Vinci 281
데이비스, 베티 Bette Davis 195
델, 마이클 Michael Dell 21
돌먼, 해리 Harry Dolman 227
드레이퍼스, 헨리 Henry Dreyfuss 79~80, 235
드실바, 월터 Walter de'Silva 33
디즈니, 월트 Walt Disney 227
디테르트, 카를 Karl Dittert 96
라슨, 그랜트 Grant Larsen 239
라시드, 카림 Karim Rashid 33
라이트, 프랭크 로이드 Frank Lloyd Wright 79~80
라츨라프, 외르크 Joerg Ratzlaff 131
라카미에, 앙리 Henri Racamier 157
람스, 디터 Dieter Rams 33, 53~54, 171, 235
래니어, 재런 Jaron Lanier 106~108
랜드, 폴 Paul Rand 189
러브그로브, 로스 Ross Lovegrove 6, 33, 239, 246
레논, 존 John Lennon 117
레티히, 다니엘 Daniel Rettig 330
로위, 레이먼드 Raymond Loewy 79, 170
록신, 매튜 Mathew Locsin 321
롤러, 패트리샤 Patricia Roller 34, 253, 349

롤스턴, 마크 Mark Rolston   217, 234
루슨트, 샘 Sam Lucente   303~304
루터, 마르틴 Martin Luther   295
룰, 알릭스 Alix Rule   348
르그랑, 필리프 Philippe Legrand   157
마녹, 제리 Jerry Manock   163, 180
마르차노, 스테파노 Stefano Marzano   33, 252
마르코프, 존 John Markoff   21
마르크스, 카를 Karl Marx   296
마쓰다, 후미 Fumi Matsuda   252
마크스, 마이클 Michael Marks   349
매지, 폴린 Pauline Madge   85
맥도널, 마이클 Michael MacDonnel   211
메이, 사이먼 Simon May   227
모리타, 아키오 Akio Morita   123, 130, 303
모차르트, 볼프강 아마데우스 Wolfgang Amadeus Mozart   98, 104
모테, 디터 Dieter Motte   34, 117~121, 235
모호이너지, 라슬로 László Moholy-Nagy   66
몬테소리, 마리아 Maria Montessori   66
몸버거, 볼프강 Wolfgang Momberger   221
몽고메리, 폴 Paul Montgomery   239~240
뮐러, 오토 Otto Mueller   136~139
뮐러, 일제 Ilse Mueller   136~139
바쇼, 마쓰오 Matsuo Bashō   239
버겐, 캔디스 Candice Bergen   149
버너스리, 팀 Tim Berners-Lee   187
베니스, 워렌 G. Warren G. Bennis   243
베버, 막스 Max Weber   295, 297
베이컨, 밥 Bob Bacon   227
베하, 이브 Yves Behar   239
벤야민, 발터 Walter Benjamin   296~297
벤터, 크레이그 Craig Venter   25, 105
벨리니, 마리오 Mario Bellini   33, 53, 171, 235
보르크하르트, 리안느 Liane Borghardt   330
보쉬, 로버트 Robert Bosch   141, 296
보흐, 프랑수아 François Boch   152
부르크하르트, 루치우스 Lucius Burckhardt   54
브랜드, 스튜어트 Stewart Brand   75, 86~87
블레이, 토마스 Thomas Bley   239
빌노이어, 지그마르 Sigmar Willnauer   239
빌레로이, 니콜라 Nicolas Villeroy   152
샤넬, 코코 Coco Chanel   157
셀리, 벤야민 Benjamin Cselley   258, 265, 273
셰익스피어, 윌리엄 William Shakespeare   201
소트사스, 에토레 Ettore Sottsass   33, 53, 171, 269
쇤베르거, 요한나 Johanna Schoenberger   7, 14, 38, 41~42, 9장
쇤헤어, 톰 Tom Schoenherr   239
슈마허, 에른스트 프리드리히 E. F. Schumacher   75, 83, 86
슈무클리, 잭 Jack Schmuckli   123
슈미트, 볼프 Wolf Schmidt   153
슈베르츠만, 우르스 Urs Schwertzmann   237
슈타이너, 루돌프 Rudolf Steiner   299
슈프렝, 게오르크 Georg Spreng   100, 138
슐마이어, 게르하르트 Gerhard Schulmeyer   122~123
스컬리, 존 John Sculley   180~181, 310
스콧, 마이클 Michael Scott   163
스탁, 필립 Philippe Starck   33, 152
스터지스, 댄 Dan Sturgess   239
스핀들러, 마이크 Mike Spindler   310
실러, 카를 Carl Schiller   117
아가시, 샤이 Shai Agassi   219
아르노, 베르나르 Bernard Arnault   161
아마누마, 아키 Aki Amanuma   130
아멜리오, 길 Gil Amelio   311
아시모프, 아이작 Isaac Asimov   136
아이브, 조너선 Jonathan Ive   33, 53, 181, 252, 303, 312
아이허, 오틀 Otl Aicher   70, 95
아인슈타인, 알베르트 Albert Einstein   47, 254

아포테커, 레오 Leo Apotheker 307
앳킨슨, 빌 Bill Atkinson 171, 178
야콥센, 아르네 Arne Jacobsen 345
에쿠안, 겐지 Kenji Ekuan 33, 252
에픽테토스 Epictetus 261
엥글러, 프리드헬름 Friedhelm Engler 239
옌젠-피스토리우스, 라이프 Leif Jensen-Pistorius 217
오가, 노리오 Norio Ohga 122~123, 130
오길비, 데이비드 David Ogilvy 235
오리어던, 팀 Tim O'riordan 85
워즈니악, 스티브 Steve Wozniak 310
웨이먼, 로버트 Robert Wayman 305
이부카, 마사루 Masaru Ibuka 130
이시바시, 가쓰토시 Katsutoshi Ishibashi 252
일리치, 이반 Ivan Illich 69
임즈, 레이 Ray Eames 80
임즈, 찰스 Charles Eames 80
자우페, 마르틴 Martin Saupe 141~142
잡스, 스티브 Steve Jobs 21~22, 35, 37, 113, 163~189, 283, 298, 300, 303, 310~314
조르켄도퍼, 리코 Rico Zorkendorfer 252
처칠, 윈스턴 Winston Churchill 221
치넬, 스테판 Stefan Zinell 7, 14, 246, 261
칙센트미하이, 미하이 Mihaly Csikszentmihalyi 61
친서, 하이너 Heiner Zinser 142
카너먼, 대니얼 Daniel Kahneman 330
카뮈, 알베르 Albert Camus 341
카펠라스, 마이클 Michael Capellas 304
칼뱅, 장 Jean Calvin 295
칼텐바흐, 카를 Karl Kaltenbach 142
케어, 수전 Susan Kare 181
케이, 앨런 Allan Kay 181
켈리, 데이비드 David Kelley 187~189
코플랜드, 더그 Doug Coupland 209
콜, 콜린 Colin Cole 110, 217, 234
콜롬보, 조 Joe Colombo 235
쾨슬러, 아서 Arthur Köstler 86
쿠르츠바일, 레이 Ray Kurzweil 102~103
쿠스테레르, 아르투어 Arthur Kusterer 98~99
크노블로흐, 피터 Peter Knobloch 6, 14, 246, 261
크레슈머, 마르쿠스 Markus Kretschmer 7, 14, 30, 2장
크레이머, 마크 R. Mark R. Kramer 298~299
크로츠, 하인리히 Heinrich Klotz 243
크리펜도르프, 클라우스 Klaus Krippendorff 56
클라인, 헴조 Hemjoe Klein 209
킹, 페리 A. Perry A. King 269
토플러, 앨빈 Alvin Toffler 87
툰-호엔슈타인, 크리스토프 Christoph Thun-Hohenstein 254
파이퍼, 허비 Herbie Pfeiffer 239
파텔, 라즈 Raj Patel 299
파파넥, 빅터 Victor Papanek 6, 14, 3장
팩커드, 데이브 Dave Packard 302~303, 305
팬톤, 베르너 Verner Panton 117
페링, 마티아스 Matthias Vering 217
페퍼, 마티아스 Matthias Pfeffer 7, 14, 246, 261
펠버, 크리스티안 Christian Felber 299
포드, 헨리 Henry Ford 296
포스터, 노먼 Norman Foster 296
포크트, 페터 Peter Vogt 121
포터, 마이클 Michael E. Porter 298~299
폰 카라얀, 헤르베르트 Herbert von Karajan 98
폰 클라이스트, 하인리히 Heinrich von Kleist 106
푼크, 발터 Walter Funk 100
풀러, 리처드 버크민스터 Richard Buckminster Fuller 80
퓨, 폴 Paul Pugh 232~233
프렝클러, 프리츠 Fritz Frenkler 239

프리드먼, 토마스 Thomas Friedman 56~57
플래트너, 하소 Hasso Plattner 217~219
플랫, 루이스 E. Lewis E. Plat 303
플로리다, 리처드 Richard Florida 44
피네더, 마르티나 Martina Fineder 6, 14, 246, 261, 3장
피셔, 하인츠 Heinz Fischer 254
피어트, 스티븐 Stephen Peart 239
피오리나, 칼리 Carly Fiorina 303~305
핀크, 안드레아스 Andreas Fink 27
핑크, 다니엘 Daniel Pink 32
하든, 댄 Dan Harden 252
하멜, 게리 Gary Hamel 37, 232
하우크, 안드레아스 Andreas Haug 100, 152, 239
한센, 한스 Hans Hansen 237
햄린, 헬렌 Helen Hamlyn 195
허드, 마크 Mark Hurd 305~307
헤네시, 짐 Jim Hennessey 88
헤네카, 디트마르 Dietmar Henneka 121, 201, 204, 237
헤닝, 클라우스 Klaus Henning 97
헤덜리, 크리스 Chris Heatherly 230
헤르츠펠트, 앤디 Andy Hertzfeld 171
헤어초크, 루돌프 Rudolph Herzog 122
헨슬러, 헬무트 Helmut Henssler 136
호프마이스터, 위르겐 Juergen Hoffmeister 142
홈, 그레고리 Gregory Hom 16
홈리시, 마티 Marty Homlish 219
후스, 얀 Jan Hus 295
휘네, 게오르크 E. Georg E. Huehne 122
휘트먼, 멕 Meg Whitman 307~310
휴렛, 빌 Bill Hewlett 302~303
힐거스, 피어 Peer Hilgers 217
힐딩어, 파울 Paul Hildinger 100, 109
힙, 니콜라스 Nikolas Heep 6, 14, 246, 261

명칭

AT&T 181
BMW 7, 37
BMW 디자인웍스 BMW Designworks 252
GK 디자인 GK Design 33, 252
HP Hewlett Packard 21~22, 300, 302~310
IBM 136, 163, 307
P&G Procter & Gamble 307
SAP Software Application Programs 37, 110, 216~219, 307
VPL 연구소 VPL Research Inc. 107
ZKM Zentrum für Kunst und Medientechnologie 13, 243
게스테트너 Gestetner 170
교토 국제만화박물관 Kyoto International Manga Museum 252
교토 세이카 대학교 Kyoto Seika University 252
구글 google 37, 135, 232, 252
국제양식 International Style 123, 296
그라츠 대학교 University of Graz 27
그룬디히 Grundig 123
넥스트 NeXT 187~193, 311~312
닉스돌프 Nixdorf 136
다나허 기업 Danaher Corporation 35, 142
다마 미술대학교 Tama Art University 252
달링턴 공업 Darlington Industries ltd. 83
데이지 Daisy 136
데타오 대학원 DeTao Masters Academy 14, 39, 43, 255~258
델 Dell 21~22
델타 수도 회사 Delta Faucet Company 35
델프트 공과대학교 Delft University of Technology 252
도쿄 조형대학교 Tokyo Zokei University 252
듀라썸 Duratherm 136

듀얼 Dual 221~225
디올 Dior 161
디즈니 Disney 226~231, 307
디즈니 이매지니어링 Disney Imagineering 227, 252
딜 데이터 시스템즈 Diehl Data Systems 138
레노보 Lenovo 21
레온하르트 앤 케른 Leonhardt & Kern 121
렉서스 Lexus 123
로드아일랜드 디자인학교 Rhode Island School of Design 82
로즈 포슨 저택 Rose Pauson House 79
루이비통 Louis Vuitton 35, 100, 143, 156~161, 237, 300
루이비통/모엣헤네시 Louis Vuitton/Moet Hennessy, LVMH 161
루프트한자 Lufthansa 209~215
리처드슨 스미스 Richardson Smith 163
마운틴뷰 컴퓨터 역사박물관 Computer History Museum in Mountain View 252
마이크로소프트 Microsoft 37, 135, 312
마인드 더 브리지 Mind The Bridge 252
만하임 대학교 University of Mannheim 217
맥킨지 Mckinsey 103
메디온 Medion 230
메모렉스 Memorex 230
뮌헨 공과대학교 Technical University in Munich 239
바우하우스 Bauhaus 66, 123, 243, 296
발도르프 Waldorf 299
발렌시아 캘리포니아 예술원 California Institute of the Arts in Valencia 82
버로스 Burroughs 136
베가 Wega 34, 100, 116~135, 136, 138, 141, 171, 235~237
벨링겐 플래닛 프로덕트 Planet Products in Bellingen 83
보쿰 대학교 University of Bochum 201
볼보 Volvo 83
브라운 Braun 117~118, 121~122, 171, 235
브리온베가 Brionvega 118
비트라 Vitra 256
빈 응용미술대학교 University of Applied Arts Vienna 6~7, 13, 41, 43, 47, 75~76, 110, 246, 253, 261
산수이 Sansui 118
삼성 Samsung 168, 208, 230, 300
상하이 시각예술학원 SIVA 14, 39, 43, 256
샤넬 Chanel 300
샤프 Sharp 232~234
소니 Sony 34~35, 100, 118, 121~135, 142, 168~171, 179, 118, 219, 230, 237, 258, 300, 303, 311
슈가르트 Shugart 136
슈마허 대학 Schumacher College 83
슈베비슈 그뮌트 디자인대학 College of Design in Schwaebisch Gmuend 99, 239
슈투트가르트 공과대학교 Technical University in Stuttgart 96
스노화이트 프로젝트 Snow White Project 100, 168~185
스탠포드 디 스쿨 Standford D. School 252
스튜드베이커 Studebaker 170
스페셜라이즈드 Specialized 252
썬 마이크로시스템즈 Sun Microsystems 107, 187
아르테미데 Artemide 256
아메리칸 데코 American Deco 211
아우디 Audi 37, 252, 254, 276, 277
아이데오 IDEO 227, 252, 304
아인트호벤 공과대학교 Eindhoven University of Technology 252
아첼릭-베코 Arcelik-Beko 251
아트센터 디자인대학 Art Center College of

Design 252
애플 Apple 21~22, 26, 33, 35, 37~38, 53~54, 100, 138~139, 142, 162~189, 224, 232, 252, 256, 258, 285, 297~298, 300, 303~304, 307, 310~314
야마하 Yamaha 200~203, 252
에어버스 Airbus 209
엑스엑스루츠 XXXLutz 251
엑슨 Exxon 313
오길비 앤 매더 Ogilvy & Mather 219
오라클 Oracle 37
온타리오 예술디자인대학 Ontario College of Art and Design 80
올리베티 Olivetti 53, 171, 269
올림푸스 Olympus 204~208
울름 조형대학 HfG Ulm 70, 100, 109, 243
워터 픽 Water Pic 149
윕소 Whipsaw 252
이베이 eBay 307
일렉트로룩스 Electrolux 33, 170, 254, 270
제너럴 모터스 General Motors 239
제니스 Zenith 123
제록스 Xerox 163, 169
카네기 멜론 대학교 Carnegie Mellon University 252
카르슈타트 Karstadt 221~224
카를스루에 조형대학 HfG Karlsruhe 13, 43, 243
카보 Kaltenbach & Voigt, KaVo 35, 141~148, 237
칼데바이 Kaldewei 152
캐논 Canon 168, 180
캔자스 시립미술학교 Kansas City Art Institute 83
캘리포니아 예술대학 California College of the Arts 252
컴팩 Compaq 304

컴퓨터 테크닉 뮐러 Computer Technik Mueller, CTM 136~139
쿠퍼유니온 대학 Cooper Union College 79
텀블러 Tumblr 37
텔레푼켄 Telefunken 251
토요타 Toyota 123, 252
톱티어 TopTier 219
트라이엄프 Triumph 138
티-모바일 T-Mobile 251
파나소닉 Panasonic 230, 252
파워컴퓨팅 Power Computing 311-312
파이오니아 Pioneer 118
퍼듀 대학교 Purdue University 82
페이스북 Facebook 37
푸단 대학교 Fudan University 14, 39, 43, 256
퓨즈프로젝트 FuseProject 239
프로그 주니어 Frog Junior 239~241
프록스 하이퍼미디어 시스템 Frox Hypermedia System 107
프리츠한센 Fritz Hansen 345
플렉스트로닉스 인터내셔널 Flextronics International 251, 349
피닉스 디자인 Phoenix Design 239
피치 Fitch 163
필라델피아 예술대학교 Universtiy of the Arts in Philadelphia 239
필립스 Philips 33, 122, 230, 252
하이퍼스톤 Hyperstone 138
한스그로헤 Hansgrohe 35, 149~152, 237
허먼밀러 Herman Miller 256, 345
헨리 드레이퍼스 디자인 Henry Dreyfuss Design 235
헬렌 햄린 재단 Helen Hamlyn Foundation 194~199
혼다 Honda 201
히타치 Hitachi 139